D. W. WINNICOTT

도널드 위니컷

아동정신분석의 거장

도널드 위니컷

Michael Jacobs 지음

김은정 옮김

학지사

D. W. WINNICOTT
by Michael Jacobs

도널드 W. 위니컷은 정신분석가이자 소아과의사였다. 이런 경력으로 인해 그의 관심은 주로 아동발달 영역이었고, 아동과 어머니의 상호작용에 초점을 두었으며, 아동의 심리치료에 많은 영향을 주었다. 비록 위니컷이 프로이트와 클라인의 영향을 받았지만, 그의 이론과 저술들은 그만의 독특하고 창의적인 관점을 가지고 있다. 특히 발달과 창의적인 치료기법들에 대한 그의 사상은 후대 정신분석학자뿐 아니라, 많은 다른 이론들의 심리치료자들에게도 영향을 주었고, 자기심리학을 창시한 코헛의 개념을 이끌었다. 또한 그는 어느 정신분석가 못지않게 '충분히 좋은 엄마' '촉진적 환경' '중간 대상' '선긋기 놀이' 등과 같은 대중적으로 인기 있는 개념들을 소개하였다.

이런 영향력과 대중적 관심에도 위니컷만큼 잘 알려지지 않은 정신분석가도 드물다. 나를 포함한 많은 사람이 그의 이론과 기법에 친숙한 것 같은 착각을 가지고 있지만, 정확하게 이해하는 사람은 드물다. 이 책은 위니컷의 삶과 성격, 그의 이론적·치료적 공헌, 그의 이론과 치료에 대한 비평, 그의 전반적인 영향력 등에 대해 자세히 설명하고 있어 우리의 이해를 돕는다. 이 책의 저자는 자료의 한계로 많은 부분이 부족하다고 겸손하게 얘기하고 있지만, 다른 어느 책보다 위니컷의 개인적 삶과 정신분석가로의 여정을 잘 소개하고 있다. 또한 그는 이 사람이 위니컷의 전기를 쓰는 저자인가를 가끔 의심하게 만들 만큼 건설적인 비판의 눈으로 서술하고 있다. 따라서 전기를 읽을 때 느끼는 영웅 만들기가 아닌 위니컷을 객관적으로 평가해 볼 수 있는 좋은 입문서로서 이 책은 손색이 없다.

　내가 본격적으로 정신분석치료를 접하게 된 것은 서울정신분석상담연구소 소장 윤순임 선생님의 정신분석 세미나를 통해서다. 이 세미나를 통해서 막연히 알고 있던 정신분석치료에 대해서 좀 더 체계적이고 구체적으로 알게 되었고, 윤 선생님과의 정신분석을 통해 정신분석 자체에 대해서도 실제적인 경험을 가지게 되었다. 그러나 솔직히 정신분석은 아직도 너무 어렵고 배워야 할 부분이 많다는 것을 고백하지 않을 수 없다.

무엇보다도 나는 이 책을 통해 정신분석에 대해, 위니컷에 대해 더 알게 되었다. 그러나 이 책은 정신분석가 특유의 장문과 많은 메타포를 가지고 있어서 다른 어느 책보다 번역하기 힘들었고 몇 배의 시간이 들었다. 이 작업은 번역에 대해 그다지 어렵게 생각하지 않았던 나의 선입관을 여지없이 없앨 만큼 힘든 것이었다. 반면, 한 인간으로서의 위니컷, 정신분석가이자 임상가로서, 학자로서의 위니컷은 나에게 새로운 자극과 즐거움을 선사하였다. 상냥하고 유쾌한 그와의 만남을 통해 왜 그가 많은 아동과 대중에게 그토록 인기가 많았는지를 얼핏 이해하게 되었다.

마지막으로 이 책을 소개해 주신 권석만 교수님과 정신분석에 대해 길을 열어 주신 윤순임 선생님께 감사드린다. 또한 이 책이 나오기까지 도움을 주신 김진환 사장님과 편집해 주신 이지혜 부장님께도 감사드리고, 힘든 교정 작업을 함께 해 준 권은미 선생과 이송이 양에게도 고마움을 전한다.

김은정

시리즈의 편집자가 D. W. Winnicott에 대해 쓸 기회를 주었을 때, 그는 내게 이 시리즈의 첫 번째 책인 프로이트에 대해 저술하기 위해 내가 했던 만큼 배울 기회를 주었다.

이 책에 관한 한, 그는 Winnicott에 대한 책과 Winnicott이 쓴 책을 좀 더 폭넓고 광범위하게 읽도록 나를 자극하였다. 그전까지 나는 정신분석 이론과 치료에 대한 덜 전통적인 방법의 정당함을 찾기를 원할 때마다, 어떤 분명한 목적을 가지고 Winnicott을 인용하였다. 내가 끝맺음을 하는 문단(이 시점에서 독자들에게는 많이 남아 있지만)에서 제안한 대로, 나는 이런 식으로 그의 이름을 사용하는 사람이 나 혼자는 아니었을 거라고 생각한다. 마지막 장을 쓸 때쯤 강의를 하고 있었는데, 나는 수강생들에게 Guntrip의 치료 회기의 시작 때 Guntrip에게 인사했던 Winnicott의 비공식적인 점에 대해 비평하였고, 수강생들의 반응은 그의 이름이 사용되는 두 번째 방식의 예를 보여 준다. 그녀는 "아, 그러나 Winnicott은 역시 Winnicott이다."라고 말하였다. 다시 말하면, 정신분석에는 비전통적인 방식이 있었고, 앞의 예는 그것이 얼마나 진보적인지를 보여 준다. 그러나 비전통적인 방식들은 우리와 같은 부류들에 속하지는 않는다. 처음에 나는 결국 우리 모두가 Winnicott이라고 반응하고 싶은 유혹을 느꼈다. 비록 나는 이것이 인간의 정신이 아니었을 거라고 의심했지만 말이다. 내가 그때 충분히 빨리 생각했더라면, '우리는 모두 우리 자신이고, 우리는 실제로 우리 자신이 될 필요가 있다.'가 좀 더 적절한 대답이었을 것이다.

사실, 내가 그의 삶에 대한 자료들을 읽었을 때에 상상했던 것만큼 비전통적이지 않았다. 정신분석의 철학이 복잡하기 때문에 그에 대한 그림도 복잡하므로, 그를 이해하는 데 배경지식이 필요하다. 그리고 내가 처음 생각했던 것보다 훨씬 더 복잡해서 그와 그의 생각들에 대해 질문하는 것이 적절함을 알게 되었다. 나는 또한 자문할 수 있는 많은 사람들로부터 얻은 비판적 입장을 환영하였다. Winnicott을 깊게 연구한 사람들은 가볍게 그를 인용했던 많은 사람들이 이상화하는 것과 같은 방식으로 그를 이상화하지 않는다. 이것은 저자에게는 안심되는 일이었고 그에게 공정하라는 격려였다.

　내가 이용할 수 있는 자료는 Freud에 대한 글을 쓸 때보다 더 적었다. Davis와 Wallbridge(1981)의 책과 Pillips(1988)의 책은 Winnicott이 만들어 낸 많은 생각들에 대해 명확한 길을 보여 주었다. 여기저기 다른 책들이 있었는데, 그 책들은 그의 삶을 조명하며 그의 이론과 치료를 다른 관점에서 검토한 것이었다. 비록 Davis와 Wallbridge는 원본 문서와 논문들의 형태로 똑같은 자료에 대해 접근했겠지만, 나는 내가 Pillips가 Winnicott의 논문들을 활용한 것보다 훨씬 더 잘 활용하였다고 생각한다. 나는 또한 Winnicott을 개인적으로 알았고, 이 책을 쓰며 보낸, 상대적으로 짧은 시간 동안 내가 할 수 있었던 것보다 더 많은 시간을 그의 작업을 연구했던 사람들을 만날 기회를 가졌다. 이러한 면담은 나에게 전기를 쓰는 것과 같은 느낌을 주었다. 나는 Winnicott을 개인적으로 가치 있게 생각하거나 그의 사고를 접하는 것을 명백하게 즐기는 사람들과 대화할 때 기쁨을 느꼈다. 언젠가 지금까지 나왔던 것보다 더 포괄적이고 비판적인 전기가 나오리라 희망하면서, 나는 나의 덜 광범위한 연구들에서 발견한 매혹적인 자료와 기억들이 이러한 방식을 기다리고 있다는 것을 알게 되었다.

　이 글에 착수하기 전에 내가 가지고 있던 제한된 지식의 특성에도, 나는 나의 다른 책들을 준비하면서 했던 것보다 훨씬 더 많은 것, 즉 정보와 생각의 광대한 공유, 출처에 대한 충고, 그리고 때때로 나의 부적절한 이해의 정교화 등을 했음을 인정한다. 이것은 처음 만난 몇 명의 사람들을 비롯해 많은 사람들로부터 나왔다. 이 프로젝트를 통해 기회를 얻게 되어 감사한다. Winnicott 연구들뿐 아니라, Winnicott의 논문들을 편집하고 설명하는 데 그의 마지막 부인의 공헌까지도 소중히 간직한 John Davis 교수에게 특별한 감사를 드린다. 나에게 이 주제를 제안하고 이 원고를 편집하는 데 있어서 내가 전에 했던 것보다 더 부드럽게 해서 나의 문법과 문장 구성이 나이와 함께 향상된다는 희망을 갖게 한 Windy Dryden 교수에게도 감사한다. Nina Farhi 와 Louise에게도 감사한다. 그들은 각각 Squiggle 재단의 장과 비서로서 처음부터 마칠 때까지 모든 면에서 도움을 주었다. Winnicott을 비판하거나 그에 의해 영향을 받은 논문과 책들을 찾아내어 제공해 준 Isobel Hunter-Brown 박사와 정신분석연구소의 사서에게도 감사한다. 원고를 다른 관점에서 읽고 내가 Winnicott의 저술에서 강점과 약점을 모두 인식하고 있다고 확신시켜 주었던 Peter Lomas 박사에게도 감사한다. Lynne Murray 박사와 Sheelah Seeley에게도 감사한다. 이들은 각각 케임브리지에 있는 Winnicott 연구 재단의 장과 연구원으로서 어머니와 아기에 대한 그들의 작업뿐 아니라 연구에 대해서도 충분히 설명해 주었고 내가 그들의 출판된 논문들은 물론 출판되지 않은 논문들까지에서도 찾아서 쓸 수 있도록 허락해 주었다. 알파벳상으로 끝이지만, 사실상 항상 A부터 Z까지 있었던, 나의 부인 Moira Walker에게 감사한다. 나는 항상 그녀의 판단을 귀중하게 생각하며, 그녀의 사랑이야말로 가장 촉진적인 환경을 제공해 준다.

Michael Jacobs

|목 차|

1 D. W. Winnicott의 생애

공인의 삶이나 편지에는 때때로 그들에 대해 알려진 얼마 안 되는 사실이나 그들이 말한 몇 마디의 엄선된 말에 근거해 상상력을 자극하고 감탄을 불러일으키는 인물이 있다. 그들의 이름이 대화 속에서 빈번하게 등장하기 때문에 우리는 마치 그들을 잘 아는 것처럼 생각하지만, 사실 우리 대부분은 그들에 관해 아는 바가 거의 없다. 우리는 요샛말로 '소견'이라고 부르는 것 중 몇 가지만을 기억하고 있을 뿐임에도 자신이 중요하게 생각하는 기본 진리에 대한 근거로 그러한 말을 인용한다. 아마도 우리는 그들의 저서를 읽어 본 적도 없을 것이다.

상담과 심리치료에서 그 같은 인물 중 하나가 D. W. Winnicott이다. 그와 친한 사람들은 그를 'Donald'나 'D.

W.' 'D. W. W.' 라고 불렸음에도, 우리 대부분에게 그는 'Winnicott'이다. 마치 그가 즐겼던 것으로 보이는 TV와 완전히 다른 매체에서, 우리는 '모스'나 '사랑스러운 조이'를 떠올린다. 그들은 이름을 가지고 있지 않고, 아마 우리도 그의 이름이 Donald Woods라는 것에 대해서 생각조차 해보지 않았을 것이다. 그와 친했던 사람들이 때로는 그를 성인처럼 느껴지게 하는 축적된 일화와 엄청난 사랑으로 그에 대한 평판을 바꾸어 놓았고, 심지어는 우리가 그와 그의 업적을 찬사 수준으로 인용했음에도 우리들 대부분에게 그의 생애는 대략적으로만 알려져 있다. 그가 만들어 낸 일부 용어들, 특히 '충분히 좋은 어머니(good-enough mother)' '중간 대상(transitional object)' '참 자기와 거짓 자기(true and false self)' '촉진적 환경(facilitating environment)' '홀로 존재하는 아기란 존재하지 않는다.'와 같은 것은 우리가 토론이나 강의, 슈퍼비전에서 잘 사용하는 용어들이다. 특히 우리가 정신분석학계에 소속되어 있지 않다면, 사실 그의 베스트셀러인 『아동, 가족 및 외부 세계(The Child, the Family and the Outside World)』(1964)나 「역전이에서의 미움(Hate in the Counter Transference)」(1975)과 같은 비정기적 논문 한두 가지를 제외하고는 그의 저서에 대해 빈약하게 접한 경험만 있을 뿐이다.

물론 상담과 치료 학계에서 이는 이례적인 일은 아니다.

각 학파는 그들의 우상을 가지고 있다. Freud, Klein, Rogers는 우상이 되었고, 대부분은 여전히 그러하며, 그 정도에 있어서는 Winnicott을 능가할지도 모른다. 그들 역시 이 시리즈에서 한 권, 한 권 소개되어 있다. 이 인물 모두와 더 많은 인물이 수련과 저술이라는 작은 산업의 초점이 되어 왔다. 물론 수련과 치료실제에 대해서는 그런 경향이 훨씬 덜 나타나긴 하지만 Winnicott 역시 그 자신의 기법과 개념에 대한 책으로 선반 하나를 다 채울 수 있는 사람 중 하나라는 증거가 있다. Winnicott 재단은 그의 사후에 남겨진 모든 완성된 논문들의 전집을 출판할 것을 촉구했다. 그러나 그들은 그것이 Winnicott이 바라는 바였는지가 분명하지 않다는 점에서 '전집'이라는 개념에 대해 지금까지 반대해 왔다. 정신분석학과 정신분석가의 역사와 사상에 대한 문헌의 증가와 발맞추어, Winnicott의 연구에 대해서도 계속적으로 관심이 기울어지고 있다. 이 책은 Winnicott의 사상과 치료실제에 대해 다루고 있는 많은 책 중 하나이지만, 이 책과 달리 다른 책들은 이미 현대 정신분석 사상에 정통한 사람들을 대상으로 하고 있다.

아직까지 분명하게 전기라고 할 만한 것은 없었다. 수년 전 Winnicott의 미국인 제자인 Robert Rodman이 전기 작업을 위해 논문을 보려고 Winnicott 재단에 허가를 요청했지만 거부당했다. 대개의 경우, Winnicott의 생애에 대한 언급은 실망스럽게도 그 자신의 발달에 대해 언급한 다양한 저서에서 반복적으로 나타나고 있다. 이런 언급들은 결국 Winnicott의 두 번째 부인인 Clare Winnicott의 회상에 대부분 근거한 것으로 밝혀졌다. 이것들은 Winnicott의 사상을 평가하는 논문들에서 가장 초기 논문 중 하나(Grolnick et al., 1987)에 실린 Clare Winnicott의 'Winnicott의 회고록' (D. W. W.: A Reflection)과 1983년에 보도되고 Rudnytsky (1991)의 저서에서 재판된 인터뷰에서 찾아볼 수 있다. 대부분의 전기가 그러하듯, 그녀는 또한 Winnicott이 죽기 얼마 전에 쓰기 시작한 몇 페이지의 자서전에 대해서도 언급했다. 물론, 그의 저서에서도 개인적인 언급들을 찾아볼 수 있는데, 거기서 그는 자기 자신과 상황에 대한 자신의 반응에 대해 툭 터놓고 공개하고 있다. 특히 그가 자신의 임상적인 경험에 대해서나, 그 경험을 근거로 자주 글을 썼기 때문에, 개성 없는 '객관적'인 상을 제시하고자 하는 시도는 거의 없었다. 그가 주고받았던 대량의 서신왕래 중 일부가 출판되었고 (Rodman, 1987), 이로 인해 (자신의 열정적인 시각을 전하고자 했던 사람들에게 때때로 비판적이기도 했지만) 그와 연락을 취하던 사람들에게 관대하게 편지를 썼던 한 사람에 대해 더욱 포괄적인 상을 그릴 수 있었다. 그의 친한 친구였던 Masud Khan의 저서 중 일부(Clancier & Kalmanovitch(1987)의 서문에서처럼 때로는 부정확하기도 하다)와 Marion Milner의 광범위한 사례 연구인 『살아계신 신의 손 안에서(*In the Hands of the Living God*)』(1969)에는 그의 생애가 감질나게 짧게 언급되어 있다. Winnicott의 생애와 사상에 대한 Adam Phillips의 유용한 요약은 대부분 상대적으로 동일하고 한정된 출처에서 나온 것이기는 하나 비교적 자세하다.

따라서 Winnicott의 사상과 치료에 관해서는 실질적으로 모두 현재 출판된 그의 논문들이나 저서에서 비롯한 상당한 자료가 존재하는 셈이다. 그러나 그에 대한 완전한 전기가 없다면, (그에 대해 개인적으로, 그리고 잘 알지 못하는 사람들의 경우) 그를 완전하게 이해할 수 없다. 유용하게 수집할 수 있는 입문 연구의 환경만큼 내가 여기서 공유했음에도, 마치 독자와 작가는 Winnicott의 생애에 대한 더 날카로운 조사를 기다려야 할 것처럼 보인다. 내가 자문하는 것은 왜 Winnicott과 그의 정신역동적 사상에 대한 특정 표현이 영국 정신분석 연구소에 가입하고자 하는 사람들을 포함한 많은 상담가들과 치료자들을 그처럼 매혹시키는가 하는 것이었다. 그 날카로운 질문에 대한 대답 중 일부는 그가 어떤 사람이었는가에 있을 것이다. 비록 내가 간략하게 보여 주듯이, 어떤 철저한 전기 작가가 그에 대한 거의 이상적이라고 할 수 있는 묘사들을 속속들이 꿰뚫어 볼 필요가 있긴 하지만 말이다.

초기 생애

Winnicott이 매우 사랑받는 아이였다는 것을 알게 된다면 그가 상담가들과 치료자들에게 '사랑받는' 사상가라는 사실이 이해가 될 것이다. 또한 다른 저자들은 그가 자란 장소에 의미를 부여한다. Donald Woods Winnicott은 1896년 4월 7일 미국으로 가는 청교도 신부들의 여정의 마지막 출발지를 상기시키는 Plymouth에서 태어났다. 그러므로 Plymouth는 순응하지 않는 전통을 상징하는 것일 수도 있다(Phillips, 1988: 23). 물론 Winnicott의 순응하지 않는 성격은 그가 사랑받는 환경에서 성장했다는 것에서 어느 정도 기인한 것이라고도 볼 수 있다(이런 환경으로 인해 그는 순응할 필요가 없을 정도로 확신감이 있었을 수 있다). 확실히 Winnicott이 후에 한 가지 사고방식에 매이는 것을 거부한 것은, 여러 이유에서 그와 유사하게 자율성이나 자기실현 또는 그들이 자신의 기본적인 철학에서 사용하는 무슨 용어이든 간에, 그런 것들을 선호하는 치료자나 상담가들에게 자신을 매력적인 존재로 비치게 했다.

그는 세 자녀 중 막내이자 외아들이었다. 그의 아버지는, Phillps(1988)에 따르면 여성 속옷 상인으로, Clare Winnicott(Rudnytsky, 1991: 184)에 따르면 해군에 무기를 공급하는 도매상으로 다양하게 묘사되었다. 일이 잘 되어 그의 아버지는 Plymouth의 시장이 되었고, 그 이후에는 기사 작위를 받았다. Frederick 경은 구식의 조용한 위엄과 자세를 갖추고 있으며 유머감각이 대단한 사람이었다고 묘사된다. Winnicott이 아버지에 대해 학습장애가 있었다고 기술했음에도(Grolnick et al., 1987: 21, 23), 그를 아는 사람들은 그가 매우 지적이고, 건전한 판단력을 가졌다고 말한다. Winnicott은 애정을 듬뿍 담아 자신의 아버지가 일요일마다 교회를 다녀온 후 집에 있었던 것으로 확실하게 기억하고 있지만(내가 나중에 기술하겠지만), 그의 아버지는 다른 때에는 확실히 집에 있지 않았다. Winnicott은 과거를 회상하며 자신이 아버지를 충분히 보지 못했다고 느꼈고, "나는 항상, 너무 자주 내 어머니들에게 맡겨졌다. 고맙게도 나는 13세 때 다른 곳으로 보내졌다!"라고 말했다(Rudnytsky, 1991: 185). 일과 시장으로서의 직분으로 인한 아버지의 부재는(아마도 일반적으로 아버지가 부재했었던 그 당시에는 별다른 일이 아니었거나, 정말로 아버지의 상대적 부재가 아니었을 수 있다) 남자에 대한 Winnicott의 저술과 아버지의 중요성에 대한 그의 이론적 견해에 녹아들어 있다. 나는 이에 대해 2장에서 개관하고 4장에서 더 비판적으로 검토하였다.

앞서 언급된 '내 어머니들'은 아마도 어린 Donald가 여자 가족(그의 어머니, 그보다 각각 여섯 살, 일곱 살이 많은 두 누

나, 유모, 그리고 대부분의 시간 동안 가족과 함께 살았던 여자 가
정교사와 고모들)의 손에서 길러진 것에서 비롯된 표현이었
을 것이다. 길 건너에 다른 Winnicott 일가가 살고 있었는
데, 그들은 삼촌의 가족들로 다섯 명의 사촌 중 세 명이 남자
아이였다. 그는 유모에게서 매우 사랑받았으며, Clare
Winnicott은 그들이 '그녀가 편안하게 잘 살고 있는지를
확인하기 위해' 1950년에 런던으로 그녀를 찾으러 왔었다
고 기억했다(Grolnick et al., 1987: 21). 청소년 후기에 그의
어머니에게 보낸 편지 또한 유사한 애정을 드러내고 있다.

　Winnicott은 감리교도 가정에서 양육되었다. 그의 양친
은 지역 감리 교회를 이끄는 주요 구성원이었고, 그의 아버
지는 회계원이자 성가대에 속해 있었다. 이 비국교도적(불순
응적) 가정환경은 중요한데, 특히 일부 비국교도적 종교들이
그렇듯이 편협하거나 억압적이지 않은 독립적인 정신을 나
타낸다는 점에서 그러하다. 일생 동안 감리교도였던 것은
그의 아버지였다. Winnicott의 어머니는 결혼 전에는 영국
국교도였고, Winnicott도 의대를 다니는 동안에는 영국 국교
도였다(Winnicott의 첫 아내 역시 영국 국교도였으며, Clare
Winnicott은 그가 매우 오랫동안 교회에 다니지는 않았지만 26, 7세
무렵은 그의 신앙이 굳건해진 시기였다고 회상했다.).

　감리 교회는 걸어서 몇 분 거리에 있었다. Clare Winnicott
은 Donald가 어떻게 자신의 아버지와 함께 교회에서 집으

로 오곤 했는지에 대해 이야기했다. 이는 가족 중 막내로서 가지는 특권이었다. Donald는 자신의 아버지와 종교에 대한 이야기를 시작했고, 그것에 대해 질문했다. 그의 아버지는 "들어보렴, 아들아. 너는 성경과 네가 거기서 발견한 것을 읽고, 너도 알다시피 네가 원하는 것을 스스로 결정해야 한다. 그건 자유란다. 너는 내가 생각하는 것을 믿을 필요는 없다. 네가 원하는 것을 하거라. 단지 성경을 읽거라."라고 분명히 대답하였다(Rudnytsky, 1991: 180-181). 후에 Winnicott은 '종교적 양육이 나를 성장시켜 주었다는 사실에 항상 얼마나 기뻐하는지'에 대해 이야기했다. 이 지나치게 제안적인 구절(그러나 Winnicott이 쓴 글 중 기억할 만한 구절 중 하나였던)은 사실 Winnicott의 성장의 방향을 증폭시켰으며, 종교에서만큼 정신분석에서도 교리를 벗어버리고 싶은 욕구에 대한 그의 태도를 적절하게 설명해 준다. 나중에 Winnicott이 더 이상 자신을 기독교인이라고 칭하지 않았음에도, 믿음이라는 개념은 여전히 그에게 매우 중요한 것이었다. Clare Winnicott은 Winnicott을 회상하면서 "핵심은, '그들이 믿을 수 있는가?' 하는 것이다. 나는 그것이 무엇에 대한 것인지는 상관하지 않는다. 믿을 수 있는 능력은 무엇을 믿는가보다 더 중요하다."라고 말했다.

막내이자 외아들로서 Donald는 '그를 대단하다고 생각하는 많은 사람'으로부터 큰 관심을 받았다(Rudnytsky,

1991: 180). 또한 '성장해 나가기에' 좋은 가정을 가졌던 것으로 보인다. 모든 사람이 대단한 유머감각을 가지고 있었다. 'Winnicott의 가정에는 재앙이란 없었고, 단지 재미난 에피소드만이 있었을 뿐이었다.' (Rudnytsky, 1991: 181) Donald는 자신이 사랑받고 있다는 것을 추호도 의심하지 않았으며, 이로 인해 깊은 안정감을 느꼈다. Clare Winnicott은 그것에 대해 "이 기본적인 입장에서부터 Donald는 주위에 있는 집과 정원의 이용 가능한 모든 공간을 자유롭게 탐색했고, 자신의 일부로 그 공간을 채웠으며, 점차적으로 그의 세계를 그 자신의 것으로 만들었다. 편안해지는 이런 능력은 평생 그에게 유용하게 사용되었다."라고 말했다(Grolnick et al., 1978: 21). 생애 후반부에 그녀는 그가 해외로 여행할 때 얼마나 자주 여관 부엌에서 발견되었는지 회상했다. 그의 어머니는 그가 아이였을 때, 집의 다른 부분보다는 부엌에서 요리사와 함께 더 많은 시간을 보낸다고 불평했었다.

Winnicott의 아동기의 상이한 측면들에 대한 Clare Winnicott의 설명은, 따뜻한 감정과 좋은 관계로 풍성하고 정상적인 가정의 모든 특징을 가지고 있는 것처럼 너무 이상화된 것 같은 느낌이 있다. 사람들은 그의 헌신적인 미망인이, 대개의 경우가 진실이었지만, 얼마나 엄선하고 매력적인 상으로 그를 묘사하고자 했으며, 그녀 자신이 가지고 있는 모든 긍정적인 감정을 그의 초기 생애에서 읽어 내려 했는지를 궁금해한다. 어떤 이는 Winnicott이 '자비로움에 대한 망상'을 가지고 있다는 진위가 의심스러운 Clare Winnicott의 말을 인용하긴 했지만, Donald Winnicott과 Clare Winnicott 둘 다를 알고 있는 내 정보 제공자 중 한 사람은 (개인적인 대화에서) 그녀가 "Donald에 대한 이상적인 이미지를 유지하려 했고, 진상을 내보이려 하지 않았다."라고 말했다. 심지어는 그의 개구쟁이와 같은 행동(그건 단지 개구쟁이 짓일 뿐이었다)조차 그에게 매력을 느끼게 하려는 듯한 방식으로 이야기되었다. 독자로 하여금 좀 더 부정적인 면은 어디에 있는지를 질문하게 하는 것은 정신분석적 사상이 낳은 냉소주의인가? Clare Winnicott 자신도 이 점을 인식하고 있었다.

D. W. W.의 초기 생애와 가족 관계에 대한 이 간략한 설명을 읽은 일부 사람은 너무 훌륭해서 사실인 것처럼 들리지 않는다고 생각할 수도 있다. 그러나 사실이 그랬고, 다른 어떤 식으로 표현하라고 해도 같은 결과다. 본질적으로 그는 자신의 삶에서 오는 좌절과 실망을 즐거움에 대한 능력으로 이겨 내지 못한 적이 없는 아주 행복한 사람이었다. 게다가 초기 생애의 특징과 자기 자신에 대한 인식이 가족으로부터 생애 초기에 받은 것을 희생하지 않은 채, 가족으로부터 자

신을 자유롭게 하고 그 자신의 독립된 삶과 정체성을 정립해야 한다는 주요한 문제를 자신에게 제시한 것 같은 느낌이 든다. 그가 이것을 해내는 데는 오랜 시간이 걸렸다(Grolnick et al., 1978: 25).

따라서 우리는 거울을 보면서 '난 너무 근사해.' 라고 말하고, 그 시점부터 자신의 다른 측면을 보여 주기로 결심한 아홉 살짜리 Donald에게 공감하게 될지도 모른다. 이런 행동은 그가 나중에 작업하고 저술하기도 한 일탈 및 비행과는 거리가 멀긴 하지만, 그는 반에서 꼴찌가 되기 시작했고, 파리의 날개를 잡아 뜯는 등 자신의 다른 측면을 보여 주기 시작했다. '그는 이러한 자신의 다른 측면을 찾고자 했다.' 너무 잘났고, 모든 이에게 너무 사랑받고 있다고 느꼈기 때문에, 그는 자신에게서 심술궂은 측면을 찾아야만 했다. Clare는 또한 Donald가 세 살 때, 그의 아버지가 그를 놀리는 데 사용하곤 했던 누나의 인형 얼굴을 작은 막대로 때려 부쉈을 때의 에피소드에 대해 이야기했다. Winnicott은 이 사건에 대해 '내가 이 행동을 원하고 계획하지는 않았지만, 실제로 했다는 의심할 수 없는 사실에 내 인생의 많은 부분이 근거를 두고 있다.' 고 기술하였다(Grolnick et al., 1978: 23). 그는 또한 아버지가 왁스로 된 인형의 코를 녹이고 고쳐서 다시 얼굴 모양을 갖췄을 때 안심했다. 이는 복구시키는 행동의 힘에 대한 초기 표현이었으며, 그로 인해 그가 실제로는 인형에게, 간접적으로는 그의 아버지에게 폭력적이었음을 받아들이게 되었다. 복구는 Winnicott이 자신의 작업에서 강조했던 다른 주제였다. 그러나 복구만으로는 이 고의성의 다른 중요한 측면을 간과할 수 있다.

자신의 파괴적인 충동을 견디어 내는 것은 새로운 것을 초래한다. 생각 안에 파괴적인 부분이 존재할 때조차도 그 생각과 그 생각에 속해 있거나 그 생각이 속하는 신체적인 흥분을 즐기는 능력이 바로 그것이다. 이 발달은 관심을 경험할 기회를 제공하며, 이 관심의 경험이 건설적인 모든 것의 토대가 된다(Winnicott, 1986: 87).

어린 Winnicott이 생각하기에 자신이 기숙학교로 보내진 이유로 보였던(확실히 회상해 볼 때 실제 이유는 아니었을지라도) 또 다른 고의성이 나타난 순간이 있었다. 그는 그 당시 Plymouth에 있는 예비 학교에 다니고 있었는데, 하루는 점심을 먹으러 집에 와서 '젠장(drat)'이라고 말했다고 회상했다. '나의 아버지는 그냥 바라보기에도 고통스러워 보였고, 내가 예의바른 친구들을 사귀는지 살펴보지 않았다고 어머니를 나무랐으며, 그 순간부터 나를 기숙학교로 보낼 준비를 했다.' (Grolnick et al., 1978: 23) 그래서 공립학교 학생의 경우 으레 그렇듯이, 13세 때 Donald Winnicott은 케임브리지에 있는 비국교도 재단의 Leys School에 입학했다. 집을 그리워했을지도 모르나, 그는 새로운 경험에 대해 열정을 가지고 재빨리 뛰어들었고, '사랑받는' 공립학교 생활을 했던 것으로 보인다. "그는 무언가에 뛰어들고 즐기는 대단한 활력과 능력을 가졌다. 나는 그 이상으로 무언가를 즐길 수 있는 사람을 본 적이 없다."라고 그의 미망인인 Clare는 또다시 열렬한 말투로 말했다(Rudnytsky, 1981: 181). 그는 집으로 많은 편지를 썼는데, 모든 편지에는 그의 '활력과 흥미'가 담겨 있었으며(Rudnytsky, 1991: 185), 개와 하녀를 포함한 모든 이에게 사랑을 전하고 있었다. 가족은 그가 새로운 경험을 탐색하고 받아들일 만큼 충분히 자유로울 수 있게 그에게 안전함을 제공했다. '놀이'라는 개념은 초기에 시작되었고, 따라서 이것이 그의 저술과 실제 치료에 대단히 중요했을 것이라고 가정하는 것은 놀라운 일이 아니다. 그는 뛰고, 자전거를 타며, 수영과 럭비를 하고, 스카우트에 가입했으며, 성가대에서 노래를 불렀다.

Darwin과 Freud의 발견

1945년 여섯 번째 수강생들을 대상으로 한 강의(1957: 128-129)에서 그는 자신이 Darwin의 『종의 기원(Origin of

Species)』을 발견했을 때가 이 학교에 있을 때라고 말했다. 그는 케임브리지의 한 중고 가게에서 이 책을 발견했고 그의 모든 작품을 수집했다. 어머니에게 쓴 편지에서 그는 생일 선물로 '내가 매일 읽을 대단한 책을 사기 위한' 돈을 받고 싶다고 말했다(Rudnytsky, 1991: 182). 특히 종의 기원에 대해 그는 "나는 그 책을 읽는 것을 멈출 수가 없어요."라고 말했다. 또한 그는 '중요한 것은 그 책이 내가 지식과 이해 간의 간격을 두려워할 필요가 없다는 생각을 가지고 생물체를 과학적으로 검토할 수 있게 해 주었다는 점' 이라며 과거를 회상했다(1957: 129). 여기에 그의 후기 연구에 대한 두 가지 힌트가 있다. 먼저, 환경과 환경에 대한 적응의 중요성이다. 그러나 종을 환경의 변화에 스스로 적응하는 능력을 가진 존재로 본 Lamarck의 이론과는 달리, Darwin의 자연선택에 대한 이론은 적대적인 환경에서 살아남는 것이 쉬운 일이 아니라는 것을 의미한다. 만약 돌연변이가 변화하는 환경에 더 적합하다는 것을 발견하는 것이 단지 우연일 뿐이라면, 환경의 안정성이 정상적인 생존과 성장에 필수적이라는 것 역시 사실일 것이다. 아기는 적응할 수 없으며, 따라서 그들은 촉진적인 환경을 필요로 한다. 이것은 한때 Melanie Klein의 이론이 팽배했던 1930년대에 영국의 정신분석적 사고를 지배하던 내적 경험에 대한 과도한 집중과 반대되는 것이었다. 동시에 Darwin의 이론으로 인해

Winnicott은 발달 과정과 정신건강을 포함한 건강의 추동에 대해 신념을 갖게 되었다.

Darwin에 대한 Winnicott의 초기 관심에서 발견된 그의 후기 연구에 대한 두 번째 힌트는 '나를 두렵게 할 필요가 없는 지식과 이해 간의 간격'에 대한 발견이다(1957: 129). 그에게 있어 이 간격, 혹은 그가 더 숙고한 후에 선택한 표현인 둘 간의 공간에 대한 연구의 중요성은 후반부의 장들에서 더 명확해진다. 이해되지 않는 것들을 기꺼이 받아들이는 것 역시 그러하다. 'Piggle' 과의 초기 상담 중 하나에 대한 언급에서(3장을 보시오) Winnicott은 다음과 같이 썼다. '그녀가 아직 내게 단서를 줄 수 없었다는 것을 내가 이해하지 못하는 것의 중요성. 오직 그녀만이 해답을 알고 있으며, 그녀가 그 두려움의 의미를 파악할 수 있을 때가 되어서야 그녀는 내가 그것을 이해하게끔 만들었다.' (1980: 48) Clare Winnicott은 Darwin이 Winnicott의 종교에 대한 태도를 바꿔놓았으며, 실제로 그의 삶 전체를 바꾸었다고 생각했다. 과학적인 연구 방식은 그를 흥분시켰으며, 그가 추구하기를 원하는 것이라고 생각하게 했다. 그는 여전히 정신분석이 과학이라는 견해를 갖고 있었으며, 1946년에 Ella Freeman Shape에게 '나는 다른 어떤 종류의 연구보다도 진정한 정신분석 연구를 즐기고 있는데, 그 이유는 정신분석에서 예술은 좀 덜하지만, 그 기법이 과학적인 고려에 더 근거하고 있다는 사실과 어느 정도 관련 있다.' 라고 썼다 (Rodman, 1987: 10). 그러나 정신분석에 대한 그의 상당하고 혁신적인 기여는 정신분석에서 같은 위치를 점하고 있는 다른 학자들에 비해 그 과학적인 정확성은 다소 떨어져 보인다. 그는 다른 정신분석학자들보다 관찰을 더 많이 이용했으나, 그의 가설 중 일부는(아마 당연히, 유아기 경험을 서술하는 데 있어서의 어려움 때문일 것이다) 맹신되고 있다. 그는 관찰의 주관적 요소, 특히 억압된 무의식의 영향 때문에 심리학을 과학이라고 부르는 데 반대가 있다는 것을 잘 알고 있었다. 그럼에도 정신분석은 여전히 '과학적 연구의 도구'다 (1957: 133). 5장에서는 Winnicott의 가설 중 일부에 적용되어 온 과학적으로 더 정확한 심리학 연구에 대해 살펴볼 것이다.

그가 16세에, 아마 Freud에 대해 들어보지도 못했을 때 학교 친구에게 쓴 편지에서 무의식적 의사소통에 대해 언급하고 있다는 사실은 흥미롭다. '아버지와 나는 의식적으로 그리고 아마도 무의식적으로 내 미래에 대해 아버지가 바라는 바가 무엇인지 알아내려고 노력해 왔다.'(Grolnick et al., 1978: 25) 과학에 대한 흥미의 증가는 그에게 아버지의 사업을 물려받아야 한다는 생각을 접게 했다. 그는 아버지가 자신의 사업을 결국은 그가 물려받게 될 것이라고 기대하는 것을 알고 있었다. 그는 아버지를 기쁘게 해 드리고자 했으나, 친구는 그에게 자신이 원하는 일을 해야만 한다고 설득했다(사실 그의 아버지도 그랬을지도 모른다.). 같은 편지에 Winnicott 자신의 소망이 언급되어 있다. '나는 오랫동안 의사가 되고 싶었다.' 이런 결정을 하게 된 여러 요소 중 하나는 학교 운동장에서 쇄골이 부러진 일일 것이다(Khan은 엉덩이를 다쳤다고 썼으나, 이는 Khan이 보였던 수많은 기억의 혼란 중 하나로 생각된다. 그는 또한 Winnicott의 아버지를 'Frederick'이 아니라 'George'라고 쓰기도 했다(Clancier & Kalmanovitch, 1987: xvi)). Clare Winnicott은 그가 얼마나 자주 이 시기에 대해 이야기하곤 했는지를 회상했다. '나는 남은 생애 동안 내가 다치거나 아프면 의사에게 의존할 수밖에 없을 거라는 것을 알 수 있었다. 그리고 이것으로부터 벗어나는 유일한 방법은 나 자신이 의사가 되는 것이었다.' (Grolnick et al., 1978: 25) 우리는 이 고민 역시 한쪽이 아니면 다른 쪽에 충성을 다할 수밖에 없는 전문가 사회에서 독립적인 사상가로서의 그 자신을 정립하는 데 도움이 된 것은 아닌가 생각할 수 있다. 아마 아동기에 겪었던 모든 여성으로부터의 과도한 돌봄과, 적어도 그가 경험한 가정의 그 모든 지나친 장점으로 인해(Clare Winnicott이 시사했듯이) 그는 그러한 위치로 다시 돌아가기를 꺼려했고, 대신에 다른 사람들을 양육하는 인물이 되는 것을 좋아했으며, 그들에게서 그의 의존적인 소망을 충족하였다.

1914년에 Winnicott은 생물학을 공부하기 위해 케임브리지에 있는 예수 대학에 입학했고, 그 지역의 일부 대학에 있는 군병원의 일을 도우면서 시간을 보냈다. 그는 의대생이라는 이유로 병역을 면제받았지만, 그의 친구들 중 다수가 군에 입대하였다. Clare Winnicott은 친한 친구 중 다수가 전쟁에서 사망했기 때문에, "항상 그는 그 자신을 위해서뿐만 아니라 죽은 사람들을 위해서 살아야 한다는 책임감을 느끼고 있었다."라고 이야기했다(Grolnick et al., 1978: 27). Winnicott이 쓴 몇 페이지의 자서전에서, '내가 살아있다는 것이 한 측면이고, 친구들의 죽음이 다른 측면으로 보일 수 있는 것, 그것의 본질적인 형태와 통합성을 가진 주요 부분, 어떤 큰 결정체의 한 측면이라는 느낌으로부터 나는 결코 자유로워 본 적이 없었다.'라고 썼다(Grolnick et al., 1978: 20에서 인용). 그는 전쟁이 끝날 때까지 영국 해군의 구축함에서 견습외과의로 복무했다(Masud Khan은 또다시 그가 육군에 입대했다고 잘못 썼다(Clancier & Kalmanovitch, 1987: xvi). 그리고 확실히 그는 Winnicott의 종교적 교육에 대해서도 잘못 썼다(Rudnytsky, 1991: 180)). 그 당시까지 그가 의학 공부를 한 기간이 상대적으로 짧았다는 점에서 Winnicott이 의학에 대해 전혀 아는 것이 없다고 느낀 것은 당연하다. 다행히도 배 위에는 그가 의지할 수 있는 병원 잡역부가 있었고, 그가 Winnicott을 가르쳤다. Clare Winnicott은 젊은 시절의 Donald가 집으로 보내는 편지에서 '저는 사람들이 집에 편지를 쓸 때 배 위에 의사가 있다고 어머니에게 말할 수 있도록 하기 위해 여기 있을 뿐입니다.' 라고 쓴 것을 인용했다. 아마도 Neve가 시사했듯이(Rudnytsky, 1991: 189), Winnicott은 심지어 그때조차도 위로하는 역할을 했다. 그의 삶에서 이 시기는 다른 측면들에서 중요하다. 그는 적의 행동을 보았고, 직접 죽음을 목격했으며, 스스로 행동을 취해야 했다. 그러나 그는 또한 특히 Henry James의 소설을 포함한 책들을 읽을 시간을 가질 수 있었다. 그는 열성적인 독자였다. 그는 학교 기숙사에서 친구들에게 큰 소리로 책을 읽어 주었고, 나중에는 Clare에게 소리 내어 책을 읽어 주고는 했다. 그녀는 "항상 바쁘게 읽어야 할 책이 있었다." 라고 말했다(Rudnytsky, 1991: 189).

1918년에 Winnicott은 의학 공부를 계속하기 위해 런던에 있는 성 Bartholomew의 병원에 들어갔고, 1920년에 의사자격증을 취득했다. 거기서 그는 Horder 경의 수하에 있었다. Winnicott은 그가 일하는 것을 지켜보면서, 사람들에게 스스로에 대해 말하도록 하는 것이 얼마나 중요한지를 (그리고 얼마나 매력적인 일인지를) 배우게 되었다. Thomas Horder는 Winnicott에게 "환자의 말을 경청하게. 자네가 가진 대단한 지식을 가지고 이해하고, 모든 것에 적용하려고 들지 말게. 단지 경청하게. 환자들이 자네에게 많은 것을 이야기해 줄 테니. 자네가 경청하기만 한다면 많은 것을 배울 수 있을 것이네."(Rudnytsky, 1991: 189)라고 말했다. 물론, 상담자가 내담자의 말을 주의 깊게 경청하는 것은 매우 드문 일이며, 이는 오늘날의 전문가들에게 있어서도 여전히 드문 자질이다.

Winnicott이 의과대학생일 때, 그는 자신의 꿈을 기억하지 못했고, 왜 그것이 자신을 괴롭히는지에 대해서도 명확하게 알 수 없었다. 그는 이를 해결하기 위해 책을 찾아보았고, Freud의 스위스인 친구 Pfister를 통해 책 한 권을 우연히 접하게 되었다. 이로 인해 그는 Freud와 『꿈의 해석(*The Interpretation of Dreams*)』을 접하게 되었다. Freud의 연구는 그 당시에 널리 알려진 편은 아니었으나, 어쨌든 Winnicott은 "나는 학창시절에는 이런 책들이 벌써 쓰였다는 것을 알지 못했고, 그 당시 내가 이것들을 받아들일 준비가 되어 있었는가에 대해서도 의문이 든다."(1957: 130)라고 말했다. 1919년 11월 15일, 누나 Violet에게 쓴 편지에서 우리는 이 새로 발견된 주제에 대한 그의 무비판적 열광을 찾아볼 수 있다. 거기서 그는 누나에게 정신분석이 무엇이며, 문제의 근원을 파고든다는 점에서 최면과는 얼마나 다른지를 설명했다. 그는 그녀에게 마음의 구조에 대해 소개하고, 추동 이론에 대해 있는 그대로 설명했으며, Freud의 방법이 어떻게 마음의 장애를 치료하는지에 대해 자신 있게 말했다. '내담자는 자신의 이상한 행동이 설명되고, 그 원인을 의식화했다는 것을 알게 되어 기뻐한다.' 낙관적으로 그는 확실히 '이제 내 의지를 투쟁으로 이끌 수 있고 내 의지에게 공정한 기회가 주어졌다.' 라고 믿었다. 편지는 그가 '매우 놀랍도록 논쟁적'인 일련의 원리라고 인정한 것에 대한 그의 단순한 이해를 보여 준다. 글에는 그녀에게 모든 것을 설명하고자 하는 그의 욕구가 널리 스며들어 있었다(아마도 타인에게 책을 읽어 주면서 그가 자신의 열의를 전달해야만 했듯이 말이다.). 그리고 그는 다소 예언적으로 이야기했다. "만약 누구나 이해할 만큼 완벽하게 단순하지 않은 것이 있다면 누구나 제게 이야기해 주길 바랍니다. 저는 지금 장차 이 주제를 영국 사람들에게 소개할 수 있도록 연습 중이기 때문입니다."(Rodman, 1987: 2. 우리는 이 문장의 끝에 나오는 성경 구절에 주목한다.)

삶의 여정: 경력과 분석 그리고 결혼

1923년에 Winnicott은 Hackney에 있는 Paddington Green 아동병원과 Queens Elizabeth 병원의 의사가 되었고, 40년 동안 그 자리에 있었다. Clare Winnicott은 그가 개인 분석에 들어가기 위해 런던에 머무르기를 원했기 때문에 소아과를 전공하기 시작했다고 생각했다. 그는 또한

Harley가에 방을 얻었고, 개인 진료실을 만들어서 특히 관심 있는 사례의 경우에 병원에서 진료한 일부 어머니와 아동들을 그곳에서 진료했다. Winnicott의 소아과의사로서의 경력은, 더 장기간에 걸친 사례 연구에서 기술한 이들이나, 그가 개인 분석 치료에서 진료하곤 했던 특권 계층(『피글(*The Piggle*)』(1980)과 『버텨 주기와 해석(*Holding and Interpretation*)』(1989a)에서의 의사)뿐만 아니라 보통 가족들에 대한 치료로 특징지어졌다. 은퇴할 때까지 Winnicott은 그의 세 클리닉에서 6만 건이 넘는 사례를 치료했다. 그가 진료한 지역들에는 가난한 가정도 많이 있었는데, 그는 그들의 집을 방문하기도 했으며, 이 모든 것으로 인해 개인 진료만 함으로써 가질 수 있는 것과는 확실히 다른 관점을 그의 정신분석적 치료와 이론적 개념화에서 가질 수 있었다.

그는 자녀가 없었지만(아니면 이것이 부분적인 이유가 될 수 있을지 모르지만) 아동을 잘 이해하고 있었다. 아동과 함께하는 그의 능력은 3장의 그의 치료에 대한 설명에서 확실하게 드러날 것이다. Clare는 그가 시도한 방법에 대해 자세하게 설명했는데, 이것은 그 자신의 연구에는 제시되지 않았다.

아동에게 이후에 없애 버리거나 혹은 사용할 수 있는 무언가를 가져가게 함으로써 아동의 방문을 마무리하고 의미 있는 것으로 만들고자 했다. 그는 재빨리 종이 한 장으로 손을 뻗어 그것을 어떤 모양으로, 보통은 다트나 부채꼴 모양으로 접곤 했다. 그리고 그는 그것을 잠시 가지고 놀다가 작별인사를 하면서 아동에게 건네주고는 했다. 나는 이런 행동이 아동에게 거부당하는 것을 본 적이 없다(Grolnick et al., 1978: 29).

아동과 작업하기 위해 주는 이 개인적인 선물은 가족적인 특성을 반영하는 것으로 보인다. 왜냐하면 그의 큰 누나는 90세까지 여전히 아이들이 자신을 방문하게 했다고 묘사되고 있으며, 그의 작은 누나는 여러 해 동안 브라우니 꾸러미를 만들었기 때문이다.

그 시기를 회고하는 편지들을 통해 의사로서의 그의 태도를 엿볼 수 있다. 한때 그는 병원에서 자리 잡을 기회를 얻게 되었다. 그것은 높은 지위를 의미하는 것이었기 때문에 흥분되는 기회였다. '자리를 잡았다는 것은 그 사람이 성공했다는 것을 의미한다.' 그러나 Winnicott은 그것을 거부했다.

나는 내 자신에게 말했다. 매우 근사한 병실일지라도, 그곳에 있는 아기와 아동의 고통은 매우 무서운 것이다. 병동으로 가는 것은 나를 매우 불안하게 한다. 만약 내가 입원 병동 의사라면 나는 아동의 고통에도 불안해지지 않는 능력을 키우게 될 것이다. 그렇지 않으면 유능한 의사가 될 수 없을 것이기 때문이다. 따라서 나는 내 외래 내담자(O.P.) 진료에 집중할 것이다. 유능한 의사가 되기 위해 무감각해지는 것을 피할 것이다(Rodman, 1987: 168).

1923년은 Winnicott에게 많은 것이 시작된 해였다. 중요한 순서대로는 아니지만, 먼저 소아과학과 아동 정신의학을 포함한 아동 전문의로서 그의 경력을 쌓기 시작하였고, James Strachey의 개인 분석에 들어갔으며, Alice Taylor와 결혼했다. Phillips(1988)는 그녀를 도예가라고 설명했으나, Masud Khan은 그녀를 '아름다운 오페라 가수'였으며 '정신이 이상해져 나중에 Winnicott은 온 청춘을 그녀를 돌보기 위해 바쳤다.'라고 간략하고도 부정적으로 묘사했다 (Clancier & Kalmanovitch, 1987: xvi). Winnicott의 생애에 대한 모든 짧은 설명에서 25년 동안이나 지속되었던 그의 첫 결혼에 대해서는 거의 언급하지 않는다는 것이 흥미롭다. Clare의 회고록에는 케임브리지와 누나들의 친구 중에서 만난 '여자친구들'과 '한 번 이상의 결혼생활의 위기'에 대한 언급이 있다. 그러나 적어도 Winnicott의 친밀한 관계라는 측면에서, 이 문헌에는 Clare Britton과의 두 번째 결혼이 주로 언급된다. Clare Winnicott이 남편의 초기 생애, 업적, 관심에 대해 출판된 책에 많은 정보를 제공했다는 점에서, 특히 결혼과 같은 핵심 영역이 거의 혹은 전혀 관심을 받지 못한 상황에서, 우리는 우리가 가지고 있는 이미지가 얼마나 완벽한지 확신하기 어렵다.

우리는 다른 곳에서 이 없어진 관계에 대한 정보를 수집해야만 했다. 주로 지나가는 말로 언급되는 것이긴 하지만, Donald와 Alice Winnicott은 Marion Milner의 사례 연구인 『살아계신 신의 손 안에』(1969)에서 어느 정도 언급되고 있다. 그녀의 내담자인 수잔은 신경증으로 병원에 있었는데, X여사가 수잔을 발견했다. 그녀는 '병원에 방문해서 수잔에게 관심을 갖게 되고, 수잔에게 와서 자신들과 함께 살자고 초청했다.'(Milner, 1969: 3) 우리는 이제 X여사와 그녀의 남편 X씨—정신건강 문제에 관심이 있고, 놀고먹어도 될 만큼의 재산을 가졌으며, Marion에게 수잔의 분석을 맡아달라고 요청했던—가 다름 아닌 Winnicott 부부라는 사실을 알고 있다. 이것은 놀라운 일이다. 왜냐하면 Winnicott이 서문을 썼을 뿐 아니라, 아마추어 정신분석가였던 Milner를 위해 의학적인 자문을 제공한 것으로 책에서 별도로 이름이 언급되어 있기 때문이다. X씨 부부가 누구인지를 밝혀 낸 사람이 바로 Judith Hughes였는데(1989: 202), 이는 Marion Milner가 1986년에 쓴 편지에서 드러났다.

이 첫 결혼은 1949년에 끝났다. Winnicott의 아버지는 1948년의 마지막 날에 93세의 나이로 사망했다(그의 어머니는 1925년에 사망했다.). 부모의 사망이 별거와 이혼의 계기로 작용하는 것은 드문 일이 아니다. Winnicott이 처음으로 심장발작을 일으킨 것 역시 그때였다. 이 결혼이 끝남으로 인해 '또다시 그가 '그녀를 망치기 위해' 고의로 결혼을 파탄냈다고 주장하는, X씨에 대해 매우 편집적이었던' Milner의 내담자의 퇴행이 촉발되었던 것처럼 보인다(Milner, 1969: 113). 이 시기 동안 Winnicott을 분석했던 Margaret Little 역시 Winnicott이 자신에게 이혼과 다가올 재혼에 대해 "내가 이것에 대해 신문에서 읽거나 다른 곳에서 듣게 될까 봐 걱정이 된다."라고 말했다고 기술했다. 그녀는 Winnicott의 두 번째 심장발작과 명백한 우울이 '파국에 이른 첫 결혼에 대해 질문받는 고통'으로부터 초래되었다고 보았다(Little, 1990: 54-55). 이는 Winnicott이 가장 긍정적인 감정과는 다른 감정을 가졌다는 것을 보여 주는 얼마 안 되는 언급 중 하나이며, 그의 두 번째 아내가 우리에게 제시했던 편파적인 이미지를 메우는 데 없어서는 안 되는 중요한 자료이다.

1923년에 있었던 세 번째 주요 사건은 Winnicott이 James Strachey와 10년간의 분석을 시작했다는 것이다. Strachey는 Freud에게 분석을 받았으며, Freud 저서의 주요 영어 번역가 중 한 사람이었다. 주제에 대한 지적 흥미와 함께, 치료를 하고자 하는 Winnicott의 분명한 동기는 그가 자신을 '치료에서 무언가가 이루어질 수 있는가에 대해 질문하는 다소 내성적인 젊은이'라고 기술한 것에서 나타난다

(Hughes, 1989: 19). 이 분석에서 우리는 확실히 작은 부분만을 알 수 있었다. Winnicott은 Strachey에 대해 "그는 Freud를 방문한 결과 매우 명확한 한 가지를 염두에 두게 되었는데, 그것은 내담자 안에서 과정이 일어난다는 것이며, 일어나는 것은 만들어지는 것이 아니라 이용되는 것이라는 것이다……. 마치 내담자에게서 일어난 과정을 보지 못하고 놓친 것처럼, 일어난 모든 일에 대한 해석을 믿는 것처럼 보이는 분석에서의 해석적 작업의 설명에 대해 내가 의심을 하게 된 것은 Strachey에게 분석 받은 나의 경험 때문이었다."(1969: 129)라고 설명했다. 1952년에 Winnicott은 Ernest Jones에게 쓴 편지에서 그 분석에 대해 물론 그가 '해석이 필요한 시기에 해석되지 않은 것이 두세 가지 있긴 했지만 Strachey는 사실상 어떤 실수도 저지르지 않았고, 내가 항상 고맙게 여겨왔던 냉담한 방식으로 고전적인 기법을 고수했다.'라고 회상했다(Rodman, 1987: 33). 그가 했던 분석 중 하나가 Winnicott이 Freud의 저서를 충분히 읽지 않았다는 것인데, Winnicott은 이후에 그것이 Freud의 저서를 읽는 것에 대한 억압의 결과라고 보았다. 1951년 Strachey에게 보낸 편지에서 그는 '당신은 제가 두 번이나 아팠던 탓에, 약간의 정신분석 책만을 읽었다는 이야기를 들으면 안심하게 될 것입니다.'라고 썼다(Rodman, 1987: 24). 비밀보장이 깨어진 시점에서, 출판된 James와 Alix

Strachey 간의 편지들은 분석에 대한 몇 가지 연속적인 세부사항을 보여 주고 있다. James는 한 시점에서 '불쌍한 어린 Winnie는 오늘 아마도 자신이 출생 당시에 자신의 어머니에게 오줌을 쌌을지도 모른다는 것을 시사했다.'라고 언급했다. 그리고 Alix는 Winnicott이 분석을 그만두기 위해서 갑자기 아내와 성교하는 것이 필요했을 것이라고 시사하는 것처럼 보인다(Meisel & Kendrick, 1985: 115, 166).

정신분석의 입장

Winnicott은 1927년까지 영국 정신분석학회에서 수련 후보로 받아들여지지 않았다. 그는 정회원 자격의 최종 요구조건인 그의 논문 「조증적 방어(The Manic Defence)」(1975: 129-144)를 제출함으로써 1934년에는 성인 정신분석가로, 1935년에는 아동 정신분석가로서 자격을 갖추었다. Ernest Jones는 1937년 Freud에게 편지를 쓰면서, Winnicott이 학회 내의 유일한 남성 아동 정신분석가라고 썼다(Paskauskas, 1993: 755). 그리고 덧붙여 Winnicott은 '그 당시에는 분석가이면서 소아과의사인 사람이 없었기 때문에, 이삼십 년 동안 나는 유일한 존재였다.'라고 썼다(1965b: 172). Winnicott은 분석과정에서 Strachey가 자신에게 Melanie Klein에 대해 언급한 것을 떠올렸고, 그로 인해 Klein에게 슈퍼비전을 받게 되었다. 그는 또한 1933년에서 1938년까지 Joan Riviere에게 두 번째 개인 분석을 받았는데, 그녀는 Freud에게 분석을 받았던 또 다른 분석가이자 Klein의 가장 열정적인 지지자이기도 했다. 따라서 Winnicott은, 물론 1940년대 중반까지이긴 했지만, 초기에는 Klein 학파로 분류되었다. 영국 정신분석학의 정치에 익숙하지 않은 독자들을 위해, 이런 용어들과 그것의 배경을 먼저 설명하여야 한다.

정신분석은 위태위태한 출발 후, 부분적으로는 유아기 성에 대한 Freud의 이론을 둘러싼 논쟁 때문에 많은 주요 학파로 발전하게 되었다. 놀랄 것도 없이, 20세기의 첫 20년간 비엔나와 베를린이 정신분석학회들의 중심이었으며, 헝가리, 스위스, 이탈리아, 미국, 캐나다에서는 독자적인 발전을 이루어 왔다. 런던학회는 미숙함을 드러냈으며, 1919년이 되어서야 Freud의 가장 열정적인 제자 중 한 명이자 후에 그의 첫 주요 전기 작가가 된 정력적인 Ernest Jones의 수년에 걸친 주도 아래 영국 정신분석학회가 형성되었다. 1920년대의 아동 분석은 Melanie Klein에 의해 베를린에서, 그리고 Freud의 딸인 Anna에 의해 비엔나에서 체계적이고, 독립적으로 발전하였다. Melanie Klein은 1926년 Ernest Jones의 초청으로 그의 아내와 딸을 분석하기 위해 런던에 왔다. 런던에서 그녀는 자신의 생각이 기꺼이 받아들여진다는 것을 알게 되었다. 그녀의 사상은 Freud의 사상

에서 차용한 것으로, 그녀와 그녀의 지지자들은 이것을
Freud 사상의 자연스러운 발전이라고 보았으나, 다른 사람
들은 이것을 Freud로부터 상당 부분 벗어난 것으로 보았다.
예를 들면, 그녀는 환경보다는 천성을 강조했고, 외적 현실
보다는 환상의 실재(reality of fantasy)에 더 비중을 두었으
며, 부모가 없는 상태에서 아동과 작업하기를 원했다. 그녀
는 또한 초반부터 치료자에 대한 부정적인 감정을 해석했고
생애 첫해에 오이디푸스 콤플렉스의 근원이 있다고 보았다.

　Melanie Klein의 생각은 Winnicott이 어떻게 자신의 사고
를 발전시켰는지를 이해하는 것과 매우 관련이 있다(1992년
Segal에 의해 쓰인 'Melanie Klein'이라는 이 시리즈의 다른 책
을 보라.). 비록 그가 그녀의 학생이었지만(그는 1935년에서
1941년까지 6년간 Klein 여사의 슈퍼비전을 받았다), 그들은 서
로의 관계에 독특한 강점을 가져다주었다. Klein을 처음 만
났을 때 Winnicott은 정신분석학을 배우는 학생이긴 했지
만, 이미 어머니와 아동의 주의 깊은 관찰자였으며, 경험 많
은 소아과의사였다. 그는 그녀와 마찬가지로 4세나 5세에서
오이디푸스 콤플렉스의 흔적을 쫓는 것에 대해 의구심을 갖
고 있었다. '불안정한 아동들은……, 심지어는 유아기부터
정서 발달에 문제를 보였다.' (1965b: 172) 그는 Klein 여사
를 '아동치료(child care, 이후에 그의 전문이 된 영역)에 대한
연구와 별개로 유아 발달의 초기과정에 대한 연구를 가장 정

력적으로 시도하는' 사람으로 보았다(1965b: 126). Rodman은 "그녀는 젊었을 때 그에게 길고 애정 어린 편지를 썼다." (1987: xx)고 언급했다. Winnicott은 그녀가 자신을 분석해 주길 바랐으나, 그녀는 그가 자신의 슈퍼비전하에 자신의 아들을 분석해 주기를 원했다. 그리고 그는 그녀의 슈퍼비전을 받지 않고 그 분석을 해냈다.

Klein이 Winnicott에게 미친 영향은 2장에서 좀 더 상세하게 다룰 것이다. 현재로서는 1930년대에 영국 정신분석학회를 지배했던 것이 Klein과 증가하는 그녀의 추종자들이었다는 것을 기억하는 것으로도 충분하다. 그러나 1938년, Ernest Jones가 다시 한 번 참여했던 상부의 외교적 협상 결과로, Freud와 그의 딸 Anna는 나치에 의해 점령된 비엔나에서 런던으로 오게 되었다. Winnicott이 Freud를 만난 적이 있는지에 대한 다른 기록은 없지만, Anna Freud에 따르면, Winnicott은 '안부를 묻기 위해 Maresfield Garden에 있는 그들의 집으로 전화했던 유일한 영국학회의 회원'이었다(Rodman, 1987: xix). 그리고 Rodman은 Freud 여사와 Winnicott 사이에 오고 간 편지가 그들 사이의 '의례적인 서먹서먹함을 입증'해 준다고 주장했다(1987: xix). 1939년 Sigmund Freud의 사망 이후에 영국 정신분석학회 내부의 분열이 가속화되었다. 그 일환으로 Melanie Klein의 사상이 정신분석의 참된 방향에서 나온 것인가에 대한 논쟁이 격화되었다. 이전에 Winnicott을 분석했던 James Strachey 가 1940년에 수련위원회의 위원장에게 쓴 편지는 이 상황을 잘 보여 준다.

제게 이 문제는 양측 다 극단적으로 보입니다. 저의 견해 로는 Klein 여사는 정신분석에 매우 중요한 기여를 했으나, (a) 이것이 전체 주제를 다루고 있는지, (b) 그 타당성이 자명 한지를 입증해 내는 것은 어리석다고 생각합니다. 반면, 저 는 Anna Freud가 정신분석이 Freud 일가의 소유물인 양 행세하고, Klein의 사상이 완전히 Freud를 뒤엎는 것이라 고 주장하는 것 역시 웃기는 일이라고 생각합니다. 양측의 이러한 태도는 물론 순수하게 종교적이며, 과학과는 매우 상 반된 것입니다(King & Steiner, 1991: 33).

이런 표현에 비추어 볼 때, 이 차이를 조사하기 위해 마련 된 회의가 '과학적 논쟁에 대한 논의'라고 알려진 것은 기묘 하게 느껴진다. 더 흔히 쓰는 용어인 '쟁점이 되는 논의'가 좀 더 정직한 표현일 것이다. Winnicott은 Klein 집단의 중 요한 구성원이었는데 왜냐하면 그는 Klein으로부터 Klein 학파 수련을 받은 다섯 명의 분석가 중 하나로 명명되었기 때문이다. Blitz의 대공습에서 대피한 아동과의 작업과 관련 해서 런던을 떠나 있었음에도 그는 특별 과학 회의 하나만 제외하고는 학회의 모든 특별한 사업적 회의에 참석했고, 논의에서 능동적인 역할을 맡았다. 그러나 그가 독립적인 종교적 전통에서 성장했으며, 그의 첫 분석가 역시 이러한 반목에 대해 명백히 회의적이었다는 점을 감안할 때 놀라운 일은 아니지만, 그는 사실 개인주의자였다. Klein이 자신의 지지자 중 한 명에게 쓴 편지에 따르면, 'Winnicott이 그녀와 그녀의 집단이 알 수 있을 만큼 충분히 그녀에게 공헌하지 않았고, 많은 '대 실책'을 저질렀기 때문에' 그녀는 그와 갈등을 경험했다(King & Steiner, 1991: xxiv). 결국 1945년까지 논쟁에 대한 영국 학계의 실용적이고 아마도 상징적인 해결책은, 학계 내에 두 가지 방향의 수련 과정과 사실상 세 개의 치료자 집단을 만드는 것이었다. A코스의 학생은 Freud 기법뿐 아니라 Klein 기법을 포함한 수련 과정을 따르고, B코스의 학생은 Freud 기법에 대한 교육과정만 이수했으며, 다른 강의는 동일했다. 그러나 슈퍼비전에 있어서는 A와 B코스 학생들 모두 우선은 자신이 소속된 집단의 슈퍼바이저가 있어야 하고, 제3의 독립집단에 소속된 두 번째 슈퍼바이저 역시 있어야 했다. 비록 나중에 두 번째 슈퍼바이저에 대한 요구사항이 없어지긴 했지만, 그것은 분석가로 하여금 자신을 'A집단(Klein 학파)'이나 'B집단(Freud 학파)'이나 '제3의 중도집단'으로 간주하게 했다. 이러한 논의가 진행되는 동안 Klein의 충성심에 대한 요구는 Winnicott의 독립적인 정신이 받아들이기에는 너무 지나쳤으며, 그에게 '너무 많은 어머니를 가졌던 아동기 경험을 다시 되풀이하는 것처럼 느끼게 했기 때문에, 그는 이후에 학회를 함께 탈퇴했던 Michael Balint나 W. R. D. Fairbairn, Marion Milner, 그리고 이후에 Charles Rycroft, Masud Khan, Peter Lomas와 마찬가지로 자신을 '중도집단'의 분석가로 간주하게 되었다(주요 독립적인 저자들의 연구에 대해서는 Raymer(1990)를 보라.).

이미 언급하였듯이, 이 논의가 이루어지는 전쟁 기간 동안 Winnicott은 Oxfordshire에서 정부 피난 계획의 정신과 자문 역할을 했으며, 이 시기에 이혼하여 1951년에 재혼을 하게 되는 Clare Britton과 같은 정신과 사회복지사들과 함께 일했다. Madeleine Davis는 피난 계획에서의 경험이 Winnicott에게 내적 현실뿐만 아니라 환경의 영향을 함께 고려하게 했으며, 따라서 그의 이론은 Klein의 입장과 더 차별화되었다고 말했다(1981: 183). 전쟁 동안의 그의 발견은 절도와 아동의 어머니로부터의 분리에 대한 John Bowlby의 연구 결론을 확증하게 하였다. Winnicott은 또한 치료에서 해석 이외의 다른 요소들의 가치를 알게 되었다. Bicester에 있는 호스텔을 방문했던 일을 회상하면서, 그는 자신의 '깊은 통찰에 근거한 매우 좋은 해석'과 그가 급하게 배웠던 것―'벽과 지붕에 의해서, 벽돌의 표적이 되기 좋은 유리 온

실에 의해서……, 요리사에 의해서, 식탁의 음식이 제때에 차려지는 것에 의해서 치료가 행해졌다' (1984: 221)―을 자기냉소적으로 대조하였다. 이것은 그가 자신의 수련에 대해 행한 비난 중 하나였으며, '심리치료에는 적시에 적절한 해석을 하는 것만으로는 설명할 수 없는 무언가가 있었다.' (1984: 222)

전쟁 후에 Winnicott은 영국 정신분석학회에서 중심적 역할을 했다. 그는 25년 동안 정신분석 기관의 아동 부서를 맡고 있는 의사였다. 그의 편지들은 Freud 학파와 Klein 학파 간에 계속해서 발생했던 비난에 대한 염려를 드러내고 있다. 그가 수련위원장이었던 1954년에 쓴 한 편지에서 그는 Anna Freud와 Klein 여사 둘 다에게 계속해서 두 집단으로 나뉘어 있는 것에 대한 자신의 염려와 그것이 10년 전의 그들의 목적에 더 이상 도움이 되는 것 같지 않다는 의견을 토로했다. 그는 이 두 여성 중 한 명의 죽음이 경직된 집단화를 공고화시키는 결과를 초래할 것이라고 예견했으며, 이는 그를 소름끼치게 했다. "나는 집단화가 공식적인 한은 당신들 스스로가 이것을 깨는 것이 학회의 미래를 위해서 절대적으로 매우 중요하다고 생각합니다. 당신들을 제외하고는 어느 누구도 이것을 깰 수 없으며, 당신들이 살아있는 동안 당신들만이 할 수 있습니다." (Rodman, 1987: 73) 1952년 Klein에게 따로 쓴 초기 편지에서 Winnicott은 자신의 격정을 더 강하게 설명했다. 그는 자신이 '개인적이고 독창적인 사상'을 가지고 있기 때문에 성가시게 보일 수도 있다는 것을 알지만 그녀가 대단한 기여를 했다는 것을 인정하고 있다는 내용으로 서두를 열었다. 자신이 제출한 논문에서 그는 Klein 학파 방향으로 움직이려는 시도를 보였던 자신의 움직임에 대한 Klein 집단의 반응을 언급하였다. 자신의 분석 경험에 대한 수수께끼 같은 주석에서 그는 다음과 같이 이야기하였다. "나는 내가 당신의 집단에서 기대할 권리가 없는 어떤 것을 원하고 있다고 생각합니다. 그리고 그것은, 다른 것들은 많이 얻었지만, 내 두 번의 장기 분석에서 얻을 수 없었던 어떤 치료적 행위의 본질이었습니다." Riviere 여사와의 분석에 대해 언급하면서 그는 "그녀의 분석이 나를 실망시킨 것이 바로 이 부분이었습니다."라고 말했다. Winnicott은 그녀의 '언어가 다른 사람들의 발견을 서술하는 데 사용될 수 있다.'라는 주장이 그녀의 언어를 죽은 것으로 만들 것이라고 염려했다. 그는 또한 그녀가 'Klein 학파라고 불리는 언어를 타파할 수 있는 유일한 사람'이라고 주장했다. 그는 '내담자에게 개인적인 과정을 인식하고 있다는 어떤 인상도 주지 못하는 Klein 학파의 특성으로 현재 알려지고 있는 많은 것에 대해 단순히 논하고 있는' 한 회원의 논문의 생생한 심상에 대해 "만약 그가 수선화를 키우고 있다면, 충분한 양질의 양육을 통해 구근을 수

선화로 성장시키는 대신, 스스로 구군에서 수선화를 만들어 내고 있다고 생각했을 것이다."라고 말했다(Rodman, 1987: 33-37).

그 같은 내부적인 논쟁들은 외부에서 볼 때 혼란스럽게 보였을 수 있다. 하지만 정신분석의 좁은 세계에는 다른 혼란이 있었는데, 이것이 자신의 기법에서 분석적인 관행의 일부에 대해 도전한 사람의 연구에 어느 정도 영향을 미쳤다. 예를 들어, Melanie Klein은 Winnicott의 두 번째 아내인 Clare를 분석했다. 이미 Winnicott이 Klein의 아들과 Ernest Jones의 딸을 치료했다는 것에 대해서는 언급한 바 있다. 1950년에서 1970년 사이에 출판된 Winnicott의 모든 논문과 그의 생전에 출판된 모든 책을 편집한 Masud Khan 또한 Winnicott에게 10년간 분석을 받았고, 그의 아내 역시 그러했다. 우리는 그 같은 내부 관계가 개인 분석과 외부에서의 관계 모두에 무슨 영향을 미쳤을지에 대해 의문을 가지게 된다. 우리는 또한 Winnicott의 아내가 Marion Milner의 내담자인 Susan을 발견했을 때, Winnicott이 그녀를 의뢰했을 때, 그리고 그 당시 모든 친구와 동료가 그녀의 분석가였음에도 그녀를 자신의 집에서 살게 했을 때, 이것이 그녀에게 어떤 영향을 미쳤을지 의문을 갖게 되었다. 이렇게 경계의 혼란 문제와 잠재적으로 혼선을 빚을 가능성의 예는 사실 상대적으로 소규모인 전문가 사회에서 아마도 불가피한 것이었을 것이다. 그럼에도 이 집단은 그 당시에 더 넓은 범위의 상담과 치료 영역에서 이상적인 기준에 미치지 못하는 것으로 보이는 것에 철저하게 비판적이었던 영향력 있는 집단이었다.

그는 수련위원장과 학술위원장으로 일했을 뿐 아니라 두 번(1956~1959, 1965~1968)이나 영국 정신분석학회장을 맡았다. 그는 학회에서 격주마다 열리는 많은 회의에 열심히 참석했으며, 그의 편지 중 일부는 그가 논문을 제출한 사람들에게 곧바로 편지를 쓰는 일을 지체하지 않았음을 보여 준다. Lomas는 Winnicott과 주고받은 서신을 회고하며 언급했다.

그는 자신의 시각에 거의 의심을 품지 않았으며, 타인의 시각을 비판하는 것을 거리끼지 않는 것처럼 보였……. 이러한 편지들은 그 편지를 받는 사람들에게 별로 위안이 되었을 것 같지 않다. 아침식사를 한 후 Winnicott의 편지를 읽은 많은 분석가는 내담자를 보기보다는 더 자야겠다고 생각했을 것이다(1987b: 798).

예를 들어, 1952년 그는 Hanna Segal에게 다음과 같은 편지를 썼다. '저는 때때로 잠시 동안 당신이 자신에 대해 대단히 확신에 차 있고, 그래서 만약 당신이 어쩌다 이야기

를 하게 되면 그것이 드러난다고 생각합니다……. 사실 당
신은 다른 분석가들처럼 실패할 가능성이 있는 사람입니
다……. 저는 당신이 내재화된 좋은 가슴이라는 에베레스트
산 꼭대기에 앉아 있는 듯한 꼴사나운 상태에 빠져서 그것
을 모두 망치지는 않을까 걱정하고 있습니다.'(Rodman,
1987: 26) 그 유쾌한 스타일은 Winnicott이 명백히 자부심
이 강한 사람을 공격 대상으로 하는 것에 대해 꺼리지 않으
며, 그의 옛 추종자의 표현에 따르면, 얼마나 스스로 '애교
있고, 유쾌하며, 매우 활발하고, 매력적이며, 현명하지만 사
람을 얕잡아 보고, 미묘하게 지배적이며, 탁월함에 몰두해
있는지'를 보여 준다.

1968년 뉴욕 정신분석학회에 자신의 논문인 「대상의 활
용(The Use of an Object)」을 제출하고, 이것이 세 명의 토
론 참가자들(심사위원들)에 의해 난타당했을 때, Winnicott
은 자신이 그 공격 대상이 된 것처럼 느꼈을 것이다. 그는 자
신의 개념이 '갈가리 찢겨서 차라리 그것을 포기하는 편이
더 행복했을 것이다.' 라고 '매력적이고 기발하게' 반응했다
고 한다(그러나 그것이 방어가 아니었을까?)(Rudnytsky, 1991:
105). 같은 해 영국의 요크 지방에서 Winnicott은 소아과의
사를 위한 James Spence 메달을 받음으로써 동료 소아과
의사들의 갈채를 받았으나 뉴욕에서는 그의 논문을 실패로
취급했다. 그 직후 그는 위험한 심장발작을 일으켰으나 이

것이 비판적인 평판 때문인지는 단지 추측에 불과하다. 강연자들에게 쓴 그의 편지와 논쟁이 이루어지는 저녁 토론에서, Winnicott의 주 관심사는 개인적인 적의보다는 지적인 대화에 대한 것이었다. 그러나 편지에서 '통합, 열정, 지성, 상식'에 대해 감탄했던 Lomas 역시 '그 편지들의 자기애에 불안'을 느끼고 있었다(1987: 798). 뉴욕에서의 비판이 너무 강력한 자기애적인 상처였을까?

'모든 것 이상이다'
(not less than everything)

Davis는 "1945년부터 Winnicott이 죽을 때까지 사반세기는 대체로 놀라운 활동이 쇄도했다."라고 말했다(Davis & Wallbridge, 1981: 185). Winnicott은 정신분석계 밖에서 상당한 명성을 얻었다. 그는 여러 번 영국 심리학회의 의학 부분 학회장과 왕립 의학학회의 소아과학회장을 역임했다. 그는 유네스코 회원이자 WHO 연구 모임의 일원이었다. 출판된 그의 서신들은 정치적 쟁점에 대한 강한 흥미를 보여준다. 그가 보낸 편지들은 단지 동료들에게 보낸 것이 아니라 다른 곳에 보내진 것들이었다. 그는 타임지라든가, 의학회지라든가, Beveridge 경에게라든가, 심지어 제2차 세계 대전 전에는 수상이 그의 편지를 읽을 시간이 없을 것이라고 생각하고 수상의 아내에게 편지를 보내기도 했다. 그의 편지들은 반유대주의나 전기충격요법이나 뇌엽절제술에 대한 그의 의견처럼 그가 열렬한 신념을 가졌던 다양한 주제에 대해 언급하고 있다. 그의 견해들이 항상 진보적인 것은 아니었다. 그는 협찬을 받는 텔레비전을 비판했고, 그가 '의료직의 국유화'라고 묘사했던 국민 건강 서비스라는 기구를 설립하는 것에 대해 비판했다. 그는 심지어 성적으로 정밀한 인형에 대해 찬성하지 않는다는 것을 '이것은 당신이 괴롭히면 정말 물어버릴 것 같은 테디 베어를 만드는 것과 같은 논리적 결론이다.'라고 표현했다(Rodman, 1987: 4, 6-9, 14-15, 15-16, 76-77).

Winnicott은 강연자로서 매우 인기가 좋았고, 비정신분석적 집단을 방문하는 것을 즐겼다. 그는 정신분석을 사회복지사, 산파, 성직자, 교사, 건강 의학 학생, 간호사, 간호학교 학회, 기독교 팀 워크, 옥스퍼드 대학 과학학회와 같은 다른 전문적인 장면에 적용하는 일에 주로 참여했음에도 다양한 주제로 관심을 돌렸다. 『가정이란 우리가 시작하는 곳이다 (*Home is Where We Start From*)』(1986)는 '정신분석과 과학: 친구 혹은 친척?'에서 '여성주의' '알약과 달' '군주제의 위상'까지 다양한 주제에 대한 많은 논문으로 이루어져 있다. 그가 강의하는 것을 들은 일부 사람들은 분명하게 이 강연을 기억했으나, 모든 사람이 그를 인상 깊은 강연자라고 생각했던 것은 아니었다. 런던 경영학 스쿨에서 정신과 사회 복지학을 전공하는 한 학생은 아기와 가슴의 관계에 대한 그의 그림이 기억에 강하게 남긴 했지만 강의가 이해하기 어려웠다고 했다(몇 가지 그림 있는 연례 강의들은 『인간 본성 (*Human Nature*)』(1988b)에 나와 있다.). 다른 사람들은 그의 자연스러움에 대해 언급하면서 그가 (예를 들어) 요점을 설명하기 위해 갑자기 바흐의 곡을 부르기 시작하거나, '부서진 꼭두각시 인형처럼……, 뒷줄에 앉아 있다가 뚜껑을 열면 튀어나오는 인형'처럼 그도 일원이었던 청중의 긴장을 풀고 활기를 불어넣었던 것을 회상했다(Clancier & Kalmanovitch, 1987: xi).

아마도 가장 많은 청중을 동원했고 Winnicott의 업적을 가장 잘 알린 것은 BBC 라디오 토크쇼 시리즈였는데, 이 토크쇼의 일부는 제2차 세계대전 동안 방송되었지만 대부분은 1940년대 후반에 방송되었다. 여기서 그는 또다시 1919년에 자신의 누나에게 보낸 편지에서 그가 원했던 것처럼 '누구든지 이해할 수 있는' 전달에 대한 열의를 드러냈다. 출판된 교재는 정신분석적 개념에 익숙하지 않은 부모와 사람들, 정말 그러한 개념들을 이해할 수 있을 것이라고 생각하지 못했던 사람들을 이해시켰을 뿐 아니라 어머니와 아기의 관계의 핵심에 도달하는 그의 능력을 의심할 여지없이 보여주었다. 이런 것들에는 학파적 개념에 대한 어떤 특별한 능란한 설득도 없었다. 사후에 출판된 많은 저서의 편집자는 '나는 보통의 부모와 그들의 아기 또는 아동들이 실제로 서로 어떻게 행동하고 느끼는지에 대해 그렇게 직접적으로 말한 사람이 있었는지 의문이 든다.'라고 썼다(Davis & Wallbridge, 1981: 187). 1957년 두 권짜리로 첫 출판된 책은 다른 몇 가지 논문들과 함께 1964년 『아동, 가족 및 외부 세계』라는 책으로 함께 출판되었다. 이 보급판 책은 처음 3년 동안 5만 권이 팔렸고 1971년 저자가 사망할 때까지 네 번이나 재판되었다. 이 책은 여전히 출판되고 있으며, 여전히 잘 팔리고 있다.

Rodman은 "많은 책이 그의 펜에서 샘솟듯 흘러나왔다." (1987: xvi)라고 말했다. 사실 대개의 경우는 Winnicott이 논문이나 사례 노트를 썼지만, 이를 책으로 묶고 편집한 것은 거의 항상 다른 사람이었던 것 같다. 그의 사후에 100여 가지가 넘는 강의록과 논문의 대다수가 출판된 것으로 보인다. 그의 이론에 대한 설명(2장)과 그에 대한 비판(4장)에서 명확해질 것이지만, 그는 폭넓게 논의되는 책의 저자가 아니라 본질적으로 짧은 논문을 다작하는 사람이었다는 것을 아는 것이 중요하다. 아마 『인간 본성(Human Nature)』(1988b)이라는 제목으로 출판된 강의 노트를 제외하고는 일관된 전체로 통합된 확장 이론을 제시하려는 시도를 거의 찾아볼 수 없다. 이는 자신의 생각을 타인과 공유하고자 하는 Winnicott

의 자발성과 에너지 그리고 열성이 반드시 이론적 틀과 상호
참조하는 것이 아니라, 자신의 치료 경험에서 나온 소재나
강의 요청에 대한 응답으로 쓰인, 상대적으로 단편적인 일련
의 작업을 통해 나타나기도 한다는 것을 보여 준다. 내가 이
장을 소개하면서 설명했듯이, Winnicott이 어떤 주요 이론
모델보다는 그의 치료 방식에서 나타난 개인적 특징뿐 아니
라, '중간 대상'이나 '충분히 좋은 엄마'와 같은 경구로 더
잘 기억된다는 것 역시 중요하다.

그럼에도 많은 상담가와 치료자에게 친숙한 이러한 구절
들은 막대한 산출의 정수다. 아마도 그의 자기 확신에 대한
Simone Decobert의 해석을 통해 많은 작업을 이해할 수
있을 것이다.

그의 자기 확신은 발견자의 특징이라고 볼 수 있다. 이러
한 발견자들은 사실 자신의 가설과 관찰을 상세히 설명한다
고 해서 잃을 것이 하나도 없다고 확신한다. 그는 또한 다른
종류의 자기 확신도 갖고 있었는데, 그것은 Freud가 말했듯
이, 자신이 부모의, 특히 어머니의 가장 사랑하는 자녀라는
사실을 아는 아동을 특징짓는 그런 종류의 자기 확신이었다
(Clancier & Kalmanovitch, 1987: xii).

Winnicott의 생애에 관한 문헌들에 제시되어 있는 극단적

으로 훌륭한 특징들은 사실 그가 본 엄청난 수의 사례를 기록한 것이나 그의 개인적 성격에 대한 열렬한 설명에서 나온 것들이기는 하다. Masud Khan은 그에 대해 『소아과학을 통한 정신분석(*Through Paediatrics to Psycho-Analysis*)』의 1975년판 서론 부분에서 'Winnicott은 내가 다시 만날 수 없을 것 같은 사람이었다.' 라는 말로 결론을 내렸다(1975: xxxxviii). 그의 미망인인 Clare는 때로는 우리에게 그의 에너지와 능력에 빠져들게 만드는 그런 인상을 제시하는데, 우리는 그의 개인적이거나 사회적인 삶에 대한 우리의 지식 중 많은 부분을 그녀의 기억과 회상에 의존해야 한다. 그 같은 설명에서는 Winnicott이 자신의 삶에서 이뤄 낸 막대한 양의 업적을 강조한다. 그러나 그는 지금이라면 일 중독이라고 불릴 정도는 아니었던 것으로 보인다. 그의 일과표에는 여가를 즐기기 위한 시간이 많이 있었는데, Clare Winnicott은 마치 그의 여가 또한 독서와 피아노 연주, TV 시청, 예술과 시 감상, 그리고 그와 Clare가 그랬던 것처럼 마루에 그냥 앉아 있기 등으로 채워진 것처럼 열거했다.

우리가 종합한 그녀의 회고에 따르면 Winnicott은 케임브리지에서 자신의 방이 회합의 장소로 쓰이는 인기 있는 인물이었다. 의대에서 그는 '의학에 빠졌으며' 병원 잡지에 글을 쓰고, 노래하고, 춤추고, 스키를 타고, '처음으로 오페라를 듣기 위해 시작 전의 몇 분을 급히 서두르는' 것을 포함해 '총체적인 경험'에 완전히 전념하고 있었다(Grolnick et al., 1978: 27). 직장에서 그는 '세계 전역에서 온 많은 동료의' 방문을 받았다. 여가 시간에는 책을 읽는 것을 좋아했는데 대부분이 전기에 관한 것이었지만 Virginia Woolf 역시 좋아했고, '의식의 흐름' 기법의 글을 좋아했다. 그는 음악을 사랑해서 '내담자들이 없는 사이에 서둘러 가서 피아노를 치곤' 했으며(Rudnytsky, 1991: 190), 하루의 마지막에는 〈a musical outburst fortissimo〉를 연주하곤 했다. 특히 Clare는 Neve와의 인터뷰(Rudnytsky, 1991: 192)에서 그의 임종 무렵에 대해 Winnicott은 그 당시 항상 베토벤의 후기 4중주를 들었으며 음악과 그 구성에 매혹되었다고 설명했다. 그는 바흐를 좋아해서 악보가 없이도 바흐를 연주할 수 있었다. 그는 또한 '비틀즈를 매우 좋아했으며 그들의 음반을 사곤 했다.'(Grolnick et al., 1978: 30) 그는 그림을 감상하는 것을 좋아했고, 모더니즘 회화보다는 고전 회화를 더 좋아했다.

Clare Winnicott은 아동과의 전문적인 작업과 많은 저서에서의 특징이었던 Winnicott의 중심 단어를 사용해, 그의 (사실은 그들의) 놀이 능력을 강조했다. 그녀는 그들의 집에 방문했던 한 방문객이 그녀에게 "당신과 Donald는 놀지요, 그렇지 않나요?"라고 말했던 것을 회상했다. 그런 식으로 생각해 본 적이 없었기 때문에 그녀는 이 질문에 놀랐다. 그녀의 손님은 계속해서 "예, 당신들은 노는군요. 당신은 저와 놀지요. 당신은 모든 것을 가지고 놀아요. 저와 제 아내는, 우리는 그렇지 못하죠." 그리고 나서 Clare는 자신들이 그들의 가구와 책과 책을 읽는 것과 외출하는 것을 가지고 논다는 것을 알게 되었다. 다른 곳에서 그녀는 '우리는 우리가 가진 것들을 우리 기분에 따라 재배열하고, 취하며, 버리는 식으로 가지고 놀았다. 우리는 우리가 동의할 필요가 없고 서로에 의해 상처입지 않을 만큼 충분히 강하다는 것을 알기에 자유롭게 되는 대로 생각을 던지면서 놀았다……. 우리는 모든 것이 허용되는 놀이 장소에서 움직였다.'라고 썼다(Grolnick et al., 1978: 29). 일을 할 때도 있긴 했지만, 토요일은 둘 다 즐기는 것 외에는 아무것도 하지 않고 놀기 위해 비워 두었다(Grolnick et al., 1978: 27-28).

Winnicott에게 있어 놀이와 재미라는 것의 의미는 그가 '잔디에서 구르는 것'과 발을 핸들에 얹은 채로, 런던의 햄스테드에 있는 하버스톡 언덕에서 자전거를 타고 내려가는 것을 즐겼다는 일화로 설명될 수 있다. Clare Winnicott은 경찰이 어떻게 그를 멈추게 하고, 그처럼 나이 든 사람이 다른 사람들에게 얼마나 본보기가 될 수 있는지에 대해 설명했는지를 말했다. 그녀는 또한 그가 머리를 차 지붕 위로 내놓고 지팡이를 엑셀러레이터에 얹은 채 운전을 했다고 기억했다. '그는 어떤 것이든 시도하곤 했다. 그는 여태까지 살았던 사람들 중 가장 자발적인 존재였다.' (Rudnytsky; 1991: 193) 남들 앞에서 그처럼 익살맞은 행동을 하는 것이 그녀가 우리를 믿게 만든 만큼 재미있는 일이었는지, 아닌지는 더 고려해 볼 필요가 있다. 정도를 넘으면 다른 사람에게 위험을 끼칠 수 있는 일종의 경계라는 것이 있으니 아마도 경찰이 옳았을지도 모른다. Clare는 이를 알지 못했고, 그녀의 기억에 따른 모든 전기적인 사건 역시 그랬다. 그러나 어떤 독자들은, 만약 그들이 그동안 궁금해하지 않았다면, 이 시점에서 Clare Winnicott이 만들어 낸 이미지가 전기의 서문에서보다 더 그를 성인화한 것인지 궁금해질 것이다.

그녀는 출판된 책에서 남편의 부정적인 면에 대해 한 번 언급한 적이 있는데, 자신이 아프거나 다쳤을 때 그가 자신을 향해 화를 냈다고 주장했다. '그는 내가 자신의 아내나 놀이 친구가 아니라 내담자로 있는 것을 싫어했다.' (Grolnick et al., 1978: 31) 그녀가 병에 걸린 것에 대한 그의 분노를 설명할 수 있는 한 가지 가설은 다음 단락에 제시된 그들의 관계에 대한 Clare의 회상에서 찾아볼 수 있다. 그녀는 Donald가 결혼 전에 그녀에게 쓴 편지를 인용했는데, 여기서 그는 누나의 인형에 대한 사랑과 Clare에 대한 사랑을 밀접하게 관련짓고 있으며, 이는 Clare가 그의 일종의 중간 대상이라는 것을 내포하고 있다. 이것은 Clare가 Winnicott의 다른 측면에 대해 설명한 흔치 않은 경우인데,

우리 모두가 그렇듯이 그 역시 가지고 있었음에 틀림없는 약점과 취약성을 감추기 위해서 보내는 찬사에서 벗어나 그에게 현실성을 부여하기 시작한 것으로 보인다. Margaret Little의 결론은 더 노골적이었다. '어떤 빼어난 특징을 가지고 그를 이상화하거나 모욕하는 것은 그를 '카리스마' 있다거나 '숭배의 대상'으로 생각하게 하기 쉽지만, 둘 중 하나만 하는 것(편파적인 인상을 제시하는 것)은 환상을 갖게 하거나 그것을 고수하게 하고 그에게서 인간미를 빼앗는다.' (1990: 70, 고딕체는 그녀의 강조점)

T. S. Eliot의 글에서 인용된 'Not Less than Everything'이 그의 자서전 제목으로 적절하다는 것을 확신하면서 Clare Winnicott은 "그는 살고 싶어 했다."라고 말했다. 이 책은 다음과 같이 시작한다. '기도: 주여, 제가 죽을 때 살도록 해 주소서.'(Rudnytsky, 1991: 193) 그러나 그녀가 그의 생애와 자신과의 관계가 둘 다에게 매우 열렬하고 영감을 주는 것이며, Clare를 마치 단테를 대하는 베아트리체처럼 묘사함으로써 제시하고자 한 그 한결같은 이미지의 이면에는 여전히 의문이 남아 있다. 그가 썼던 자서전 몇 장만 있고 최종적인 전기는 없는 상황에서, 우리는 그의 사후에 출판된 『모든 것 이상이다(*not less than everything*)』가 제시하고 있는 Winnicott의 이미지가 정말 사실인지 아닌지 의문을 가질 수 있다.

Winnicott의 생애는 꽉 차 있다. 그의 작업량은 엄청났다. 그는 강사와 아동 치료 전문가로서 중요한 위치에 있었으며, 개인 치료 역시 해야 했음에도 공적 서비스에 대한 자문 역할을 계속했다. 내가 이미 설명했듯이, 그의 여가조차도 음악, 예술, 문학, 스포츠, 현대 대중매체로 가득 찼던 것으로 묘사된다. 그는 자신의 작업 중 다수에서 Winnicott은 '사이의 공간(spaces in between)'에 추가적인 의미를 부여했다. 그러나 이전에 내가 언급했듯이, Winnicott은 "지식과 이해 간의 간격이 나를 두렵게 할 필요는 없었다."(1957: 129)라고 말했는데, 그렇다면 나는 아직 다음 세대가 들여다볼 수 있게 허락되지 않은 Winnicott 내부의 간격이 무엇인지 궁금해졌다. 그의 에너지, 열정, 독창성과 위트 그리고 명백히 사랑이 깃든 품성 등 이 모든 것은 우리가 그에 대해 배운 것 안에 잘 드러나 있다. 그러나 또한 우리는 가려져 있을지 모르는 유혹적인 매력을 지닌 다른 무엇인가가 그의 내부에 존재하고 있는지 질문을 해야 한다. 그의 첫 결혼은 어땠는가? 아이를 가지지 않았던 것이 그에게 어떤 의미가 있었는가? 우리가 '모든 것 이상이다.'에서 기대하는 슬픔이나 공허감, 다른 이 모든 감정은 어디에 있는가? 3장에 그의 업적에 대한 더 상세한 설명에서도 나와 있듯이, 그는 그의 내담자들을 위한 공간을 허용하는 데 있어 어떤 불안도 보이지 않았다. 그러나 계속해서 능동적인 삶이나 여가로 채

워졌던 것으로 보이는 공간을 그는 어떤 식으로도 두려워하지 않았던 것일까?

　더 면밀히 살펴본다면 그의 미망인이 보여 준 이상화된 그림의 다른 측면이 있다는 것을 알게 될 것이다. 일례로 임종이 가까워 옴에 따라 그는 일련의 심장병으로 고통을 겪었다. 여섯 번의 심장발작에도 불구하고, 그는 자신이 아무것도 하지 않도록 두지 않고 계속해서 정진했다. 그것은 공간이 생기면 그 안에 무엇이 들어올지도 모른다는 두려움 때문에 잠시 멈추고 그 자신에게 공간을 허용하는 것에 대한 저항이었을까? 게다가, 서부지방에 있는 집에서 시야를 망친다고 나무의 윗부분을 쳐낸 것에 대해 그의 아내는 그의 심장 상태를 생각한다면 그가 미쳤다고 생각했다. 그러나 그녀는 다음에 그것이 그의 삶이고 그가 그 인생을 살아야 한다고 생각했다. 또다시 우리는 그녀의 말에 묻어난 애정의 이면에서 그녀가 자신에 대한 그의 걱정에 의문을 제기할 권리가 없었는지 묻고 싶을 수 있다. 이 모든 행동이 그 자신을 중심으로 돌아가고 있는가, 아니면 그녀를 위해서 그 시점에서 그 자신을 돌봐왔던 것일까? 심지어 기념할 만한 경구인 '제가 죽을 때 살게 하소서.'에서조차도 우리는 통제되지 않고 나타나는 두려움을 감지할 수 있을지 모른다. 이는 '내가 스스로를 다치게 하거나 병들게 된다면 의사에게 의존' 하게 되는 것을 피하기 위해 의학을 하기로 결심한 것에서 가장 분명하게 드러난다. 그런 점에서, 결국 이를 알아보기 위해서는 다른 측면을 제시할 수 있는 더 확정적이고 면밀한 생애가 제시되어야 할 것 같다.

사실 Clare Winnicott이 우리에게 말했듯이, 1971년 1월 25일 그의 임종은 다음과 같았다. 그들은 음악을 들으면서 그들의 런던 집에 머무르고 있었고, Clare는 TV에 나오는 만화영화를 찾고 있었다. 그와 Clare는 낡은 차에 대한 영화를 보았다. 그들이 마루 위에서 잠자리에 든 후에 그는 이 영화를 '행복을 만드는 영화'라고 묘사했다. 그날 아침 Clare는 그를 보았고, 만약 그를 정말로 사랑한다면 그가 더는 이렇게 계속되는 것을 원하지 않을 것이라고 생각하던 것을 회상했다. 그녀가 잠에서 깨어났을 때, 그는 죽어 있었다 (Rudnytsky, 1991: 192-193).

그 당시에 인쇄 중이던 『놀이와 현실(*Playing and Reality*)』과 『소아 정신의학에서의 치료적 자문(*Therapeutic Consultations in Child Psychiatry*)』은 그 해에 출판되었다. 그러나 Winnicott은 출판되지 않은 몇 상자의 자료들과 링 제본된 편지들을 남겼다. 그가 죽은 지 몇 년 후 그의 미망인의 후원하에 그의 업적 중 뛰어난 것들을 출판하기 위한 위원회가 세워졌다. 이 자료들의 주 편집자 중 한 명인 Madeleine Davis는 '이것은 사실, 학회지나 명문집에 실렸던 논문들과 출판되지 않은 논문들로 구성된 더 많은 저서들을 출판하고

자 계획했었던 Winnicott 자신의 소망에 부합하는 것이었다.'라고 썼다(Davis & Wallbridge, 1981: 173). 1984년 Clare Winnicott이 사망한 후에 더 많은 논문이 발견되었다. Madeleine Davis는 대부분의 자료를 출판하고 1991년에 사망했다. 그가 죽기 전에 출판된 책들과 그의 사후에 출판된 책들 모두가 이 책 마지막에 엄선된 Winnicott의 저서 목록에 열거되어 있다. 다음 두 장에서 다뤄질 그의 이론과 치료 실제에 대한 나의 검토는 이렇게 많은 논문에서 도출되었으며, 많은 개념이 때로는 전통적인 치료적 지식에 도전하고 거의 항상 활력을 제공하였다. Winnicott은 자신과 같은 일을 하는 사람들을 위해 이것들을 썼지만, 직접적으로 정신 역동적 개념을 전달하거나 실제적인 관련성에 있어서 그와 같은 강한 관심을 가지고 있는 치료 관련 일을 하는 사람들을 위해서도 글을 쓰고, 강연을 했다. 대부분의 경우 그의 재치와 상상력, 주의깊고 상냥한 관찰, 이야기에 대한 유쾌함과 재능 그리고 역설을 연상하게 하는 감각으로 인해 그의 저술을 읽는 것이 즐겁다.

나중에 국제 정신분석 학회지의 사망기사로 출판된 Winnicott을 기리는 추도 연설에서(1971: 52-53), 그의 옛 친구이자 동료 소아과의사였던 Peter Tizard는 "그가 아동을 이해했다고 이야기하는 것은, 제게는 당치않고 애매하게 생색을 내는 것처럼 들립니다. 그보다는 아동이 그를 이해했고, 그가 그들과 의견이 일치했다고 하는 편이 옳을 것입니다."라고 말했다. 결국 이런 특징이 다른 학파의 상담가들과 치료자들에게 Winnicott을 그토록 인기 있게 만든 여러 요인 중 하나일 것이다. 또한 그것으로 인해 (어느 정도는 환상이지만) 우리는 그에 대해 거의 이해하고 있다고 느끼게 된다.

2 이론에 대한 주요한 공헌

Winnicott의 사고의 영향

우리가 Winnicott이 독창적인 사상가였다고 말할 수 있는 많은 점이 있다. 첫 번째는 분명한 것으로, 그는 분명히 본인 자신의 것인 어떤 개념과 치료 방법을 믿었다는 점이다. 중간 대상과 중간 현상에 대한 생각은 이런 예 중 하나다. Robert Hobson(1985)이 후에 완전히 독립적으로 사용한 선긋기 놀이(squiggle game)도 사실상 같은 기법이며, 또 다른 예다. 두 번째는 그가 다른 선구자들의 개념과 임상적 경험의 측면들을 적용하고, 자기 고유의 것으로 만드는 독창적인 능력이 있었다는 점이다. 여기서 우리는 그가 Sigmund Freud의 환상(illusion)의 개념에서 만든 중요한 전환을 인용할 수 있다. Winnicott의 환상(illusion)은 Freud의 어린 아이 같은 소원 충족의 표현보다는, 현재를 지각하는 방식이었다. 혹은 Winnicott의 환상은 아기와 어머니가 함께하는 임상적 상담에서 혀누르개 놀이(spatula game)를 포함시키는 Winnicott의 놀이치료 적용이었다.

그가 독창적이라는 세 번째 점은 아마 학계에서 독창적이라고 항상 인정되는 것은 아니었지만, 독립적이고 창의적인 마음의 표현에 있다. Winnicott은 보통 먼저 자신의 생각을 스스로 만들어 내고, 그 다음 누가 그에게 영향을 끼쳤는지를 확인하였다. 그의 기술 방법은 David Rapaport에게 보낸 편지에서 발견할 수 있다. '나는 내 방식대로 일하고 처음에는 나만의 언어로 나를 표현해야만 하는 사람 중 하나입니다. 나는 때때로 내가 말하고 있는 것이 다른 연구와 조화를 이루도록 그것을 바꾸어 말하려고 애씁니다. 나는 종종 나의 '독창적인' 생각들이, 아이디어가 막 나왔을 때 생각했던 것처럼 독창적이지 않음을 발견합니다.'(Rodman, 1987: 53-54) 그는 다음과 같은 경고로 과학적 논문을 시작한다. '나는 역사적 개관과 다른 사람들의 이론으로부터 내 생각이 발전되어 온 것을 처음에 제시하지 않을 것이다. 왜냐하면 나의 생각이 그런 방식으로 작용하지 않기 때문이다. 나는 여기저기서 이것저것을 모아서 임상 경험을 해 보며 내 자신의 이론을 형성한 다음, 마지막으로 내가 무엇을 어디에서 도용했는지를 본다.' (1975: 145) 학계는 다른 사람들의 것을 통해서 발견한 누군가의 공헌은 인정해 주지 않는다. 하지만 그들은 어쩌다가 처음 출판되어 나오는 것 외에는 이것이 미리 예견되었던 것이라는 것을 알지 못한다. 하지만 이 세 번째 점은 Winnicott이 정확히 제시했기 때문에 일반적으로 많은 다른 사람들에게 통용되고 있다. 이는 분명 훼손하지 말아야한다. 우리가 그의 사례에 덧붙이자면, 다른 사람들이 비슷하게 제안했을 만한 것에 대한 그의 방식은 자주 참신하고 독창적이다.

우리가 모을 수 있는 한에서, Winnicott 연구의 주요 방법은 스스로를 관찰하여 자신에 대해 생각하는 것이다. 그는 자신이 독창적이다 아니다에는 신경쓰지 않는다는 것을 분명히 했다. 그는 사람들이 'Winnicott 학파'로 따라야 한다는 바람도 없었기 때문에, 자신이 Freud 학파나 Klein 학파에 당장 맞지 않는다고 걱정하지 않았다. 이 두 학파는 영국 정신분석학회를 압도했던 정신분석의 두 가지 주요 분과였는데, 그는 이 학회의 멤버였으며 수년간 임원이었다. 미국에서 있었던 한 강의에서 그는 "나는 Klein이 인정했던 방식으로 Klein의 관점을 제시할 수 있다고 주장하지 않습니다……. 나는 나의 관점이 Klein의 관점에서 분리되기 시작했다고 믿습니다. 나는 그 어느 누구도 따를 수 없습니다. Freud조차도 말입니다."라고 말했다(1965b: 176). 좀 더 중

요한 것은, 그는 이해하고 싶은 것을 스스로 더 나아가 찾아
낼 수 있었다는 것이다. 아마도 이것은 그의 많은 논문이 생
명력이 있는 이유일 것이다. 왜냐하면 간혹 그의 언어는 기
술적일지라도(그는 후에 종종 특별한 전문적인 독자를 위해서 글
을 썼다), 비상하게 평범해질 수도 있기 때문이다. Anna
Freud에게 쓴 편지에서 그는 자신과 다른 두 정신분석가를
언급했다. '우리 모두는 같은 것을 표현하려고 시도했습니
다. 단지 나는 정신분석적 초심리학 용어를 어떻게 사용하
는가를 배우는 대신에 내가 가진 언어로 말하는 짜증나는
방식을 가지고 있습니다.' (Rodman, 1987: 58)

   이것은 많은 정신분석적인 글에서 나타나는 복잡하고 상
대적으로 좁은 독자층에게 사용되는 한정된 용어에 덜 정통
하거나 확신하지 못하는 상담사와 치료사에게 매우 매력적
인 것이다. Winnicott의 능력은 우리가 관찰했지만 아직은
완전히 정신 속에 명기되지 않은 관찰을 전달하는 것에 있
다. 독자들은 그의 글에서 되풀이되는 의미들에 동의하여
고개를 끄덕이고, 일상적인 경험이 주는 특별한 의미를 인
식하는 즐거움에 웃게 된다. 그가 이런 방법으로 쓴 가장 명
백한 곳은 『아동, 가족 및 외부 세계(*The Child, the Family
and the Outsite World*)』(1964)로, 독자(그리고 그의 방송의 청
취자)에게 아동의 사고와 환상의 과정에 대해 본질적으로 복
잡한 개념이 무엇인지를 소개하고 있다. 하지만 어느 부분

에서도 독자들은 전문 용어 속에서 헤매고 있다고 느끼지 않는다. Winnicott의 관찰(내면적 과정조차)은 일반적으로 외적 징후에 기초하고 있다. 그의 좀 더 전문적인 논문들에서 정신분석학적 용어를 사용하긴 하지만, 그 논문들에서조차 정신분석 외에 대부분의 넓은 독자층이 이해하기 쉽도록 직접적인 인식의 예를 충분히 제공한다.

Winnicott의 이론적 입장에서는 아버지와 자녀와의 관계에서 양육적인 커플로, 오이디푸스 이슈에서 자기의 구성으로, 고전적인 Freud 이론에서 대상관계이론에 대한 자신의 버전(후기 Freud 학파의 가장 중요한 발전)으로, 추동과 본능에서 욕구로, 환상을 강조하는 것에서(Winnicott은 'phantasy'보다 상투적인 철자인 'fantasy'를 썼다) 환경적 제공의 중요성으로 중요한 전환이 있었다. 이 용어들 역시 전문적인 용어로 보이겠지만 좀 더 이후에 그것을 설명하겠다. 아동기의 세 단계 발달 순서는 성숙으로 향하는 성장 과제에 집중하는 것으로 대체되었다.

스스로 밝혔듯이, 그는 다른 사람들에게 빚이 있다는 것을 부인하지도, 완전한 독창성을 주장하지도 않는다. 오히려 그는 Freud가 사로잡힌 것과 같은 선행 연구에 대한 관심은 없었다. 그럼에도 특히 정신분석학적인 사고와 치료에서 가장 중요한 인물인 Sigmund Freud와 Melanie Klein의 핵심 개념이 그에게 미친 영향과 그의 논문에서의 유사 개념을 찾아보는 것은 적절하다. 순전히 Klein에게 바치는 하나의 논문을 제외하고, 1957년 이후의 논문(1965a, 1965b, 1971a)에서 Winnicott은 놀랍게도 Klein을 거의 언급하지 않았다. 그는 Sigmund Freud를 좀 더 많이 언급하였다. 그러나 우리는 그가 직접적으로 언급하지는 않았더라도 Freud와 Klein의 중요 개념들이 그의 생각에 널리 퍼져 있음을 기억해야 한다. 몇 가지 예로 내적 세계와 내적 대상, 환상의 중요성 그리고 본능적 만족 등이 있다. 우리는 Darwin이 그에게 초기에 미쳐 널리 퍼져 있는 영향도 간과해서는 안 된다. 그렇지만 세 명의 사상가 모두의 경우에서 Winnicott은 그의 선배들을 개조하여 독특한 관점을 제공한다.

Winnicott은 연대순으로 이런 세 가지의 영향을 받아, Darwin 학파의 이론을 자신의 것으로 사용했다. Darwin은 한 종이 자연 선택을 통해 환경에 적응한다고 말했다. 다양한 방법으로 적응한 종들은 환경에 맞춘 특별한 적응의 기회가 많기 때문에, 보다 큰 생존의 기회를 보인다. Phillips가 지적한 것처럼, Winnicott은 Darwin의 이론을 부분적으로 변경했다. 먼저, 그는 아기의 어머니(초기 몇 주 동안 아기의 환경인)가 아기에게 적응하는 만큼 아기도 어머니를 벗어나 넓은 환경에 적응하도록 도움을 받는다고 했다. Phillips는 또한 Winnicott이 '인간의 발달은 환경의 순응에 대항하는 무자비한 투쟁이라고 제안하면서 Darwin 학파의 이론을 뒤집었다.'고 보았다(1988: 5). 저자는 좀 더 아래에서 참 자기와 거짓 자기에 대한 개념을 논의할 때 이것을 살펴볼 것이다.

Phillips는 Winnicott이 때때로 덜 신중하게 언어를 사용한다고 진술하였다. ''자연적'이란 말은 Winnicott의 글에서 많이 벗어나 있다.' (1988: 4) 그는 또한 '어떤 부정직함으로…… Freud로부터의 급진적인 이탈을 숨겼다.' (1988: 5) 저자는 1장에서 Winnicott이 Freud에 대한 글을 많이 읽는 것을 후에 억제하였다고 언급한 것을 기록했다. 그는 Freud의 사상의 명확성, 글쓰기 능력, 그리고 생각하는 방식을 바꾸는 것을 두려워하지 않는 성격을 동경했음에도 또한 그에 대해 비판적이었다. '나는 Freud 학파나 정신분석학파의 소산이다. 하지만 Freud가 말하고 쓴 모든 것을 인정한다는 것은 아니다.' (1965a: 21) 그는 아버지의 위상, 성욕, 오이디푸스 콤플렉스의 중요성에 대한 Freud의 강조를 따르지 않았다. 그는 Freud가 특별한 연령에 대해 썼고, 유아에 대해 좀 더 이해했더라면 자신이 그의 사상을 더 발전시켰을 것이라는 점을 인정한다. 출생의 기억에 대한 자신의 논문을 수정하면서, Winnicott은 "나는 내가 제안했던 모든 것을 Freud의 저서 어딘가에서 찾을 수 있다고 생각한다."라고 말했다(1975: 174). 유사하게, 혀누르개 놀이에 대한 그의 논문에서(3장을 보시오), 그는 Freud가 자신의 손자가 유모차 밖으로 실패를 떨어뜨리는 것과 유사한 관찰을 한 것을 언급했다. 비록 Winnicott은 이것이 무엇을 의미하는지에 대해 자신의 해석을 붙였지만, 그것은 일시적인 어머니의 상실의 개념을 가지고 노는 것이다(1975: 68).

Greenberg와 Mitchell은 자신들의 대상관계이론에 대한 포괄적인 개관에서, Winnicott이 비록 '호기심을 끄는 왜곡된 방식으로' 전통을 유지했지만, Freud와 Klein과는 '급진적으로 다른' 발달 이론에 기초를 제공했다고 보았다(1983: 189). 그들은 Winnicott이 '때때로 정교하고 복잡한 논쟁을 포함하여 모든 면에서 Freud와의 논쟁에서 자신을 분명히 나타냄으로써 심한 고통'을 겪었음에도 Freud를 현저하게 오해했던 몇몇의 예를 제공한다.' (1983: 205) 그들은 나르시시즘, 오이디푸스 죄책감, 거짓 자기에 대한 Freud의 입장에 대한 Winnicott의 이해와 관련된 이런 왜곡을 보여주었다. 예를 들면, 마지막 예에서 그들은 Winnicott이 얼마나 '극도로 오해를 일으키는 비교' (1983: 207)를 했는지를 보여 주었다. 비록 그의 'Klein의 개념화에 대한 변경이 훨씬 더 은밀했음'에도 그들은 Winnicott이 많은 쟁점에서 Klein으로부터 공공연하게 이탈되었던 반면, '그의 저서에 나타난 Klein의 치료에는 Klein의 관점과 자신의 관점의 연속성을 드러내기 위한 상당한 노력이 반영되었음' 을 유사하게 관찰하였다(1983: 203). 정신분석학의 내부 정치 역학 때문에, 그가 Freud와 Klein 둘 다를 언급하는 데 그리고 그들과 관련하여 자신의 생각의 연속성을 언급하는 데 얼마나 많은 압력을 느꼈는지는 알기 어려울 것이다. 그 당시에는 받아들여지기 위해 신념을 말해야 하는 가혹함이 있었다. Winnicott은 런던학회 일부 회원들이 내부에서 벌이고 있던 논쟁과 그들의 완고한 입장을 무시했지만, 그가 자신의 공헌이 주목받고 논의되기를 원했다면 Freud와 Klein 둘 다와 좋은 관계를 유지하는 것으로부터 완전히 자유로울 수 없었을 것이다.

Winnicott이 초반에 Melanie Klein에게 슈퍼비전을 받았기 때문에, 우리는 아마 그가 광범위하게 Klein의 영향을 받았을 것이라고 생각할 수 있을 것이다. Phillips는 'Klein 이론을 언급하지 않고는 Winnicott의 연구를 이해할 수 없다.' (1988: 9)고 주장했다. 특히 유아기와 아동기의 기초, 내적 세계의 중요성, 환상의 힘 그리고 원초적 탐욕에 대한 생각이 그렇다. Winnicott은 소아과의사로서 1920년대의 '오이디푸스 콤플렉스'에 대한 설명이 유아의 정서 발달에 보일 수 있는 어려움을 설명하기에는 충분치 않다는 것을 깨달았다고 회상했다. 그는 '유아 불안에 대해 말할 것이 많은 분석가인 Klein을 발견했다.' (1965b: 173) 정신분석에서 Klein의 기여(그리고 Winnicott의 사상과 치료에서 Klein의 기여를 시사하면서)를 추적하는 논문에서, Winnicott은 Klein의 '관대한 가르침'을 통해서 자신이 얻었던 것의 예를 인용했다. 그 예들은 장난감의 사용, 아동의 내면세계로 들어가는 방법으로서의 놀이, 내사의 정신적 기제와 섭식 기능 간의 관계, 투사, 내적 세계와 외적 세계, 내적 대상의 피해적 속성, 원초적 방어, 반응성 우울증과 같은 것이다(1965b: 174-175). 이것은 꽤 많은 목록이다. Winnicott은 Klein이 명명한 이름은 아니었지만, 우울 입장에 대한 그녀의 이해를 높이 평가했다. Winnicott은 Klein이 '피해망상–정신분열'로 의미하는 것을 무시하고 싶지는 않았지만, '피해망상–분열'이라는 용어를 좋아하지도 않았다. Winnicott은 또한 그녀로부터 관심에 대한 능력(여기서 그는 그녀의 이론을 변형시켰지만)과 죄책감의 긍정적 성취에 대해 배웠다.

그럼에도 죽음의 본능에 대한 생각을 거부하는 것과 같이 중요한 차이가 존재한다(1965b: 191). 특히 선천적 성향과 환상에 대한 Klein의 강조에 반대하여 Winnicott이 실제 환경을 제공하는 것에 중요성을 부여하는 것에 주요한 차이점이 있다. 이것은 아동 심리치료자로서 그의 치료실제(부모들이 놀이에서 매우 중요한 역할을 한다)뿐 아니라, 모성 돌봄의 실제 과제에 발달의 중요한 역할을 부여한 그의 이론적 틀에도 반영되었다. 이 견해로 인해 Winnicott이 아동 심리치료에 대한 Anna Freud의 관점으로 입장을 바꾸는 것처럼 보이지만, 나는 독자들에게 그들 사이에 '공식적인 거리' 가 있다는 것을 상기시켜 준다(Rodman, 1987: xix). 실제로 Winnicott이 1968년에 편지에 썼던 대로, '당신도 알다시 피 오랫동안 Freud 양과 Klein 여사가 나를 활용하지 않았 고 그들의 학생들이 정규 수업을 위해 나에게 오도록 허락 하지 않았기 때문에, 나에게는 정신분석에 대한 어떤 수업 도 하도록 요청받지 못했다.' (Rodman, 1987: 179)

영국의 정신분석은 정치적으로 Freud 학파, Klein 학파 및 독립적이거나 '중도적'인 그룹의 세 그룹으로 나뉘어 발 전했다. 항상 동의하지는 않지만 Winnicott은 분명 Fairbairn, Balint, Bowlby, Rycroft, Guntrip 및 그의 문 하생인 Masud Khan과 함께 중도파에 속할 것이다. 그는 분명 독립적인 스코틀랜드 정신분석학자인 Fairbairn과 동 등하지만 더 읽기가 쉽다(때때로 Winnicott의 명백한 단순함이 오해를 사기는 해도). 그리고 Winnicott은 아마 더 넓은 정신 역동 학계에서 더 유명하다. Winnicott은 Fairbairn의 연구 에 대해서 비판적이었다. Greenberg와 Mitchell은 Klein 과 Fairbairn을 모두 '체계 설립자로 지칭하면서 그들이 각 각 인간의 경험과 어려움에 대해 광범위하고 새로운 관점을 확립했다.' 라고 평했다(1983: 188). 그들은 Winnicott을 Guntrip과 같은 위치에 놓으면서, 단일한 주제보다 더 많은 것에 관심을 가졌고 둘 다 '우회적이고 제한적인' 공헌을 하였다고 제시하였다.

비록 이것이 너무 거친 기술 방법일지라도, Phillips는 Winnicott을 '40년이 넘도록 인간 발달의 주요 도면(master-plot)'을 발전시킨 사람으로 기술하는 데 분명히 동의한다(1988: 2). Winnicott은 그가 한 무수한 관찰과 생각들을 하나의 체계로 통합하려는 시도를 거의 하지 않았다. 그가 계속해서 정교화하고 사후에 『인간 본성(*Human Nature*)』(1988b)이라는 책으로 발간된 강의 시리즈를 제외하고는, 그의 저술 중 어떤 것도 명확한 이론적 구조를 구성하려는 시도를 거의 하지 않았다. Winnicott에 대한 Greenberg와 Mitchell의 설명은 현실적이고 보완적이다.

> 핵심 주제들은 일반적으로 통설을 환기시키는 역설의 형태로 존재하여 독자들을 유혹한다. 논쟁들은 엄격하게 논리적이라기보다 추론적이다……. Harold Bloom은 서구 전통 내의 주요 시인들이 자신의 개인적 관점을 위한 여지를 만들기 위해 탁월한 선배들의 관점을 왜곡한다고 시사했다. 정신분석학적 전통과 맞서 Winnicott만의 혁신적이고 중요한 기여를 하는 방법은 이러한 과정을 암시한다(1983: 189).

Rodman도 동의한다. Winnicott이 자신은 '절대적으로 초심리학적 논의에는 참여할 수 없다.'고 생각했던 것처럼,

Rodman도 Winnicott은 확고한 철학적 체계를 필요로 하지 않았다고 제안하였다(Rodman, 1987: 127). 그에 대한 Rodman의 설명은 즐겁고 꾸밈없다. '자신이 지금 있는 곳에 있을 권리가 있는 낙하산병처럼, Winnicott은 떨어져서 우리를 놀라게 한다.' (1987: xxix)

Winnicott 이론에 명확한 구조가 없다면, 이어지는 내용에서 다룰 주제들이 나타내듯이, 순서를 정하는 것만으로도 충분하다. 물론 명확하게 하기 위해 노력할 때 내가 그의 생각을 너무 정돈되게 만들고 너무 정돈된 것은 그의 사고방식과는 반대될 수 있다는 위험성이 있다. 치료 회기와 관련하여, 그는 자신의 생각들을 해명하려고 시도하는 누군가에게 경고임이 틀림없는 것을 서술하였다. '분석가는 중요한 특징의 존재를 추측하지 말고 있는 그대로 받아들이기 위해, 잘 할 수 있는 일련의 관련 없는 사고들의 개념을 위한 공간이 있다.' (1971a: 54)

그의 적은 저술량으로 볼 때, 한 장 안에 그의 입장을 모아서 이야기하는 것은 불가능하다. 특히 그의 생각들에 대해 이미 내가 가지고 있는 것보다 더 많은 공간을 할애한 좋은 요약들이 있을 때는 더욱 그렇다. 독자의 주의는 특히 Davis와 Wallbridge(1981) 그리고 Phillips(1988)에게 쏠린다. 사실 무수한 논문 중에 몇몇은 그들이 다시 작업한 것이라 해도 그의 중심 주제를 반복한 것이고, 출판된 논문집

중 몇 개는 때때로 같은 논문을 되풀이하고 있다. 『인간 본성』이라는 좀 더 긴 단일 연구의 모든 것은 논문들 사이사이에서 발견할 수 있다. 내가 그의 평생의 관찰과 분석을 집약한 것은 그의 논문집 논문들 중 한 논문의 제목인 「성숙 과정과 촉진적 환경(The Maturational Processes and the Facilitating Environment)」에서 그 단서를 가장 잘 얻을 수 있을 것이다. Winnicott의 개념은 세 주요 영역을 통해 따라갈 수 있다. 즉, 성숙의 성취, 모성 돌봄의 과제, 이 과정에서 잘못될 수 있는 것이다.

성숙의 성취

Winnicott에 끼친 Darwin 학파의 영향은 성숙을 향한 자연 성장의 개념에서 처음으로 보인다. 즉, 특별한 환경의 맥락에서 일어나는 긍정적인 발달에 대한 건강한 경향성이다. 정확한 준비가 있는 곳에서 자연적인 성숙 과정이 기능할 수 있다. 이 발달적 모델은 진화론적인 것인데, 그 이유는 그것이 부분적으로는 생존하려는 '본능(Winnicott은 이것을 공격성의 한 형태라고 불렀다)'에, 또 한편으로는 그것이 '충분히 좋은 촉진적 환경(good-enough facilitating environment)'에 달려 있기 때문이다(1971a: 139). 그 환경을 구성하는 것은 좀 더 이후에 살펴볼 것이다. 성숙의 성취라는 이 부분을 통해서 저자는 Winnicott과 함께 충분히 좋은 환경의 존재, 다양한 단계에서 간직하기를 제공하는 것, 반영 및 아동의 성숙을 향한 성장을 위해 필요한 자극을 가정하고 있다. 이와 더불어 중요한 하나의 다른 요소가 더 있다. '미숙함에는 단 한 가지 치료밖에 없다. 그것은 시간의 흐름이다.' (1971a: 146)

1) 신체-마음 단일체(Body-Mind Unity)

신체(soma)와 마음(psyche)의 상호 관계는 본질적으로 하나다. '마음의 기본은 신체이고, 발달에서 신체가 마음보다 먼저 발달한다.' (1988b: 19) 정서적 성숙의 징후는 신체의 성장처럼 나이에 따라 변하며, 신체적인 성숙이 복합적이듯이 정서적 성숙도 그러하다. 그러나 '신체에 마음의 장소가 있다는 것을 당연시 여기고, 이것이 다시 성취해야 하는 것임을 잊어버리는 것이 얼마나 쉬운가.' (1988b: 122) Winnicott은 이것을 '신체에 내재하는 마음'으로 묘사한다 (1988b: 123). 그 마음은 점차 신체와 타협을 이루는데, '조용한 경험과 흥분된 경험'을 통해 그리고 개인적이고 환경적인 양방향으로부터 온다. 개인적인 것은 발차기를 하는 아기의 기쁨처럼 신체적인 충동, 피부 감각 및 근육 운동을 포함한다. 또한 내재하는 것(indwelling) 역시 환경을 통해 발생한다. 예를 들어, 태어난 후에 엄마가 아기를 꼭 잡거나 감싸는 것은 Winnicott의 관점에서 보면 중력의 새로운 현상에 적응하도록 엄마가 아기에게 시간을 주는 것이다. 일반적인 한 살짜리 유아조차 '오직 확실할 때에만 신체에 기원을 두며' 유아의 마음은(성인의 마음처럼, 예를 들어 병으로 아플 때) 신체와 접촉하는 것을 잃어버릴 수 있다. '예를 들면, 깊은 잠으로부터 깰 때다. 엄마들은 이것을 알고 유아를 들어올리기 전에 점차적으로 유아를 깨운다.' (1965a: 6) 왜냐하면 유아가 잠에서 깨어 다른 위치에서 신체를 발견할 때 올 수 있는 공포를 막기를 원하기 때문이고, 다른 위치에서 신체를 발견하는 것은 아직 마음이 따라잡지 못한 부분이기 때문이다.

신체와 마음의 또 다른 특성은 피부의 중요성인데, '피부는 보편적으로 신체 내에 정확한 신체의 국지화(localization)의 과정에서 분명히 중요하다.' (1988b: 122) 이러한 이유로 유아의 피부 관리는 신체 건강 증진에 중요하다. Winnicott이 '한계를 설정하는 막' (1988b: 68)으로 묘사하는 피부는 용기의 한 유형으로서 기능한다(Winnicott은 비눗방울의 이미지를 사용한다.). 이는 Winnicott이 '존재(being)'를 위해서 (적어도 자궁의 아이와 관련해서) 내부의 압력과 외부의 압력이 동일할 때 일어나는 것으로 기술한 용어다. '존재의 연속성은 건강이다.' 그러나 외부로부터 침입이 있는 곳에는 '존재의 연속'이 방해를 받는다. 그런 침입은 피할 수 없다. 또한 그런 침입이 피할 수 없고, '너무 심하거나 너무 끌지 않는 한' 유아는 침입에 익숙해진다. 그럼에도 불구하고 적응의 '거의 완벽한' 형태는 개인이 환경에 대처하기 위해 피부 경계 내에서 움직일 때다(예를 들어, 팔 또는 다리를 사용하는 것). '환경적인 영향은 그 개인이 삶이 살 만한 가치가 있다는 확신을 추구할 때, 경험을 위해서 세상으로 나아갈지 또는 물러날 것인지를 결정하는 것을 매우 이른 나이에 시작할 수 있다.' (1988b: 128) 외부 세계와의 접촉을 만드는 막으로서 그리고 내부 세계의 경계로서의 피부의 이런 개념은 프랑스 정신분석가 Anzieu의 연구와 '심리적 외피(psychic envelope)' 와 몇몇 유사점을 가진다(1990; Bick, 1968도 보아라.).

2) 자아-통합(Ego-Integration)

신체와 마음의 단일체를 향한 점진적인 움직임은 통합 과정의 주된 특징이며, 너무도 쉽게 당연한 것으로 받아들여지는 또 다른 개념화다. 그가 정확하게 Freud의 원초아, 자아, 초자아의 삼원구조를 따르지 않았기 때문에 이 개념은 Winnicott의 성격 구조와 가장 가깝다. 자아 통합에 관한 논문에서 Winnicott이 '자아 이전에 원초아는 없다.' (1965b: 56)라고 거의 Freud와는 정반대되는 주장을 했을지라도 이 세 가지 용어는 모두 언급된다. 그러나 좀처럼 함께 언급되지는 않는다.

유아는 시작부터 통합되어 있지 않다. '아직 의식과 무의
식이 없다……. 거기에 있는 것은 한 아름의 해부학과 생리
학이며, 이것에 인간 성격으로 발전할 잠재력이 추가된다.'
(1988a: 89) Winnicott이 자아가 어떻게 생기게 되었는지에
대한 질문에는 모호할지라도, 역시 자아는 없다고 생각한
다. '자아란 시작부터 있는 것인가? 답은 그 시작이 자아가
시작할 때라는 것이다.' (1965b: 56) 자아가 약한지 강한지에
상관없이, 자아의 발달은 적어도 '유아가 어머니로부터 분
리되기 전 단계 때, 시작 시 실제 어머니 그리고 실제 유아의
절대적 의존성에 대처할 수 있는 어머니의 능력에 달려 있
다.' (1965b: 56-57) 어머니는 '충분히 좋은 자아—보호'를 제
공함으로써 생각할 수도 없는 불안을 담아두는 데 도움을
준다(조금 다르지만). 그는 두 곳에서 다음과 같은 불안 목록
을 만들었다(1965b: 58; 1988a: 98-99).

1. 산산이 조각나는 것
2. 영원히 추락하는 것
3. 신체와의 관계가 없는 것
4. 정위(orientation)가 없는 것
5. 의사소통의 수단이 없는 것 때문에 생긴 완전한 고립

자아는 시간과 공간의 감각을 통합하여 발달한다. 또한 아기라는 사람과 그의 신체 및 그 기능을 연결하여 발달한다(자아는 감각/운동 사건들을 개인의 내적 현실 속으로 조직화한다.). 자아는 젖가슴, 우유병, 우유 등과 같은 좋은 대상을 발견함으로써 발달한다(1965b: 59-60). 통합은 또한 많은 조각이 아니라 '함께 무언가를 느끼는 것'을 포함한다. 아동은 즐거움과 좌절을 같이 느끼는 사람이다. 아동은 깨어 있고 잠을 자는 것을 같이 하는 아동이다(1975: 150-151).

Winnicott은 통합의 성취를 '하나의 단일체'로 기술함으로써, 통합을 버텨 주기와 밀접하게 연결한다. 단일체에서는 '나는 ~이다'라는 감각이 생겨나는 것이 '내가 누군가에 의해 하나의 존재로 보이고, 이해된다.'는 믿음을 포함하며, 이 믿음은 '내가 한 존재로서 인식된다는 내게 필요한 증거'를 다른 사람의 얼굴에서 봄으로써 발생한다(1965b: 6). 통합이 '한 개인이 자신의 신체 안에 있다는 느낌의 발달'과 결합될 때, Winnicott은 이를 '만족스러운 개인화'라고 부른다(1975: 151).

3) 나/나 아닌 것(Me/Not Me)

아기가 신체와 마음의 단일체에서 통합되기 시작하면서, '나는 ~이다'라는 감각은 더 강해진다. 이 어구는 Winnicott의 저술에서 빈번하게 나타나고, 물론 구약과 신약 모두와 연결된 어구다(1986: 57). 여기서 '나는 ~이다'라는 것은 성 요한의 가스펠에서 예수의 신성함과 하나님의 이름을 모두 의미한다. Winnicott의 저술에서 많이 나오는 또 다른 어구는 '나/나 아닌 것'이다. 왜냐하면 '나는 ~이다'라는 감각이 자라면서 또한 내가 아닌 것의 인식이 생겨나게 되거나, 정반대로 똑같은 방식으로 얘기하면, '내가 아니라는 세계의 초기 인식'이 '나의 초기 확립'을 이끌기 때문이다(1965b: 216). Winnicott이 같은 맥락에서 관찰했던 대로, '나/나 아닌 것은 치료에서 점진적으로 발전하고, 되풀이하여 나타났다가 사라지며, 성취했다가 잃어버리는 것으로 이해될 수 있다.'

이것은 물론 성취이지만 훨씬 더 많은 것을 수반한다. Winnicott은 다음과 같이 기술하였다. '나는 '나는 ~이다'라는 순간이 경험이 없는 미숙한 순간이라고 제안한다. 새로운 사람은 무한히 노출된다고 느낀다. 어떤 사람은 유아를 안을 때만 '나는 ~이다'라는 순간을 견딜 수 있거나 오히려 그때 위태로워질 수도 있다.' 라고 썼다(1965a: 148). 이제는 내부와 외부가 있다. '한계를 짓는 막'은 내가 아님을 부인할 수 있고, 막 외부에 둘 수 있음을 의미한다. 내가 아님은 외부로서 인식하거나 투사에 의해 외재화할 수 있다. 하지만 지금 외부에 있는 환경은 또한 공격 가능성이 있는 것이나 실제로 공격하는 것으로 경험될 수 있다.

나 또는 '나는 ~이다'가 되는 것은 자신과 타인 간에 거리를 두며, 누가 우선권을 가지느냐의 문제에 관여하게 되는 것을 포함한다. 참 자기(저자가 이후에 좀 더 살펴볼 순응하는 거짓 자기에 반하여)를 발달시키는 데 있어, 불가피하게 자신이 되는 것은 자신이 아닌 모든 것에 대해 불신하도록 이끌 수 있다……. 세상의 언어에서 가장 공격적이고 그래서 가장 위험한 단어는 '나는 ~이다'라는 주장에서 발견할 수 있다(1986: 141). Winnicott이 나/나 아닌 것의 확립과 공격성을 연결시켰음은 의심할 여지가 없다. '초기 단계에서 나와 나 아닌 것이 확립되었을 때, 내가 아닌 또는 외부라고 느껴지는 대상에 대한 욕구로 개인을 더욱 확실하게 이끄는 것은 공격적 요소다.' (1975: 215) 이것은 건강한 공격성이고, 거의 삶의 힘이며, '반대'를 확인할 필요가 있다. 왜냐하면 단지 반대에 있다는 것으로 인해 개인은 Winnicott이 '중요한 운동 근원'이라고 부른 것을 활용할 수 있게 되는데, 이것은 개인의 현실감과 존재감을 강화시켜 주기 때문이다. 그는 이런 형태의 공격성과 반대를 본능적인 좌절에 대한 반응과 구별한다(1975: 210-217). 비록 주장이라는 용어가 '[나는 ~이다]라는 주장을 할 수 있는 단계에 도달한 사람만이 정말로 사회의 성인 구성원의 자격이 있다.'라는 Winnicott의 신성에 적합할지라도, 우리는 좀 더 약하게 그것을 주장이라고 부르는 것을 선호할지 모른다(1986: 141).

4) 의존에서 독립으로

Winnicott이 엄격한 Freud 학파의 성격의 삼원구조에서 벗어난 것처럼, 그는 Freud 학파의 세 부분의 발달 도식인 구강기, 항문기, 남근기(또는 성기기)의 성적 관심 단계에 대해 거의 언급하지 않았다. 그는 그것이 여전히 효력이 있고, 당연한 것으로 받아들일 수 있다고 제시하지만, 이 말은 Freud에 대한 의무적인 인사 같은 느낌이다(1965b: 83). 그는 자주 논쟁의 여지가 있는 문제의 직면을 피하는 방법으로 개념이나 생각이 '당연한 것으로 받아들일 수 있는'이라는 어구를 사용한다. Winnicott 자신의 발달에 대한 기술은 다른 것이며, Freud 학파의 발달 단계와 명백한 관련이 없고, 실제로 Klein의 편집-분열성과 우울 위상과도 명백한 관련이 없다. 그것은 의존과 독립을 중심으로 한다. 그는 사회의 욕구와 개인의 욕구 사이의 갈등에 대해서는 Freud만큼 어려워하지 않는데 Freud는 이런 갈등을 신경증의 원인으로 보았다. '인간 존재의 성숙은 …… 개인적인 성장뿐만 아니라 사회화도 포함한다. 건강에서 …… 성인은 너무 큰 개인적인 자발성의 희생 없이 사회에 동화될 수 있다.' (1965b: 83) 이와 반대로, Winnicott의 거짓 자기(아래를 보라)에 대한 개념은 타협이 있음을 제안한다.

Freud의 도식처럼 Winnicott의 도식은 세 개의 범주(매우 비슷한 과정임에도 단계보다는)를 포함한다. 절대적 의존,

상대적 의존, '독립을 향해' (1965b: 84). '어떤 단계도 부작용 없이 놓치거나 훼손될 수 없다.' (1964: 85)

절대적 의존은 Winnicott이 '홀로 존재하는 아기란 존재하지 않는다.' (1964: 88)라는 구문을 사용할 때 기술하는 상태다. 이 단계에 관한 한, 이 장의 여러 부분에서 내가 성숙을 향한 유아의 성장과 엄마의 역할을 구분한 것은 잘못된 것이다. '아기는 혼자 존재할 수 없고, 본질적으로 관계의 한 부분이다.' (1964: 88) 일차적 모성 몰두는 절대적인 의존에 상응하는 것이다. 상대적 의존은 '유아가 알 수 있는' 상태이기 때문에 절대적 의존과는 구별된다(1965b: 87). 이 단계에서 모성 돌봄의 주요 특징들은 먼저 '유아에게 세상을 안정적으로 제시하는 것'이다. 그리고 모성 돌봄의 두 번째 특징은 아동에 대한 어머니의 적응에서 사소한 실패들이 있다는 것이다. 아동이 자신의 의존에 대해 알기 시작함에 따라, 아동은 또한 어머니가 부재할 때를 알고, 불안을 경험한다. 아동은 또한 상실에 대하여 배운다. 그것들은 물론, 어른의 관점에서는 상대적으로 사소한 부재이고 상실이지만, 유아의 관점에서는 한계 내에서 유지해야 할 필요가 있다.

이 단계에선 절대적 의존의 초기 단계의 더 단순한 형태(미소 같은)보다 더욱 복잡한 동일시의 형태가 있다. 이 동일시로부터 그 아동은 어머니의 개인적이고 분리된 존재를 이해하게 되고, '마침내 부모가 함께한다는 것을 믿을 수 있게 되며, 이로 인해 사실 그 자신의 개념이 나타나게 된다.' (1965b: 90, Winnicott's italics. 이후부터 이 책에서는 원서에서의 이탤릭체를 고딕체로 변경함) 유아가 부모의 (구강) 성교에 대해 안다는 Klein 학파의 관점을 아는 사람들은 여기에서 Winnicott의 시점에서의 차이를 알 수 있을 것이다.

세 번째 구문은 '독립을 향해' 인데, 결코 절대적이지 않다. 건강한 개인은 고립되지 않고, 개인과 환경이 상호 의존한다고 얘기할 수 있는 방식으로 환경과 관계된다.' (1965b: 84) 비록 그는 어머니의 '촉진적 환경'으로부터 출발하는 동심원의 이미지를 제안하였고, 부모와 가족, 학교—잠복기는 가정에 대한 대체물로서 역할을 하는 학교의 시기(1965b: 92)—및 더 넓은 사회 모두를 향한 밖으로의 독립의 움직임을 제안하였지만, 그가 여기서 언급한 환경은 물론 오늘날 우리가 매우 관심을 가지는 생태계가 아니다. '사회적 삶에서 넓혀진 원들에서 아동은 사회와 동일시된다. 왜냐하면 지역 사회는 진짜 외부적인 현상의 표본일 뿐 아니라 자기의 개인적 세계의 표본이기 때문이다.' (1965b: 91) 개인이 관계된 가장 먼 곳의 원은 아마 정부라고 부를 수 있다. Winnicott은 민주주의에 관한 다양한 논문과 '사회에 대한 어머니의 기여'에서 이 영역에 대한 자신의 관심을 보여 준다.' (1986: 239-259와 123-127 각각)

5) 현실 적용

상대적 의존 단계에서 유아는 점차 외부 현실에 맞추어 가기 시작한다. 유아가 절대적 의존을 포기하고 어머니와 공생적 관계를 맺는 것은 또한 전지전능의 포기를 의미한다. 어머니가 계속해서 유아에게 적응하는 한, 유아는 마치 마술처럼 자기가 원하는 것은 모두 다 이루어진다고 믿을 수밖에 없다. 하지만 Winnicott은 '마술'이라는 단순한 어구에 만족하기보다는 유아가 자신이 원하는 것을 창조해 내는 심원한 능력의 전지전능을 더 선호하였다(1965b: 180). 또한 어머니의 역할은 유아가 전능 환상을 창조해 낼 수 있도록 도와주는 것을 포함한다.

상대적 의존 단계에서 어머니는 아동과 외부 세계 사이에서 완충제 역할을 하며, 아동에게 현실을 소개해 준다. 처음에 세상의 표상으로서 이런 것이 어머니 안에서 발견되는데, 이것은 처음으로 외적 대상으로서 그리고 전적으로 주관적인 것 대신에 객관적인 것으로 지각된다. 또한 어머니는 앞서 유아에게 적응했던 것과 마찬가지로 이번에는 사소한 것들을 통해 (유아 욕구에 대한) 적응에 실패함으로써 자신이 유아와 분리된 존재라는 것을 보여 준다. 어머니의 적응 실패는 유아가 전능하지 않다는 외적 현실에 적응할 수 있게끔 해 준다. 그럼에도 Winnicott은 이러한 사항에 대해 또 다른 특별한 견해를 보여 주었다. 왜냐하면 Winnicott은 훗날 유아의 창의성 뿌리를 창의성에 대한 유아 자신의 믿음에 있다고 보았고, 환상과 비환상을 전 생애를 통해 계속되는 지각 상태라고 이해하였기 때문이다. 그는 '현실 수용의 과제는 결코 완성되지 않고, 어떤 인간도 내적 현실과 외적 현실을 관련시키는 긴장으로부터 자유로울 수 없으며, 이러한 긴장으로부터의 완화는 도전받지 않는 경험의 중간 영역(예술, 종교 등)에 의해 제공된다.'고 제안하였다(1975: 240).

Winnicott은 독립에 대한 개념으로 인해 사회와 정치 역동에 관심을 가지게 된 것과 마찬가지로, 원초적 창의성, 환상, 중간 대상(아래를 보시오)으로 인해 예술과 종교의 의미에 대한 그 나름대로의 이론을 만들게 되었다. 이것은 다시 Freud의 이론과 다르다. 예를 들면, Winnicott에게 있어 예술은 가슴을 창조하는 것과 같은 초기 환상으로부터 나왔지만, Freud에게 있어서 예술은 성욕의 승화다. Freud 이론에서의 종교는 환상의 상태로 축소된다.

반면, Winnicott의 경우 종교의 어떤 측면에 대해 비판적이지만, 좀 더 긍정적으로 표현될 수 있다. '이런 식으로[신뢰롭게 돌봄을 받는 방식으로] 삶을 시작한 아동에게 선과 신뢰할 수 있는 개인적 부모나 하나님의 생각은 자연스럽게 따라온다.' 그러나 아동에게 '유아돌봄의 대리자로서 개인적 하나님의 생각을 하게 할 수는 없다.' (1965b: 97, Winnicott's italics)

더욱이 Freud가 성숙을 현실 원리의 수용으로 보는 반면, Winnicott은 현실에 대한 지식을 결코 완전히 획득할 수 없는 것으로 보았고, 실제로 각 개인은 항상 어느 정도 '고립적이고 영구히 비의사소통적이며, 영구히 알려지지 않고, 사실상 발견되지 않은 채로 남아 있다.' (1965b: 187, Winnicott's italics)고 보았다. 자기의 핵심은 '결코 지각된 대상의 세계와 의사소통하지 않는다.' 개인과 세상이 의사소통하는 중간 영역을 형성하는 것은 문화(한 사람의 유아기에서 어머니와 같은)다.

6) 지능의 발달

마음(psyche)과 신체 이외에도, Winnicott은 또한 마음(mind), 사고, 지능 발달에 관심을 가졌다. 생후 한 살 때까지 매우 분명하게 발달되는 지적 처리 과정으로 인해 유아는 엄마의 적응 실패에 대해 설명을 하고 참작할 수 있게 된다. 이러한 방식으로 마음은 어머니와 밀접한 관련을 맺고 어머니가 가지는 기능의 일부를 대신하게 된다(1965a: 7). 마음은 사건 목록을 작성하고 기억을 저장·분류하며, 측정치로서 시간을 이용하고, 공간을 측정할 때 도움이 된다. 마음은 또한 원인과 결과를 관련시킨다. 대부분의 어머니는 아이의 정신 능력에 적응할 수 있다. 비록 어떤 어머니는 지적 능력 면에서 한계를 가진 아동에 비해 너무 빨리 진도를 나갈 수도 있고 아니면 오히려 진도가 빠른 아이들에 비해 너무 늦을 수도 있다. Winnicott의 논문인 「아동의 사고에 대한 새로운 빛(New Light on Children's Thinking)」(1989b)을 보면, 이러한 실패가 있거나 모성 돌봄이 변덕스러울 경우 마음이야말로 유아를 살아남을 수 있게 해 준다. 즉, 사고는 모성 돌봄의 대용물이 될 수 있다.

그럼에도 유아에 대한 이러한 이해가 '너무 과할 수도 있는데' 이런 이해로 인해 유아는 '분열된 마음의 삶에 의해 거짓 자기를 발달시키고 참 자기는 마음−신체 속에 숨기게 된다.' (1986: 59) Winnicott은 교사들에게 지적으로 활기찬 강의를 진행하였으며, 성격 구조와 기능의 상징으로서 수학의 기능을 다루었다. Winnicott은 "더 높은 수준으로 수학 실력이 늘 수는 있지만, 정작 아동은 1페니를 가지고 무엇을 할 수 있는지 알지 못한다."라고 말했다(1986: 59). 그럼으로써 아동은 주지화를 방어기제로 사용하게 된다. '지능 면에서 우수한 지적 자질을 가진 사람은 인간 존재에 대한 많은 이해 없이도 뛰어나게 기능할 수 있다. 하지만 그보다는 충분히 동화된 경험을 축적한 사람이 지혜를 얻을지 모른다. 단지 지능이 좋은 사람은 지혜에 대해 어떤 식으로 말해야 하는지를 알 뿐이다.' (1986: 60)

7) 죄책감과 관심능력

Winnicott은 여러 면에서 도덕성을 인간 발달의 자연스러운 특징이라고 강조했다. Winnicott이 말한 도덕성은 부모, 학교, 교회 및 사회에서 배우는 것에만 의존하지 않는다 (1965b: 93-105; 1986: 148-149). 죄책감은 반복적으로 배움으로써 심어지는 것이 아니다(1965b: 15). 죄책감은 보통 유아기에 건강한 발달 징후로서 경험된다. 이때 유아에게는 믿을 수 있고 안전한 존재인 어머니가 있는데, 이 어머니는 먼저 유아가 자신의 본능적인 소원을 경험할 수 있는 기회를 제공하며, 다음으로 유아가 자신의 공격적인 감정, 사랑하는 감정 및 욕구를 복구할 수 있는 기회를 제공한다. Winnicott은 Klein이 말하는 공격성(엄마 안에 있는 좋은 것이라고는 모두 잔인하게 도려내 버리고 싶어 하는)과 Winnicott 자신의 용어인 '원시적인 사랑 추동('공격성'이라는 용어보다는 덜 경멸적이고 어른스러운 형태인)' 사이에서 망설였다. Davis와 Wallbridge는 Winnicott이 '이 이론의 이 부분은 Melanie Klein의 이론을 많이 따랐다.'고 관찰했다(1981: 74). Klein과 같이 Winnicott도 죄책감의 기원을 생애 첫 해에 두었다. '무자비함은 연민에 무너지고, 무관심은 관심에 무너진다.' (1965b: 23-24) 물론 이것은 단지 오랜 기간에 걸친 무수한 반복으로 구성된 장기간의 과정의 첫 부분이다.

그러나 '죄책감은 느껴지는 것이 아니라, 밑에 깔려 있거나 잠재적 상태이며, 어떤 복구할 기회를 잡지 못했을 경우에만 (슬픔 또는 우울한 기분으로) 나타난다.' (1965b: 77) Winnicott 은 죄책감과 복구 사이의 관계에 대한 방향성을 뒤집었다. 우리는 복구가 죄책감 뒤에 따른다고 생각할지도 모른다. 하지만 Winnicott은 만약 복구가 이미 존재하지 않을 경우, 죄책감은 의식적으로 느껴질 수 없다고 제안하였다. Winnicott의 이러한 견해는 이 주제에 대한 두 개의 논문 중 나중에 나온 논문인 「관심능력의 발달(The Development of the Capacity for Concern)」(1965b: 73-82)에 나오는데, 여기에 더욱 분명한 설명이 나와 있다. 선순환이 죄책감을 완화시켜 준다는 것은 확실하며 그 결과 죄책감은 좀 더 관심에 근접하게 된다. 1958년에 나온 죄책감에 대한 논문(1965b: 15-28)에서는, 도덕성과 관심이 증오에 대한 반응이라는 다소 제한되고 부정적인 Klein 학파의 견해와는 약간 다른 입장을 보여 준다. 이후의 논문에서 Winnicott은 환자의 보상적이고 건설적인 감정과 행동이 언제나 파괴하고 싶어 하는 무의식적 소망으로 해석되지 않는다는 것의 중요성을 강조하였다. 오히려 파괴적인 소망을 해석함으로써 환자는 관심에 대한 자신의 능력에 대해 개방적일 수 있다. '그러나 환자가 먼저 파괴에 도달하지 않는다면 건설적인 노력은 잘못되고 의미 없어진다.' (1965b: 81)

관심능력은 고조되는 죄책감에 대한 더 심화된 발달 형태다. 부정적인 용어인 죄책감은 불안 및 양가감정과 연결되어 있으며, '좋은 대상을 파괴하고 싶어 하는 생각과 동시에 그러한 좋은 대상 모습을 유지시켜 주고 싶어 하는 생각이 개인 자아 안의 통합 정도를 암시한다.' 반면, 관심은 같은 현상을 말하지만, '더 심오한 통합과 성장을 암시하며 특히 본능적인 욕구가 포함되는 관계 측면에서 긍정적인 방식으로 개인의 책임감과 관련된다.' (1965b: 73) 그것은 복구보다 더 많은 것을 내포하고 있다. 즉, 관심은 타인에게 뭔가를 기여하고 싶어 하는 것을 포함한다. 그것은 또한 '놀이와 작업에 있어서 근본적인 건설적 요소들 중 하나를 제공한다.' (1965b: 77)

8) 창의성과 놀 수 있는 능력

『놀이와 현실(Playing and Reality)』(1971a)에서 다룬 여러 평론 중 하나에서 Winnicott은 중요한 문구로 '놀이는 보편적이다.' '놀이는 성장과 건강을 촉진한다. 즉, 놀이는 집단 관계를 이끌어 내며, 심리치료에서 의사소통의 한 형태일 수 있다.' 라고 썼다(1971a: 41). 같은 맥락 속에서 분석가들은 Freud의 영향을 받는 것만큼 '놀이' 라 불리는 자연스럽고 보편적인 것으로부터 많은 영향을 받고 있다. 이전의 많은 분석가들과는 다르게, Winnicott은 놀이와 성적 즐거움을 연결시키지 않았다. 즉, Winnicott은 만약 놀이가 신체적으로 너무 자극적이라면 놀이는 중지되거나 망쳐질 것이라고 여겼다(1971a: 39). 하지만 그렇다고 해서 놀이가 흥미진진하지 않다는 말이 아니다. 그 이유는 다른 의미에서 '개인의 심리적 현실과 실제 대상의 통제 경험 간 상호작용의 불안정성'으로 인해서 놀이가 흥미진진하지 않다는 것은 아니기 때문이다(1971a: 47). 놀이는 불안을 일으킬 수 있지만, 그렇다고 할지라도 여전히 매우 만족스러울 수 있다. '불안은 언제나 아동의 놀이 속에서 한 요인이고 종종 주요 요인이다.'(1964: 144) 놀이가 불안, 생각, 충동 등을 숙달하는 한 방법일 수 있으나, 지나친 흥분과 같은 과도한 불안은 놀이를 파괴할 수 있다.

놀이는 엄마로부터의 분리 움직임에서 시작한다. 즉, '놀이터는 엄마와 아기 사이의 잠재적 공간이며 또는 엄마와 유아가 결합하는 곳이다.'(1971a: 47. '사이'와 '결합하는'이라는 두 단어의 역설적인 사용에 주목하라.) 저자는 앞부분에서 상대적 의존기 단계와 아동의 환상을 격려하고, 아동 자신만의 세상을 창조하며, 아동 자신의 삶의 표본들로 세계를 채우는 것의 필요성을 언급하였다(1965b: 91). 놀이 발달의 다음 단계는 아동이 어떤 사람이 함께 있는 상태에서 혼자 노는 단계다. '아동이 놀 때는 신뢰할 수 있는 사람을 가용해야 한다. 그러나 이것이 믿을 수 있는 사람이 아동의 놀이에 직접 개입할 필요가 있다는 것을 의미하지는 않는다.'

(1971a: 50) Winnicott의 놀이 단계의 마지막 단계는 아동이 어머니에게 어머니의 놀이와, 아동 자신의 것이 아닌 놀이에 대한 어머니의 생각을 소개하도록 허용하는 단계다. '이렇게 함으로써 관계에서 함께 놀 수 있는 길이 열린다.' (1971a: 48)

Winnicott에게 있어서 놀이는 그의 발달에 관한 이론과 소아과의사이자 심리치료자로서의 치료에서 핵심적인 개념이다. 그것은 두 개의 관련된 방향을 이끌어 내는데, 각각의 방향은 놀이 기술 다음에 따라오는 두 개의 장—자기 탐색(1971a: 53-64)과 창의성(1971a: 65-85)—에서 그 중요성이 설명된다.

놀이는 예술 및 종교적 행위와 공통적으로, 성격의 단일화 및 일반적 통합감을 위한 많은 종류의 방법 중 하나다. 아동과 성인이 창의적일 수 있고 전체적인 성격을 사용할 수 있는 것이 놀이이다(Winnicott은 오직 놀이를 통해서라고 대담히 말했다. 1971a: 54). 그는 어떤 의사소통도 놀이를 통하지 않고서는 가능하지 않다고 하였다. 후에 개인은 '이러한 매우 특별한 조건들에서 만나 하나의 구성단위로서 존재할 수 있다.'는 글에서, Winnicott은 '놀이'와 '의사소통'의 용어를 매우 특별한 방식으로 사용하는 것 같다. 정말 Winnicott은 독자들에게 '성공적이고 인정받는 창작물 속에서도 '창의성'이라는 단어를 잃어버리지 말고, 그 창의성을 외부 현실에 대한 전체 태도를 보여 주는 일상적인 창의성의 의미로 여겨 달라.'고 요청했다(1971a: 65). 그 밖에서 그는 '놀이를 연속적인 창의성의 증거로서 기술하였으며, 이것은 곧 살아 있음을 의미한다.' (1964: 144)

물론 창의성이 혼란과 '종잡을 수 없고 형태 없는 기능' (1971a: 64)이라 불리는 것으로부터도 발생할 수 있는 반면— 정말 고대 근동의 창조 신화는 이와 같은 본질적 통찰을 품고 있다—Winnicott은 의사소통과 창의성에 대한 가능성을 특별한 정의들로 그 의미를 좁히는 것처럼 보였는데, 즉 Winnicott은 어떤 형식과 질서를 통해 표현되는 창의성과 의사소통은 거부했다. 때때로 Winnicott의 글은 정말 혼란스러운 특성을 가지고 있다. 그는 거의 자유연상적 양식 속에서 어떤 한 주제에서 다른 주제로 옮겨 간다. 창의성을 다룬 장에서 그러한 주요한 하나의 전환이 보이는데, Winnicott은 창의성이 남성과 여성의 공통된 분모의 하나라는 빈약한 논거를 바탕으로, 긴 사례와 양성애에 대한 토론으로 내용을 전환한다(1971a: 72-85). 사실 창의성은 그 장에서 다시 언급되지 않았다. 그런 의미에서 Winnicott이 창의적으로 새로운 경험 방식들에 개방적일 때, 어떤 이는 그가 글을 씀에 있어서 좀 더 자신의 생각에 대한 의사소통에 질서를 부여하기를 바란다. 그럼에도 Winnicott의 개념은 예술가와 예술을 이해하고 토론하는 데 있어 중요한 공헌을 했다. Winnicott

은 창의성을 항문기 단계의 '생산물'로서 설명하려는 것에서 탈피하여, 예술이 단지 성공적으로 쾌락과 현실 원리를 조합할 승화의 한 형태라는 Freud의 견해에서 더 나아가, '잠재적 공간'의 세 번째 영역 속으로 나아갔다.

9) 혼자일 수 있는 능력

Winnicott은 종종 정신분석학적인 생각이 부정적 정신병리학에서 잠재력의 긍정적 지표 쪽으로 변화할 필요가 있다고 특별히 강조하였다. 예를 들어, 그는 정신분석학적 문헌이 혼자가 되는 것에 대한 공포 또는 소망에 관한 것을 쓰려는 경향이 많다고 기술하였다. '혼자일 수 있는 능력에 대한 긍정적 측면을 논의하는 것이 너무 늦었다.' Winnicott은 '이러한 능력은 정서 발달의 성숙에서 가장 중요한 징후 중 하나.'라고 쓰고 있다(1965b: 29).

이 능력은 '어머니가 있는 곳에서 유아와 어린 아동이 혼자 있는 것을 경험해 보는' 역설적인 상황에 그 기원을 두고 있다(1965b: 30, Winnicott's italics). Winnicott은 타인의 존재가 중요하며, 적어도 두 사람 중 한 명은 외롭지만 다른 사람의 존재가 중요한 관계, 이것을 자아-관련성이라고 불렀다. Winnicott의 이러한 관점으로 인해 다른 분석가들과는 약간 차별화되는 설명을 할 수 있다. 예를 들어, Klein의 경우그 능력은 개인의 내적 세상 안에 있는 좋은 대상의 존재에 달려 있다고 말했다. Winnicott도 시간이 지나면서 지지를 제공해 주는 어머니가 유아에게 내재화된다는 것을 받아들였다. 그러나 Winnicott은 이러한 현상은 제한된 기간 동안 아동이 어떠한 요구도 하지 않는 신뢰할 수 있는 어머니를 주위 둔 채 혼자 노는 것을 즐기는 경험을 통해 발생할 수 있다고 주장하였다. 그리고 유아는 통합되지 않은 상태가 될 수 있으며(또는 좀 더 정확하게 표현해 보자면 일시적으로 불통합 상태로 돌아갈 수 있으며), 감각과 충동을 실제적이고 개인적인 것으로 경험할 수 있게 된다. Winnicott은 초기의 논문에서 한 제안을 증거로 들면서, 이 점에 대해 더 나아갔다. 사람들은 만족스러운 성관계 후에 혼자 있고 싶어 한다고 했다. Winnicott은 '자아 오르가슴'의 가능성에 대해 숙고하였다. '보통 사람에게 있어 콘서트, 극장, 우정 관계에서나 얻을 수 있는 그러한 높은 수준의 만족스러운 경험이야말로 그러한 용어에 적합할 수 있다.' (1965b: 35) 비록 Winnicott은 절정 표현에 있어서 일종의 무아지경을 기술하려 노력하였지만 그는 그 어구를 소개할 때, 아마 '좀 더 자아-관련성 그 자체의 중요성에 주의를 기울이기'를 원했을 것이다(1965b: 35). Winnicott은 그 어구의 사용이 현명하지 못한 선택일지도 모른다는 것을 인정하였다. 그러나 적절한 비교는 성적인 절정감보다는 '아동의 행복한 놀이'에 적절했었다.

Winnicott의 논문이 나온 후에 Klein 또한 외로움에 대한 논문을 썼다(1975: 300-313). Winnicott은 Klein의 영향을 인정했지만, 그녀는 이 논문에서 Winnicott에 대해 어떠한 언급도 하지 않았다. 이것을 통해 두 사람을 비교해 볼 수 있는데, Klein의 경우 분열된 부분의 통합을 강조한 반면, Winnicott은 어머니가 있는 곳에서 비통합의 상태로 돌아가는 것에 강조점을 두었다. 하지만 Klein과 Winnicott 두 사람은 모두, 홀로 되는 것에 대한 능력은 어머니의 존재와 애정에 대한 유아의 반응을 통해 나오며, 그것이 좋은 대상의 내재화가 일어날 수 있도록 도와준다고 제시하였다. Klein도 Winnicott과 같이 창의성에 대해 서술하였지만, Klein의 경우 창의성을 어머니에 대한 유아의 감사하는 마음과 어머니로부터 받은 '선(goodness)'을 되돌려 주고자 하는 소망에 더 결부시켰다. 저자가 지적했던 것처럼, Winnicott은 창의성을 '살아 있고 계속 살아 있는 상태로 머무르려는 유전적으로 결정된 개인의 경향성' 속에서 찾고자 했다(1986: 42). 외로움과 혼자가 되는 것에 대한 두 학자의 논문들에서 보이는 주요 차이점은 각각의 학자가 자연 환경에 부여하는 의미에 있다. Klein은 자신의 외로움을 자연에 대한 사랑으로 승화시킨 내담자의 사례를 인용했다. 내담자가 말한 대로, 그가 자연을 사랑할 때, 그는 실제로 '통합된 대상을 받아들였다.'(1975: 307) 그럼에도 Klein은 여전히 이것을 방어적이라

보고 있다. 자연은 어머니를 대신하는 대체물이다. 반면에 Winnicott은 어머니를 전체 환경의 부분으로 보며 Searles 의 가장 덜 알려졌으나 매우 심오한 연구 중의 하나인 『비인 간적인 환경(*Nonhuman Environment*)』(1960)을 인용했다. 어떤 이는 Winnicott을 신다윈주의자로 기대할지도 모르지 만, 자연은 방어기제가 아니다. 그것은 어머니가 유아에게 적은 양으로 소개하는 '외부 세계'(1964)다. 이 외부 세계는 내적 세계의 근본적인 고립을 풍부하게 할 수 있다.

10) 청소년기

발달 과정의 중요한 부분은 특별한 특징을 가지는데, 이것 은 Winnicott의 두 논문에서 다뤄지고 있다(1965a: 79-87; 1971a: 138-150). 반 장난조로 Winnicott은 청소년을 위한 단 하나의 진짜 치료약은 시간의 경과이며, 점진적인 성숙 과정과 함께 최종적으로는 한 사람의 성인이 출현하게 된다 고 했다. 이와 관련된 논문들에서도 Winnicott만의 특별한 견해가 드러나긴 하지만 전통적인 오이디푸스 입장에 좀 더 가까이 있다. 즉, 한쪽 부모를 죽이고 나머지 한 명의 부모를 소유하고자 하는 소망 대신, Winnicott은 부모 모두를 죽이 고 싶어 하는(그리고 아직도 부모가 생존하기를 원하는) 욕구를 강조했다. 유사하게 Winnicott은 유아기보다 청소년기를 설명할 때 원초아나 본능적 충동에 대해 더 많은 강조점을 두었다. 아마도 이것은 사춘기 시작의 특징 중 하나가 뭔가를 파괴하고 심지어 죽이고자 하는 실질적이고 신체적인 힘뿐만 아니라, 성적 느낌의 에너지이기 때문이다. 이때의 힘은 유아기 때의 증오를 악화시키는 것이 아니라, 마치 오래된 병에 새로운 와인을 부어 넣은 것과 같다(1965a: 80). 성적인 감정에 대한 강도는 종종 다급한 자위행위를 이끌어내며, 이 시기의 자위행위는 성 경험의 형성이라기보다는 반복적으로 성을 단순히 제거함으로써 성적 긴장감을 푸는 단계일지도 모른다(1965a: 81).

공격성은 유사하게 이 시기(청소년기)의 강력한 특징이다. '만약 아동이 성인이 되어 간다면, 이러한 움직임은 성인의 쇠퇴한(죽은) 신체 위에서 성취된다.' (1971a: 145) 비록 '저 너머 어딘가에서는 삶과 죽음 간의 투쟁이 벌어지고 있지만' 물론 그것은 환상 속에서, 종종 의식적인 환상 속에서 이루어진다. 만약 부모와 자녀 간의 충돌이 없다면 청소년기 경험의 풍부함은 없어질 것이다. 그것은 '부모는 처음에 아기를 심었는데 나중에는 폭탄을 수확하였다.' 라고 표현되기도 한다(1971a: 145). 청소년기에는 진짜 직면이 있어야 한다. 건강한 발달을 위해 청소년은 '거짓된 해결책을 피하고 …… 생생하게 느끼거나 전혀 느껴지지 않는 것을 인내할 필요가 있다. 또한 청소년은 의존에 대처하며, 대처하기 위해 의존할 수 있는 상황에서 과감히 도전을 하며, …… 사회의 대립이 분명하게 되고, 사회의 대립이 대립으로 대처할 수 있게 반복적으로 사회를 자극할 필요가 있다.' (1965a: 85)

Winnicott이 강조한 또 다른 사항은, 설사 청소년 자신이 아직 미성숙하다는 것을 인식하고 있지 못해도 그들의 미성숙성을 허용해 줄 필요가 있다는 것이다. '미성숙은 청소년기 건강의 중요한 요소다. 이러한 미성숙 안에 창의적 생각의 가장 흥미진진한 특징, 새롭고 신선한 감정, 새로운 삶에 대한 생각들이 포함되어 있다.' (1971a: 146) 청소년기에 대한 Winnicott의 일부 견해는 Erickson과 유사한 부분이 있다. 비록 Winnicott은 다른 맥락에서 Erickson을 언급하였지만(예를 들면, Erickson, 1965: 254-255), 놀랍게도 이 발달 단계와 관련해서는 그를 언급하지 않았다. Erickson과 같이, Winnicott은 '책임이 없는 사람들의 열망에 의해서 이 사회가 흔들릴 필요가 있다.'고 인정하였다. 어른들이 청소년에게 하지 말아야 할 것은 포기하는 것인데, 포기는 청소년을 조숙하게 만들고 잘못된 성인기로 유도하기 때문이다 (1971a: 146).

Winnicott은 특별히 성인기에서의 성숙에 기여하는 것에 대해서만 약간 언급했다. 청소년기의 미성숙으로 인해 청소년은 '환경과 동일시할 수 있고, 환경의 수립, 유지, 변경에 참여할 수 있으며, 개인의 충동의 심각한 희생 없이도 이러한 동일시를 할 수 있는' 성인에 명확히 이를 수 있다(1965a:

102). 궁극적으로 Winnicott은 세계의 시민권을 '개인의 건강이나 우울한 기분으로부터의 자유로움과는 거의 비교할 수 없다고 즉시 덧붙였지만' (1971a: 102), '개인의 발달에서 위대하고 드문 성취' 로서 간주했다. 비록 Winnicott은 이것이 대부분의 경우 '전체 집단 안에서 한 집단의 멤버십' 은 우리의 성숙이 우리를 허용해 주는 만큼이다.

11) 자기(The self)

성숙에 대한 다른 정의가 있을 수 있다. '나는 여기 있다. 나는 지금 여기 존재한다. 그리고 이러한 점을 기반으로 나는 나 자신이 되기 위해 나 자신의 기반에 대한 위협감 없이 타인의 삶에 들어갈 수 있다.' (Davis와 Wallbridge의 미발간 논문에서 인용. 1981: 83) I AM 또는 자기는 Winnicott의 인간 본성과 발달에 관한 이론에서 나오는 개념이다. 그것은 유아기, 아동기, 청소년기, 성인기를 거쳐 점진적으로 형태와 성숙을 발견해 가는 자아(ego)와 같다. 자아는 세상의 창문으로서의 역할을 하는, 담아 주고 버텨 주는 어머니를 대신한다. 하지만 자기 또는 적어도 참 자기(the true self)는 숨겨져 있는 채다.

나는 건강에는 분열된 성격의 참 자기에 부합하는 성격의 핵심이 있다고 제안한다. 나는 이 핵심이 결코 지각된 대상의 세계와 소통하지 않는다고 제안한다. 그리고 각 개인 역시 그것이 결코 외부 현실과 소통하거나 외부 현실에 의해 영향 받아서는 안 된다는 것을 안다고 제안한다(1965b: 187).

Winnicott이 진술한 이 문장은 그의 논문 「소통과 비소통이 어떤 대립들의 연구에 이르는 것(Communicating and Not Communicating Leading to a Study of Certain Opposites)」의 핵심 부분이다. 그리고 Phillips는 이 논문을 Winnicott의 논문 중 '최고'로 여겼다(1988: 144). 매우 혁신적인 그 밖의 다른 것이 있음에도 불구하고, 그것은 관계성을 그 밖의 것들에서 강조해 온 Winnicott으로서는 매혹적이지만 이상한 개념이다.

정신분석학이 그렇게 많은 사람에게 위협이 되는 건 사람들이 비밀인 채로 남아 있으려는 욕구가 있기 때문이다. 청소년들은 또한 그 자신의 정체감을 발견해 내는 과정에서 비밀스럽고 고립된 채로 남아 있어야 한다. 성격의 핵심은 침입을 방어한다. '질문은 다음과 같다. 고립되지 않고서 어떻게 고립되는가?' 또는 몇 페이지 뒤에 아주 약간 다르게 설명되는 것이지만 '병리적인 철수와 건강한 중심적 자기-소통 간에는 차이'가 있다(1965b: 187, 190). 유사하게 참 자기와 거짓 자기 사이에는 큰 차이가 있다. 거짓 자기는 더 쉽게 동일시할 수 있다는 점에서 자아와 같다. 그러나 그것은 외부 환경을 따르도록 태어난 절충적 해결책이다.

　Winnicott은 자기에 대한 본인의 생각과 Jung이 말하는 자기 사이에 어떤 유사점이 있다고 인식한다(1965b: 180). 그리고 Winnicott은 자신의 생각을 Erickson의 '평화는 내면 세계로부터 온다.' (Erickson, 1958; Winnicott, 1965b: 191)라는 어구와 동일시하였다. 자신보다 앞서 나온 Freud처럼, Winnicott은 성장하는 아동이 Freud가 현실 원리라고 부르는 것과 Winnicott 자신이 외부 세계나 현실이라 부르는 것에 어떻게 적응하느냐에 관심이 있었다. Freud의 경우, 원초아, 초자아 및 외부 세계에 대한 요구를 숙달하고자 하는 것이 자아다(Freud, 1933: 110). Winnicott의 경우, 자아는 자기를 담아 주고 버텨 주며, 자기가 외부 현실과 관계를 맺게 해 주고, 또한 자아 자신과도 관련시켜 준다. Winnicott에 있어서 원초아는 그 중요성이 그렇게 가정되지 않으며, 항상 자아-관계성(ego-relatedness)과 연결된다(Phillips, 1988: 100). 비록 초기 관계가 어머니의 촉진적 환경과 더 넓은 세상에게 매우 중요하지만, Winnicott은 자신의 성숙 모델 안에 내적 공간을 위한 특별한 장소를 남겨 두었다. '우리는 건강의 이러한 측면을 인식해야 한다. 현실 원리에 대해 영원히 면역되어 있고 영원히 침묵한 채로 있는, 비소통적인 중심 자기를 인식해야 한다. 여기서 의사소통은 비언어적인 것이 아니다. 천상의 음악처럼 그것은 완전히 개인적이다.

그것은 살아 있는 것을 포함한다. 건강에서 의사소통이 자연스럽게 일어나는 것은 이것으로부터 나온다.' (1965b: 192)

모성 돌봄의 과제

Winnicott이 '어머니'라는 용어를 사용할 때는 보통 모성 돌봄의 역할을 하는 사람을 지칭했다. 따라서 '어머니'는 선천적 어머니보다는 다른 의미의 사람일 수도 있다. 그리고 심지어 아버지(비록 나중에 저자가 언급하겠지만, Winnicott에 있어서 아버지는 미약한 역할일 수 있음)일 수도 있다. Winnicott은 유사하게 '가슴'이라는 용어를 아기에게 있어서 '어머니가 되는 전체적인 기법'의 의미로 사용하였다(1988a: 26). 그 밖에 Winnicott은 '첫 번째 젖먹임'의 경우 실제 첫 번째 젖먹임의 의미로 사용하였을 뿐 아니라, 이런 비유적 의미로도 사용하였다. '단 하나의 해프닝으로서의 일이 아니라 여러 사건들에 대한 기억의 축적이다.' (1988b: 101) 이러한 용어들의 포괄성을 내내 명심할 필요가 있다.

Winnicott은 '선천적 어머니'에 대해 약간의 편견을 가지고 있다. 왜냐하면 그 선천적 어머니는 바로 병리적인 면 없이 일차적 모성 몰두(primary maternal preoccupation)라는 특별한 상태에 도달할 수 있는 사람이기 때문이다(1975:

304). 여기서 '병리적인 면이 있음'은 철수 상태나 해리 상태 또는 일시적 기억 상실 등을 언급하는 것이다. 이러한 상태는 다른 상황에서는 성격의 장애로서 분류될 수 있지만, 이 경우에는 어머니가 태아와 아기에게 완전한 주의를 쏟고 있는 것을 나타내는 것이다(1975: 302). 다른 여성들도 아기와 동일시할 수 있는 능력을 통해 '충분히 잘' 적응할 수 있다. 저자가 밑에서 예로 드는 것처럼, 아버지(남자)는 '존재(being)' 보다는 뭔가를 하는 것(doing)에 더 능숙한 것으로 가정된다. 따라서 아버지는 아기가 필요한 것들에 대해서는 훨씬 덜 제공적이다: '뭔가를 하는 가슴이 아니라, 존재하는 가슴.' (1971a: 82, Winnicott's italics) 그러므로 Winnicott이 강조하는 것은 '여성(WOMAN)'(그 자신이 대문자로 쓴)이다. '여성은 모든 여자와 남자의 첫 번째 삶의 단계에서 인정받지 못하는 어머니다.' (1986: 192) 그리고 '시작에서 절대적 의존의 인식에 대한 일반적인 실패는 남성과 여성 둘 다의 운명인 여성에 대한 두려움의 원인이 된다.' (1975: 304)

1) 일차적 모성 몰두

이러한 거대한 용어들은 뭔가 특별한 것을 나타내는 것처럼 보이지만, 모성 돌봄은 정말 특별하긴 해도 드물고 신기한 일은 아니다. Winnicott은 '보통의 헌신적인 어머니' (1988a: 3-14)를 썼는데, 그는 자신의 논문에 이 헌신적인 어

머니란 책으로부터가 아니라 자기 자신이 아기였을 때부터
어땠는지로부터 배우는 어머니로서, '그녀는 자연스럽게 행
동한다.' 라고 썼다. 다른 곳에서 그는 어머니가 임신 기간에
얼마나 높은 수준의 민감성을 발달시키는지, 그리고 그러한
민감성은 아기가 태어난 후 몇 주 동안에도 계속 지속한다
는 것을 기술하였다. 어머니는 아기 이외의 다른 관심사는
배제한 채 오직 아기에게 몰두하게 된다. 하지만 이것은 정
상적이며 일시적인 현상이다. 또한 이러한 상태는 지나가며
그 후 종종 억압되어 일단 어머니가 이 기간으로부터 '회
복' 되면 거의 어떠한 기억도 생각해 내지 못한다. 그러나 모
든 여성이 이것을 허용하는 것은 아니다. 이들 중 몇몇에게
는 '온전함 속으로의 도주' 가 있어서 다른 관심들을 포기할
수 없다. 예를 들어, 억압된 남근선망은 '일차적 모성 몰두
에 대한 여지를 거의 남겨 놓지 않는다.' (1975: 302)

2) 촉진적 환경

'보통의 헌신적인 어머니' (또한 충분히 좋은 어머니가 되기를
요청받는)는 유아의 자연스러운 성숙 과정을 촉진시키는 환
경을 제공한다. Melanie Klein은 어머니에 대한 유아의 경
험에 대해 뭔가를 제공하는 것은 '좋은 가슴' 이며 짜증나게
하는 것은 '나쁜 가슴' 이라고 설명하였다. 반면, Winnicott
은 두 개의 다른 용어를 선택하였는데, 이 두 개의 용어는 유

아에 의한 두 개의 다른 지각이기보다는 유아를 위한 두 개의 다른 기능을 나타낸다. Winnicott은 '대상-어머니(object-mother)'와 '환경-어머니(environment-mother)'라는 어구를 만들었다(1965b: 75-76). 대상-어머니는 유아의 욕망의 대상으로서 유아의 욕구를 충족시킬 수 있다. 또한 대상-어머니는 유아가 증오를 표현할 수 있는 대상이다. 환경-어머니는 예기치 않은 것들을 막아 주는 역할을 하며, 활발하고 능란한 돌봄을 제공한다(1965b: 75). 문자 그대로 신체적인 감각에서의 버텨 주기(holding)는 물론 에로틱한 즐거움을 위한 아기의 욕구에 대해 준비되어 있으며, 동시에 경험을 간직하고, 즐거움을 망쳐 놓을 수도 있는 침범으로부터 아기를 보호해 줄 수 있다. 그 밖에 어머니는 침범할 수 있는 어머니 자신의 여러 부분(예를 들어, 아기가 소리 지를 때 어머니가 느끼는 잔혹한 기분, 1964: 87)으로부터 아기를 보호한다. 아동이 시간과 공간을 이해할 수 있기 전에 어머니는 경계를 제공한다. 어머니는(사실 부모님 두 분 모두) 아동이 청소년이 되어서 경계를 시험해 볼 필요가 있을 때 경계를 버텨 준다. 이러한 견고한 버텨 주기는 또한 아동(그리고 청소년)이 '충동을 발견할 수 있게 하고, 발견되고 동화된 충동만이 자기 통제와 사회화를 위해 이용될 수 있다.'(1984: 157)

그러므로 초기의 버텨 주기와 간직하기는 점차적으로 자아-지지(ego-support)를 연속적으로 제공하는 쪽으로 이

동한다. 이때의 자아-지지란 아동, 청소년, 성인이 과도한 위협이나 스트레스를 받을 때마다 필요로 하는 것이다. Davis와 Wallbridge는 출판되지 않은 논문을 인용했는데, '아동이 정원에서 놀이를 하고 있다. 비행기가 아동의 머리 위로 낮게 날아간다……. 당신은 아동을 당신 쪽으로 당겨 안아 줬으며, 아동은 당신이 극복을 넘어서 두려워하지 않는다는 사실을 이용하고 곧 다시 놀기 위해 품을 떠난다.' (1981: 99) 그러한 환경의 제공은 또한 심리치료 안에서도 일어날 수 있다. 심리치료자는 내담자가 발달하고 성숙할 수 있는 환경을 제공해 준다. Winnicott 또한 이러한 환경을 내담자가 필요할 때 퇴행할 수 있는 장소로 본다. 처음 얼핏 보기에는 심리치료에서 이러한 촉진적 환경은 내담자-중심 치료 및 상담의 핵심 조건과 가까운 것처럼 보일 수 있다. 그러나 저자가 분명히 밝히겠지만, 그러한 환경의 제공은 Carl Rogers가 제안하는, 치료자가 제공하기에 충분한 기본적인 핵심 조건에서 분명히 나타나는 것보다 더 큰 반응과 적응의 복잡성을 포함한다.

3) 적응 및 적응 실패

처음에 어머니는 부단히 아기의 요구에 적응한다. '첫 단계에서 유아는 헌신적인 누군가가 모든 것을 해 주지 않을 경우 결코 제공될 수 없는, 욕구에 대한 적극적인 적응의 정도를 필요로 한다.' (1965a: 23) 이 단계에서, 이것은 후에 '아동을 망치는 것'으로 불릴 수 있는 것과는 거리가 멀다. 어머니는 이것을 할 때 Winnicott이 '충분히 좋은(good-enough)'이라고 부른 존재가 되어야 할 필요가 있다. Winnicott에 있어 충분히 좋은 존재란 유아의 전지전능함에 대해 반복적으로 맞추어 주는 것을 의미한다. 이 단계에서 유아의 욕구에 대한 어머니의 계속적인 적응으로 인해 유아는 전지전능함을 경험하게 된다. '이러한 점을 기반으로, 유아는 점진적으로 전지전능함을 끝낼 수 있다.' (1965b: 146)

만약 유아가 절대적 의존으로부터 상대적 의존 단계로 이동한다면, 어머니는 유아의 욕구 적응에 실패하기 시작해야 한다. '시간이 지나면서 아기는 타인의 적응 실패를 필요로 하기 시작한다. 이러한 실패는 또한 책으로부터는 배울 수 없는 점진적인 과정이다.' (1988a: 8) 물론 다른 관점에서 보면 이것은 여전히 적응이다. 즉, 적응 실패에 대한 요구에 적응하는 것이다. 이런 종류의 실패(앞으로 볼 것이지만 이것은 치료 자체에도 해당된다)는 매우 중요하다. '이런 민감한 적응 문제에 점진적으로 실패할 수 없는 어머니는 다른 관점에서 볼 때 실패하고 있는 것이다. 어머니는 (그녀 자신의 미성숙성이나 불안으로 인해) 자신의 아기에게 화를 내기 위한 이유를 주는 데 실패하고 있다.' (1965b: 87)

'충분히 좋은'이라는 어구는 상투적인 표현이 되어 버렸다. 그것은 완벽하지 않은 것에 대한 위안으로서 빈번히 쓰인다. 심리학자와 정신분석가의 연구를 통해 어머니에게 부여되는 것처럼 보이는 거대한 요구에 대해 자연스럽게 주는 어구다. 그럼에도 Winnicott의 저서에서 이 어구('충분히 좋은')는 절대 상투적인 표현으로 쓰이지 않는다. 그가 계속적으로 강조하는 것은 어머니들이 보통 의사나 소아과의사 또는 산파보다 더 잘 알고 있다는 것이다. 어머니가 자신의 아기와 함께 있어야 하고 아기에게 맞추어 행동해야 한다는 방식의 관점에서 보면, 전문가들(그리고 그들의 책)이 어머니들에게 요구하는 것은 자연적인 반응적 모성 돌봄을 돕기보다는 방해하는 경향이 있다. 예를 들어, '어머니는 무엇이 일어나고 있는지에 대한 어떤 지적인 평가 없이 직관적으로 알고 있는 매우 미묘한 것들이 있다. 또한 어머니들은 혼자 남겨져서 충분히 책임감이 주어졌을 때 이런 미묘한 것들에 도달할 수 있다.' (1988a: 64) 그런 점에서 Winnicott은 확실히 어머니의 편이다. 하지만 '충분히 좋은'이라는 어구가 평범을 해결하는 것을 의미한다고 믿는 것은 바보 같은 짓일 것이다. Winnicott은 '충분히 좋은' 어머니와 동등하게 '계속적으로 유아의 몸짓에 반응하지 못하고,' 유아의 욕구에 맞추지 못하는 '충분히 좋지 않은' 어머니도 존재할 수 있다고 확신했다. 이것은 어머니가 아기에게 순응하기보다는 아기의 편에서 자신에 대한 순종을 이끌어 내고, 거짓 자기의 최초 단계에 이르게 한다(1965b: 145).

4) 거울 반응

「아동의 발달에서 어머니와 가족의 거울 역할(The Mirror-role of Mother and Family in Child Development)」(1971a: 111-118)의 짧지만 자극적인 장에서, Winnicott은 '아동의 거울 사용은 자아 발달의 중요한 점'이라는 Lacan의 정의를 인용하였다(Lacan, 1949). 비록 Winnicott은 특히 아동의 삶의 초기 몇 주에 있어서 어머니의 얼굴이 아동 자신의 거울로서 기능한다는 중요하고 꽤 뚜렷한 의견을 첨가하였지만, Lacan의 정의를 사용하였다. Winnicott의 관찰은 부모와 아동이 서로에게 반응하는 것을 볼 수 있는 부모(아버지 포함)와 그들의 유아 얼굴이 동시에 보이는 비디오 연구에 의해 확증되었다. 아기가 어머니의 미소에 반응할 뿐 아니라 어머니도 아기의 표현을 반영한다. Winnicott이 말했듯이 '어머니는 아기를 보고 있다. 그리고 어머니가 어떻게 보이느냐는 그녀가 보고 있는 것과 관련이 있다.'(1971a: 112) 그는 지각의 과정을 다음과 같이 제안한다.

처다보니 엄마가 나를 보고 있어서, 나는 존재한다.

나는 지금 볼 수 있다.

나는 지금 창의적으로 본다. 그리고 내가 지각하는 것을 또한 지각한다.

사실상 보이지 않는 것을 보지 않으려고 조심한다(내가 피곤하지 않다면)(1971a: 114).

비록 '많은 아기'가 이러한 어머니를 갖지 못하지만, 어머니의 편에서 이런 책임감은 다시 '자연스럽게 잘 수행된다.' '그들은 보지만 자신을 보지 않는다.' 그들 중 몇 명은 '환경으로부터 자신의 어떤 것을 되찾기 위한 다른 방법을 찾아볼지 모른다.' (1971a: 112) 이 장은 그의 환자 중 한 명의 의미 있는 질문을 포함하여 그의 임상적 작업으로부터 나온 짧은 사례들을 많이 포함하고 있다. '아이가 거울을 들여다볼 때 아무것도 보지 못한다면 얼마나 끔찍하겠는가!' (1971a: 116. 인기 있는 전설에 따르면, 이것이 실제로는 뱀파이어와 같은데, 피를 빨고 싶은 뱀파이어의 욕구는 원초적 공허함을 나타내는 것 같다.) 이 논문의 간명성은 아쉽지만, 이 논문은 이러한 생각이 발전할 방향을 제시해 준다. 예를 들면, 청소년의 자기애, 예술에서의 얼굴, 환경에 투영된 표면들이 그것이다. Winnicott이 Lacan을 두 번이나 언급했지만 그의 개념(Rudnytsky가 길게 설명한 대로, 1991: 70-95)이 전체적으로 다르다는 것은 명확하다. Lacan의 거울은 엄마의 위치가 없고, 유아가 발견하는 것은 타인에게 자신이 반영되는 통합된 경험이라기보다는 타인으로서의 자기다.

5) 환상 및 탈환상

어머니의 거울에 비친 얼굴(mirror-face)에서는 이처럼 보는 것이 실제의 시각과 관련되어 있다(Winnicott은 장님으로 태어난 아이에게 무슨 일이 벌어질지 확신이 없었다.). 그러나 내적인 심상을 포함하는 또 다른 형태의 보기가 있다. 바로 환상(illusion)의 개념은 Winnicott 이론의 또 다른 핵심 개념이다. 그는 Freud와는 상당히 달랐다. Freud는 자신의 저서 『환상의 미래(*The Future of an Illusion*)』(1927)에서 환상을 실수와 관련시켰다. 객관적이고 현실적인 사고가 Freud의 일관된 목표였다. 그는 신경증적 욕구를 위해 쓰이지만, 현실 검증의 과정에서는 버려져야 하는 환상의 병리적인 측면을 제외하고는, 환상에 큰 가치를 두지 않았다. 반면, Winnicott은 환상은 성인기까지 영향을 미치는 지속적이고 가치 있는 특성이고, 앞에서 인용한 바와 같이 '현실-수용은 결코 완성될 수 없으며, 내적 세계와 외적 세계 사이의 긴장으로부터 자유로운 사람은 없고, 긴장의 완화는 예술 또는 종교와 같은 도전이 없는 중간 영역에 의해서만 제공된다.' 고 제안하였다(1975: 240; 또한 4장을 보라).

'어머니의 가슴이 자신의 일부'(1975: 238, Winnicott's italics)라는 환상의 기회를 처음으로 제공하는 사람은 어머니다. 그녀는 또한 바로 어떤 순간에 유아에게 제공되는, 자신이 가슴을 창조했다는 환상을 가능하게 해 준다. 그 순간은 유아가 자신도 모르는 무엇인가를 어디에선가 발견할 준비가 되어 있는 상태, 즉 '기대감(expectancy)'이 있는 그 순간이다(1988b: 100). 우리는 '현학적인 철학자'로서, 실제로는 아기는 아무것도 창조하지 않았고 가슴은 이미 존재하고 있었지만, 어머니가 유아의 욕구(정서적)에 매우 섬세하게 적응했기 때문에 아기가 그러한 환상을 가질 수 있다고 생각할 수 있다(1988b: 101).

'이론적인 첫 수유(theoretical first feed)' 후에, 아기는 가슴에 대해 상상(혹은 환각)하고, 자신이 원하는 대상을 찾을 수 있다는 확신감의 기억을 구성한다. 이것은 그 대상이 존재하지 않아도 점차적으로 유아는 견딜 수 있다는 것을 의미한다. 어머니는 더 많은 외적 세상의 현실을 수용할 수 있게(적은 양으로), 이제 '탈환상(disillusion)'이 일어나도록 할 준비를 하고 있다. 탈환상은 환상의 기회를 제공하는 데 있어 두 번째로 중요한 과제다. 젖을 떼는 것을 만족스럽게 수행하기 위해서는 그것이 필수적이다. 그리고 실제로 탈환상 없이 '단지 모유 수유를 끝내는 것은 젖을 떼는 것이 아니다.' (1975: 240) 어머니는 앞에서 언급한 대로, '유아가 어머니의 실패를 다루는 능력이 점차 성장함에 따라, 조금씩 덜 완벽하게 적응함으로써 탈환상을 촉진해야 한다.' (1975: 238)

Winnicott은 (현실 수용의 과제에 관해 앞 인용에서 명확히 한 대로) 생활 전반에 걸쳐서 환상과 탈환상의 반복 과정이 계속된다고 확신하였다. 젖을 떼는 동안 그리고 그 후에 발달의 다음 단계에서 중간 대상이 특징적으로 나타나고, 다른 유형의 환상을 구성한다. 그러나 더 중요하게—여기서 우리는 Winnicott을 소아과의사나 정신분석가보다는 철학자로 본다—우리는 결코 외적 현실에 직접적으로 접촉할 수 없다. 항상 '접촉의 환상'만이 있다. 이것은 내가 피곤하지 않을 때 매우 잘 기능하는 중간 현상이다.' (1988b: 114-115) 궁극적으로 우리 모두가 알 수 있는 것은 '인간 존재의 본질적인 고독' (1988b: 114)이다. 비록 Winnicott이 그러한 개념 역시 환상이 아닐 수도 있다고 표현하지는 않았지만, 아마도 우습게도 Winnicott은 "나는 철학적인 문제가 포함되었다고 해도 크게 신경 쓰지 않는다."라고 대수롭지 않게 말했다(1988b: 115).

6) 중간 대상

중간 대상이 발달 과정의 초기 단계에 속해 있다고 생각할 수 있다. 만일 중간 대상에 대한 Winnicott의 정의에 찬성한다면, 그것은 실제로 완벽하게 그것만의 부분을 가져야 한다. 왜냐하면 그것이 아동과 어머니 어느 한쪽에 속한 것이 아니라 둘 사이의 영역에 속해 있기 때문이다. Winnicott이 이탤릭체로 강조했던 대로, 우리는 결코 유아에게 '이것을 이해할 수 있는가? 그것이 외부로부터 제시되었는가?'(1975: 239-240) 라고 질문하지 않는다. 왜냐하면 중간 대상은 중간 경험의 영역에 속해 있기 때문이다. 어머니가 중간 대상을 아동에 게 제공할 수 있다고 생각하는 것 또한 실수다. 어머니는 단 지 위안물을 제공하는 것이다. 위안물은 어머니를 대신할 수도 있지만 실제로는 어머니보다 덜 중요하다. 중간 대상 은 아동이 발견하거나 심지어 창조한 것이고 어머니보다 더 중요한 대상이며, '거의 유아와 분리할 수 없는 부분'이다 (1975: 235). 우리는 아동이 어머니의 품 안에서도 중간 대상 을 입이나 코에 지니고 있는 것을 볼 수 있다. 그러한 발달은 4개월에서 12개월 사이의 어떤 시점에서 발생한다.

중간 대상은 엄격히 말하자면 곰 인형이나 아기 인형이 아 니다. Winnicott은 그것이 아기의 엄지손가락(실제로 아기의 몸에서 분리할 수 없는 부분)과 인형이나 곰 인형과 같은 외부 대상 사이에 있다는 것을 명확히 하였다(1975: 229). 그는 한 내담자의 토끼 인형이 중간 대상보다는 훨씬 더 위안물이라 는 사례를 언급했다(1975: 234-235). 따라서 이 담요 조각이 나 손수건 조각, 담요에서 나온 실도 중간 대상이 될 수 있다 고 하였다. 그것은 쉽게 손에 넣을 수 있는 것이고, 어떤 면 에서는 어머니가 제공한 것이나 결코 그런 목적을 가지고 고의로 주어진 것은 아닌 것이다. 그러나 같은 논문에서 Winnicott은 또 다른 환자의 자줏빛 토끼를 중간 대상으로 정의하였다. 그리고 혼란스럽게도 일 년 후에 그는 중간 대상에 '엄지손가락, 담요 조각, 헝겊 인형' 등을 포함시켰다 (1975: 223). 또한 어머니 자신이 중간 대상이 될 수 있다는 것 역시 유사하게 혼란스럽다(1975: 232). 게다가 Winnicott 은 '맘-맘' 소리와 함께 웅얼거림, 옹알이, 방귀 소리, 첫 번째 음악적 표현 등과 같은 것을 중간 현상이라고 언급한다 (1975: 232). 이러한 구분들은 4장에서 더욱 비판적으로 검토할 것이다.

중간 대상은 특별한 자질을 갖는다(1975: 233, 236-237). 유아는 본래 중간 대상에 대한 권리를 가지고, 부모는 그것을 허용한다. 몇몇 곳에서 Winnicott은 이 단계를 대상보다는 소유물이라고 불렀다(그의 용어는 또다시 혼란스러워진다.). 유아는 그것을 사랑하고 훼손할 뿐 아니라 껴안고 다니며, 그것은 이러한 행동을 견디어 내야 한다(유아가 쉽게 바꾸지 않기 때문에 부모에게는 꽤 큰 문제가 될 수 있지만, 오로지 유아만이 바꿀 수 있다!). 대상은 그 자체의 온정과 생명력을 지니고 있으며, 그것은 외부나 내부에서부터 나오는 것이 아니다. 대상의 운명은 시간이 지나면서 '잊히는 것이 아니라 망각의 구렁에 내려앉게 된다.' 그것은 결코 마술적인 통제에 있는 것도 아니고, 외적 대상처럼 내재화되어 Klein 학파에서 이야기하는 내적 대상이 되는 것도 아니다.

Winnicott의 저서에는 환상(앞서 말한)과 중간 대상의 두 개념이 때때로 세 번째 개념과 자연스럽게 연결된다. 이 개념은 때때로 '중간 상태(intermediate state)'로 불리거나 (1975: 230), 이후의 에세이에서 '잠재 공간(potential space)' (1971a: 107-110)이라고 표현되는 개념이다. 비록 이 개념을 논의에서 다루기는 했지만 그 영역 자체는 논쟁이 될 수 있는 것이 아니다. 왜냐하면 우리는 그것이 자신에 의해 창조되었는지 아니면 '지각된 실재'의 조각인지 모르기 때문이다. 이것은 다른 상황에서는 이러한 상태를 '정신착란'이라고 부를 수도 있다(일차적 모성 몰두가 다른 상황에서 질병으로 불린 것처럼). 그것은 부모가 믿음, 신뢰성, 이완을 통해 아동에게 제공할 수 있는 상태(종종 놀이의 상태)다. 또한 그것은 사회에서, 특히 예술, 종교, 상상의 삶 및 창의적인 과학 연구에서 우리가 서로에게 허용할 수 있는 상태다(1975: 242). 이러한 잠재 공간 혹은 중간 상태는 어떤 사람이 다른 사람에게 '자신의 것이 아닌 환상'을 공유하도록 강요하지만 않는다면 우리가 서로에게 허용할 수 있는 상태다(1975: 231).

7) 미성숙 허용하기

발달은 자연스러운 과정이기 때문에 무반응적이거나 소홀한 양육에 의해 방해받을 수는 있어도 서두를 수는 없다. 발달은 또한 가르칠 수 없다. Winnicott은 어머니가 자신의 아기를 격려할 수는 있지만 아기의 자연스러운 창의적인 성장을 대신할 수는 없다는 것을 반복해서 강조하였다. 아동에게 중간 대상을 줄 수 없는 것처럼 가치도 강요할 수 없다. 또한 종교에 대한 그의 저술은 다른 형태의 지식에도 해당된다. '강요에 의한 교육의 좋은 대안은 신뢰와 '신념', 옳고 그름의 개념과 같은 것이 각 아동의 내적 과정으로부터 작동해서 발달하도록 유아와 아동에게 그러한 상황을 제공하는 것이다.' (1965b: 94) 같은 논문에서 그는 다음과 같이 서술하였다. '부모는 예술가가 자신의 그림을 그리거나 도공이 자신의 도자기를 만드는 것처럼 아기를 만들 필요가 없다.' (1965b: 96) 비록 그는 여기에서 언어 사용 이전 단계에 대해 특별히 언급했지만, 모든 문화적 가치의 의사소통을 포함하여 이후의 발달에 대해 '기회를 제공해 주는 것' (1965b: 103)의 필요성의 개념을 확장하였다. 이 논문(「도덕과 교육」)에서 그는 부모가 아동이 원하는 대로 가지고 놀 수 있는 장난감뿐 아니라 도덕적 가치와 다른 문화적 현상을 '주변에 놓아 두는 것'이 필요하다고 자주 제안하였다 (1965b: 99). 그는 자신의 아이를 교육하려고 시도하는 몇몇 부모의 시도에 대해 회의적이었다. '아동에게 시작부터 모차르트, 하이든, 스카르라티를 준다면, 당신은 파티에서 뽐낼 수 있는 어떤 것, 조숙하고 훌륭한 취향을 가질 수는 있다. 그러나 아동은 아마 화장지를 빗 위에 긁으면서 나는 소음으로부터 시작해야 할 것이다……. 최고의 진가는 심어진

것이 아니라 스스로 성취한 것이어야 한다.' (1965b: 100-
102)

8) 살아남기

Winnicott은 청소년의 부모에게 기회를 제공하고 미성숙
을 허용하는 것에 대해 강하게 주장한다. 앞에서 언급한 바
와 같이 청소년에게 미성숙은 허용되어야 한다. 부모는 자신
의 힘의 입장에서 미성숙을 허용해야 한다. '성숙한 성인은
청소년을 대할 때 자신의 성숙을 믿어야 한다.' (1971a: 145)
다시 말해서 청소년은 자신의 부모에게 도전하고 은유적으
로 부모를 없애고자 하는 욕구를 포함하여, 자신의 성숙을
발견해야 한다. 부모는 이것이 일어나도록 할 수 없다. 그들
은 '단지 약간의 도움을 주는 것이다. 부모가 할 수 있는 최
선의 방법은 살아남는 것, 본래의 모습을 유지하고, 색의 변화
나 중요한 원칙의 포기 없이 생존하는 것이다.' (1971a: 145,
Winnicott' s italics) 생존하기 혹은 살아남기는 부모에게 필
수 요소다. Winnicott은 또한 살아남기는 치료자에게도 필
수적인 것이라고 믿는다. '정신분석을 할 때, 나는 살아남고,
잘 유지하며, 깨어 있기를 목표로 삼는다.' (1965b: 166)

그는 부모가 생존하지 않았을 때 무엇이 일어나는지에 관
한 슬픈 사례를 제시한다. 자동차 사고로 아버지를 잃고 어
린 소녀는 살아남았다. 이것은 '어린 소녀가 자신의 아버지

를 사랑할 뿐 아니라 증오하는 단계를 겪고 있을 때였고' 아버지에게 차 밖으로 나가지 말라고 애원했을 때였다. 사고 장면에서 그녀는 아버지를 깨우기만 하는 것이 아니라, 그에 대한 분노를 보여 주기 위해 그의 몸을 발로 찼다. Winnicott은 그녀가 상담실 안의 벽을 발로 차는 것을 이용하여, 이것을 그녀의 언어로 표현하였다. 그러자 '그녀는 점차 생활 속으로 돌아왔다.' (1965b: 21)

이 장에서, 발달 과정과 그것이 일어날 수 있는 올바른 환경을 제공하는 것에 대해 Winnicott이 사용하는 용어의 풍부함을 이미 많이 언급하였다. 다음은 부모의 역할과 경험에 대해 요약하고, 온전히 재생할 필요가 있는 부분이다.

만약 당신이 자녀의 개인적 성장을 촉진하기 위해 할 수 있는 모든 것을 한다면, 당신은 놀라운 결과를 다룰 수 있어야 할 것이다. 만약 당신의 아이가 자신을 발견하려고 한다면, 그들은 자신들의 전체, 사랑이라고 명명할 수 있는 요소뿐 아니라 공격적이고 파괴적인 요소들을 포함한 전체를 발견하지 않고는 만족하지 않을 것이다. 당신은 살아남기 위해 그러한 긴 결투를 해야 할 것이다.

당신의 아이들의 경우, 당신의 돌봄으로 인해 그들이 상징을 사용하고, 놀며, 꿈꿀 수 있고, 만족스러운 방식으로 창의적일 수 있다면 행운이지만, 그러한 것에 이르는 길은 험난하다. 그리고 어떤 상황에서든 당신은 실수를 하게 될 것이고, 그러한 실수를 보며 비참한 기분을 느끼게 될 것이다. 당신의 아이는 실제로는 당신의 책임이 아님에도 당신에게 실패에 대해 책임감을 느끼게 하려고 노력할 것이다. 당신의 아이들은 이와 같이 단순히 말한다. "나는 결코 태어나게 해 달라고 한 적이 없어요."

당신은 그 아이의 개인적인 잠재력이 점진적으로 풍부해지는 것으로부터 보상을 얻는다. 그리고 당신이 성공하기를 원한다면, 당신보다 더 나은 개인적 발달의 기회를 가진 당신의 아이를 질투할 준비가 되어 있어야 한다. 만약 어느 날 당신의 딸이 자신을 위해 아이를 돌봐 주기를 요구하면 당신은 보상감을 느낄 것이다. 왜냐하면 이것은 그녀가 당신이 이것을 만족스럽게 할 수 있을 거라고 생각한다는 것을 의미하기 때문이다. 또는 당신의 아들이 어떤 방식으로 당신과 같이 되기를 원하거나, 당신이 젊었다면 사랑에 빠졌을 소녀와 사랑에 빠진다면 보상감을 느낄 것이다. 보상은 간접적으로 온다. 물론 당신은 그들이 당신에게 고마워하지 않을 거라는 것을 알고 있다(1971a: 143, Winnicott's italics).

아버지와 가족

『아동, 가족 및 외부 세계』(1964)에서 '어머니와 아버지를 직접적으로 언급하고자 한' 그의 의도에도 불구하고, Winnicott은 솔직히 어머니에 대해 더 많이 저술하였다. 이성적으로 아버지가 많이 포함되리라고 생각한 영역에서조차도 아버지는 거의 언급되지 않았다. 단지 첫 부분에서 아버지의 역할에 대해 짧게 언급되어 있다. '그는 공간을 제공하는 데 도움을 줄 수 있다……. 어머니는 자기의 남자에 의해 보호받기 때문에, 그녀가 내부로 향하기를 원할 때 환경을 다루기 위해 외부로 향할 필요가 없다.' (1964: 25) 아버지는 어머니가 아이에게 촉진적인 환경을 제공할 수 있도록 안전한 환경을 제공한다. 책의 두 번째 부분에서는 '아버지는 어떤가?'라고 적절하게 제목을 붙인 장으로 시작한다. 여기에서는 아버지가 아기에 대해 관심을 가지도록 격려해야 하지만, 그러한 문제에 대해 관심과 능력이 부족한 사람으로 보는 기존의 관점과 다른 것은 거의 포함되어 있지 않다.

아동과의 직접적인 관계에서 아버지의 특정한 역할에 대한 개념은 거의 없다. 그는 어머니를 위한 '사회적 안전'을 제공하고, 어머니와의 관계를 통해 아동에게도 사회적 안전을 제공한다. 부모의 성적인 결합은 '아동이 환상을 만들 수 있는 어려운 사실을 제공한다……. 삼자관계의 문제에서 개인적인 해결을 위한 자연스러운 토대의 부분이다.'(1964: 114-115) Winnicott은 딸이 아버지와 가질 수 있는 특별한 관계와 성별에 관계없이 두 부모와 아동 사이에 생길 수 있는 질투와 경쟁의 문제를 언급함으로써 이 개념을 확장하였다. 이것은 Freud의 표준적인 오이디푸스 이론이다(그리고 Winnicott의 다른 저술과 비교해 보면 오히려 덜 흥미롭다.). 이는 '이미 잘 알려져 있는 것'으로 대부분 수용되고 있다(1964: 117-118).

아버지는 또한 어머니의 권위를 후원하고 법과 질서를 상징함으로써 '도덕적 지원'을 제공한다. '그가 항상 이것을 해야 할 필요는 없지만, 아동이 아버지가 존재하고 살아 있다는 것을 충분히 느낄 수 있을 만큼은 자주 나타나야 한다.'(1964: 115) 마지막으로 아버지는 아침에 나갔다가 저녁에 돌아오는 남성과 직업에 대한 모델을 제공한다. 만약 아버지에 대한 이러한 무기력한 관점이 충분하지 않았다면, Winnicott이 아버지와 딸 혹은 아버지와 아들을 때때로 함께 여행 보내는 것이 어머니의 책임이라고 제안한 이 장의 마지막 문단은 편집되었을 것이다(1964: 118).

Winnicott의 이론과 실제에 대한 비판은 4장에 제시되어 있다. 아버지에 대한 그의 이론적 약점은 4장의 관심 영역 중 하나다. 그는 그 시대의 남자였다. 심지어 오늘날에도 진보적인 중산층 사고를 가진 '새로운 남자'가 인정하는 것보다는 멀리 떨어져 있고 반쯤 개입하는 아버지에 대한 Winnicott의 그림을 발견할 수 있는 가정이 더 많다. 약점은 페미니스트 정신분석가의 제안처럼, '아버지의 모성적 측면'(1988a: 93n)을 가끔 지나가면서 언급하는 것을 제외하고는 대안에 대한 생각이 없다는 것이다. 이것은 도전적인 성 역할의 방향에서는 더 이상 수용하기 어려운 것이다.

유사하게 『아동, 가족 및 외부 세계』는 이런 제목에도 불구하고 가족에 대한 내용은 별로 없다. 이러한 이유 때문에 우리는 다른 연구를 찾아보았다(1965a: 40-49, 88-94; 1986: 128-141). 그곳에서의 가족의 역할은 비록 아버지의 관점에서 아동이 어머니를 다르게 볼 수 있도록 도와준다는 점에서 아버지와의 관계가 더 가치 있지만, 아버지의 역할보다 더 중요한 것이 있다면 가족의 역할이다. 아버지는 분리가 일어나도록 도와준다. Winnicott은 이것을 '이동의 경험(to-and-fro experience)'이라고 불렀다. 이것은 아동이 한쪽 부모에서 다른 쪽 부모로 이동하는 것 혹은 훨씬 더 넓게는 확장된 가족을 통해서 '이모나 할머니나 큰누나' 같은 가족에게 옮겨 가는 것을 포함한다(1986: 138. 우리는 확장된 가족에서 다른 남자의 부재에 주목한다!). 본질적으로 가족은 어머니가 원래 제공하던 것과 유사하게 더 넓은 환경을 제공한다. 여기에서 분노, 경쟁, 배신뿐 아니라, 놀이, 사랑과 중

오의 감정, 연민과 인내 등을 시험해 볼 수 있다. '가족이 온전하고 일정 시간 동안 계속되는 관심이 있을 때, 각 아동은 각 구성원의 태도나 가족 전체의 태도에서 자신을 볼 수 있는 이득을 얻는다……. 이것은 각 구성원의 성격 성장과 풍부함을 위해 가족이 할 수 있는 기여라고 말할 수 있는 한 방법이다.' (1971a: 118) 비록 가족이 아동에게 이런 것을 제공하지만, 관계는 상호적인 것이기 때문에 아동 또한 가족에게 새로운 상황을 제공한다. '우리가 기대와 충족에 대해 알고 있는 것 때문에 우리가 제공하는 어떤 것을 아동이 필요로 함으로써, 아동은 자기 주위에 가족을 만들어 낸다. 아동이 가족과 함께 놀 때 우리는 아동이 창조한 것을 본다. 또한 우리는 그들의 창의성의 상징을 현실로 만들기를 원한다고 느낀다.' (1971a: 47) 다음으로 '가족은 모든 유형의 집단화를 이끌어 낸다. 집단화는 그 크기가 지역 사회와 일반적인 사회 정도가 될 때까지 계속해서 커진다.' (1986: 140)

Winnicott은 확실히 어머니-유아 관계를 넘어서는 관계에 대해서는 최선을 다해 저술하지 않았다. 그는 실제로 아버지-아동의 관계보다 가족에 관하여 흥미 있는 생각을 많이 가졌음에도 자신이 가족에 대해 많이 쓰긴 했지만 독창적인 것이라고 말하기는 어렵다고 스스로 인정하였다(1986: 128). 그의 진짜 독창성은 그 밖의 것에 있으며, 집중하기에 더 유용한 것은 그 부분이다.

장애의 분류

이 장에서는 정상적인 발달 과정에 대해 집중적으로 다루었다. Winnicott은 이것에 대해 상당한 지면을 할애했으며, 정신병리보다는 정상에 대해 더 많이 저술하였다. 그는 자연스러운 과정과 충분히 좋은 시작에 기초한 긍정적인 발달 모델이 본질적으로 무엇인지에 대해 주장하였다. 이 발달 모델을 통해 연속성이 보존되고, 각 개인은 '정말로 시작해서 결국에는 진짜로 느끼고 자신의 정서적 나이에 적절한 삶을 경험하기 시작한다.' (1965b: 138) 정상적인 발달은 상대적으로 평탄하다 하더라도, 불가피하게 상이한 방어의 발달을 포함하고, 대인관계에 영향을 미칠 수 있는 개인적 성향을 포함하며, 정신병–신경증 증상들로 분류될 수 있는 것에 이를 수 있다. Winnicott이 '우리가 제정신일 때만 실제로 나쁘다.' (1965a: 61)라고 저술하였을 때, 그는 아마도 일차적으로 우리의 좀 더 정신병적인 부분과 접촉할 수 있는 능력을 언급한 것이겠지만, 원리는 정상에 대한 신경증적인 차이에 더 많이 적용된다.

Winnicott은 이러한 좀 더 신경적인 문제들을 저술하는 데 실제로는 흥미가 없었다. 그는 (분석가조차도) 때때로 참 자기로 오해하는 거짓 자기의 발달에만 관심을 보였을 뿐이다. 치료자는 거짓 자기에 의해 보이는 증상을 다루지 않도록 주의해야 한다. 왜냐하면 '오직 참 자기만이 분석이 가능하기 때문이다.' (1965b: 133, Winnicott's italics) 거짓 자기는 '순응의 기초에서 세워진 발달의 정상적인 부분이며, 참 자기를 보호하는 방어적 기능을 지니고 있다.' (1965b: 133) 그것은 물론 필수적인 방어이며, '사회적 태도'와 '타협'에 이르게 한다. 그러나 문제가 생명과 관련되는 것일 때는 그것이 건강에 있어서 지속될 수 없는 존재의 방식이다. 이 시점에서 '참 자기는 순응적인 자기보다 우위에 있을 수 있다.' (1965b: 150) 그러나 거짓 자기에도 단계가 있다. '아동이 자라서 연기자가 되는 것처럼' 거짓 자기도 승화할 수 있는 것에 따라 그 정도가 있다. 또는 참 자기와 거짓 자기 사이에 분열이 생겨서, 참 자기는 은폐되고 상징을 사용하는 능력이 부족해지고 문화적 삶의 빈곤에 이르게 될 수도 있다 (1965b: 150). 또는 지적인 활동은 정신-신체 존재로부터의 해리를 유도할 수 있는 거짓 자기를 위한 장소가 된다 (1965b: 144). 또는 '거짓 자기가 실재하는 것으로 개발되고 다루어질 때 개인은 공허감과 절망감을 느낄 수도 있다.' (1965b: 133)

Winnicott이 제안했듯이 '거짓 자기' (참 자기를 어떤 때는 대문자로 쓰고 어떤 때에는 대문자로 쓰지 않는 것처럼)는 희귀하지 않은 '가치로운 분류적 명명'이다. 방어는 단단하고 중요한 사회적 성공을 가져올 수도 있다. 분석을 받아야 할 때는 내담자가 방어의 외현적 성공에도 불구하고 진짜로 느껴지지 않고 공허감을 느끼기 때문에 도움을 요청할 때다(1965b: 134).

Winnicott이 퇴행된 환자들에 대한 자신의 선구자적인 연구에서 상당한 흥미를 보인 또 다른 분류는 정신병이다. 그는 이것의 근원을 체질적·유전적 요인보다는 확실히 환경의 실패에 둔다. 정신병(또는 정신분열증)은 거짓 자기의 발달에 의해서 가려질 수 있다. 정상적인 발달을 거친 아동의 성공에 대한 '취약성'에 잠재할 수도 있고(1965b: 59), 분열성 성격에 숨어 있을 수도 있다. 붕괴가 있는 경우, 그것은 이미 전에 했던 붕괴로 되돌아오는 것이다. 혹은 붕괴에 대한 공포가 있는 경우, 그 공포는 이미 일어났던 붕괴에 대한 두려움이다. 붕괴는 모성적 자아-지지의 의존성 단계에서 최초의 붕괴 주변에 조직화되었던 방어가 실패한 것을 의미한다(1965b: 139). 자아-지지의 부족은 여성이 자신의 아기에게 몰두할 수 없는 것과 같은 '모성 장애'로부터 오거나, '아기에게 자신을 빌려주는 것'을 통해 아기에게 병리적으로 몰두된 어머니로부터도 올 수 있다(1965a: 16). 후자의 경우는 전지전능의 환상에서 벗어나지 못하게 되고, 아기는 망상의 단계에 접어들게 된다.

성숙 과정을 촉진하는 데 있어서 환경적 실패는 '정신병원 유형의 정신장애, 즉 정신병'과 관련이 있다. Winnicott은 이런 유형의 실패를 '결핍(privation)' (1965b: 226)이라고 하였다. 이것은 그가 '성공 위에 놓인 실패', 즉 '이전에 충분히 좋은 환경이 있었지만, 아동이 실제 박탈을 지각할 수 있을 때에 이것이 멈추어 버린 것'을 기술하기 위해 사용한 '박탈' (1965b: 226)과 구분된다. 그 혹은 그녀는 우울과 비통합의 원인이 내적인 것이 아닌 외적인 것이라는 것을 알았고, 이것이 모든 차이를 만들어 낸다. 왜냐하면 아동은 '새로운 환경의 제공에 의한 치유'를 찾기 때문이다(1975: 313). Winnicott이 박탈과 관련시킨 특정한 형태의 행동은 반사회적 성향이다(그의 반사회적 행동에 대한 집중에서 시사하듯이, 반사회적 행동이 박탈에 대한 유일한 행동은 아닐 수 있지만). 그가 강조한 이것은 '진단이 아니다.' (1975: 308) 그것은 아동(혹은 성인)이 누군가에게 자신의 환경 관리에 주의하는 것이 필요하다고 주목을 끄는 것으로, 오히려 희망 기간의 신호다. 반사회적 성향은 (그는 두 가지 주요 예로, 훔치기와 파괴적 행동을 들었다) 정상적인 개인에게서도 발견할 수 있고, 신경증적이거나 정신병적인 사람에게서도 발견할 수 있다. 그는 혼란스럽게 또 다른 맥락에서는 반사회적 행동을 '이 둘 사이[신경증 또는 정신병]에 있는 것'으로 분류하였다(1965b: 138). 정신-신경증과 정신병의 이런 다른 범주들과는 달리, 반사회적 성향은 정신분석에 의해 치료되는 것이 아니라, 아동 돌봄을 제공하는 것에 의해 치료될 수 있는데, 아동은 그러한 아동 돌봄의 제공을 재발견하여 원초아 충동들을 실험할 수 있다(1975: 315).

그 외에도 Winnicott은 안절부절못함과 섭식 문제 같은 특정한 증상뿐 아니라 퇴행, 조증 방어, 해리, 탈통합, 성격 장애, 공격성과 같은 정신병리의 다른 특징들을 탐색하였다 (1965b와 1975에서 다양한 논문을 볼 수 있다.). 이것과 다른 임상적 상황에 대한 그의 접근의 몇 가지 측면들을 3장에서 더 기술하였다.

요 약

Winnicott의 성숙 과정과 촉진적 환경에 대한 이론을 통해서, 아동의 성장과 효과적인 치료 과정 간의 유사점 그리고 부모와 치료자의 역할 간의 유사점을 발견하는 것은 어려운 일이 아니다. 어머니처럼 치료자는 안전한 경계를 가진 공간을 제공하고, 이 공간에서 관계의 신뢰를 경험할 수 있다. 일차적 모성 몰두는 치료 시간 동안 치료자의 의도가 될 수 있다. 내담자가 취하고, 허용하며, 원하는 것에 민감하게 적응하는 것은 유사하게 과정의 본질적인 부분이다. 어머니처럼 치료자는 점차적으로 내담자의 내적 세계와 외적 세계가 충돌하여, '적은 양으로' 경험하는 것을 허용하는 데, 필요할 때면 너무 많은 것으로부터 보호하고, 필요하면 접근을 격려한다. 발달은 오로지 내담자의 속도에 맞춰 나가야 한다. 치료자는 다시 자신이 주는 것에 주의를 기울여야 한다. 내담자가 자기 자신을 스스로 발견해 가는 것이 훨씬 더 좋다. 해석은 내담자로부터 나와야 하며, 내담자는 자신이 그것을 만들어 냈다고 느껴야 한다. Winnicott이 한 상황에 대해 서술한 대로 '이번 회기에서 나의 내담자에게 이런 관련성을 이야기해 주는 것은 내 일이 아니다. 왜냐하면 내담자는 본질적으로 스스로 발견해 나가는 중이고, 이러한 상황에서 성급한 해석은 내담자의 창의성을 무시하며, 성숙 과정에 반한다는 면에서 외상이기 때문이다.' (1971a: 117)

그는 관련된 어려움을 결코 과소평가한 것이 아니다. 그러나 내담자가 병들었을 때뿐만 아니라(그는 항상 퇴행과 반사회적 성향을 희망의 신호로 본다), 치료의 교정 경험을 하고 있을 때에도 항상 희망의 메시지가 있다. 좋은 치료 기법은 이것을 제공할지 모른다. '내담자의 분석에서 그는 처음으로 타인으로부터 완전한 주의를 받게 되고, 객관적일 수 있는 사람과 처음으로 접촉할 수 있다.' (1965b: 258) 그럼에도 교정 경험은 결코 충분한 것이 아니다. 그것은 내담자가 치료자를 증오할 수 있고, 본래의 환경적 실패를 전이 속으로 가져오게 할 수 있는 실패, 즉 '아주 작은 실패' 다. 앞에서 지적한 대로, 치료자의 생존은 아동과 청소년기 발달에서의 부모의 생존만큼 중요하다. '결국 우리가 실패함으로써 성공할지라도'(1965b: 258) 이것은 또다시 Winnicott이 말한 대로 부모화에서 필수적인 것과 유사하다. 그것은 사실상 오히려 교정 경험의 다른 사례를 제공한다. 왜냐하면 이번에도 우리가 확신할 수 없는 어떤 이유로, 우리의 실패가 내담자의 발달을 도와주기 때문이다.

어떤 측면에서는 치료 그 자체가 중간 현상일 수 있지만, 치료에서 어떤 것이 중간 대상과 유사한지는 확실하게 말할 수 없다. 치료가 잠재 공간을 위한 기회를 제공하지만, 치료가 '잠재 공간'의 자격을 가지고 있는지는 의심스럽다. 치료는 놀 수 있고, 환상을 창조하며, 탈환상을 통해 새로운 지각과 현실에 근접할 수 있는 공간을 제공한다. 비록 동시에 치료가 놀이는 아니다. 과도한 감정을 느끼거나 표현할 때 놀이는 확실히 가능하지 않고, (순수한 의미에서의) 놀이의 심상은 종종 냉혹하고 심지어 지루한 치료의 현실보다는 더 낭만적인 공상일 수 있다. 치료는 희망적으로 거짓 자기로부터 해방된 어떤 쉼에 이르게 하고 덜 순응적이고 더 통합된 개인적 핵심의 발달에 이르게 한다. Winnicott은 '내담자가 거짓 자기에서 참 자기로 조작의 주요 위치를 전환'시킬 수 있게 하는, '충분히 좋은 적응'의 이런 과제가 힘들다는 것을 알고 있었다. '결국 분석가는 내담자의 자연적인 어

머니가 될 수 없다.' (1975: 298-299)

이러한 중요한 차이에도 불구하고, 성숙을 촉진하는 데 있어서 어머니와 치료자의 유사성은 명백하다. 이러한 내용은 다음 장에서 Winnicott이 정신분석가이자 소아과의사로서 겪은 자신과 다른 사람들의 경험으로부터 나온 것들을 상세히 검토하면서 더 명확해질 것이다.

3 치료에서의 주요 공헌

소아과의사이자 정신분석가

Winnicott의 논문들에서는 이론의 발달에 대한 자신의 공헌이 광범위하고 깊이 있는 임상 경험에서 나온다고 설명하고 있다. 그는 『놀이와 현실(*Playing and Reality*)』(1971a)의 감사의 글에서 '나를 가르쳐 주기 위해 돈을 지불한 나의 내담자들에게'라고 언급하고 있다. Winnicott은 이 책의 도입부에서 '아기들을 직접 임상적으로 관찰한 것이…… 내가 이론으로 세운 모든 것의 기초가 되었다.' 라고 적고 있다 (1971a: xiii). 비슷하게, 그의 『논문집: 소아과학을 통한 정신분석(*Collected Papers: Through Paediatrics to Psycho-Analysis*)』의 서문에서는 자신의 공헌을 '나의 임상적 작업

과정 중에 생겨난 생각들을 검증해 본 것'이라고 기술하고 있다(1975: ix). 많은 논문이 있지만, 그중 책으로 출판된 것은 절반을 조금 넘는 정도다. 이는 그의 우선순위가 어디에 있었는지를 알려 주는 것이다. Winnicott은 출판될 수 있었던 그의 저술 작업보다 그의 내담자들에게, 학생들과 동료들에게, 그리고 여러 분야의 전문가들을 포함한 회의에서 강연하는 데에 헌신하였다.

그의 저술은 생동감이 있다. 부분적으로는 그의 방식이 즉흥성을 가지고 있고 또한 그의 상담으로부터 나온 사례들이 풍부했기 때문이다. Winnicott에 대해 저술한 많은 사람들은 그의 경험—특히 아동들과—의 순수한 양을 지적한다. 스스로 말하기를 그는 내과의사이자 정신과의사로서 첫 25년간 2만 건의 사례를 개인적으로 받았다고 하였다(1965a: 160n). *The Piggle*의 편집장은 40년 동안 6만 명의 어머니와 아동들을 만났다고 이야기한다(1980: xii). Winnicott은 몇 백 건의 개인 심리치료를 하였다고 덧붙였다(1965b: 115). 이는 활용할 수 있는 자료를 엄청나게 축적한 것이다.

그렇지만 그의 관찰의 특정 원천을 명심해야 한다. 대부분의 시간에 Winnicott은 어머니와 아기, 아동, 청소년에 대해 저술하였다. 그는 또한 퇴행한 내담자들에 대해 강하게 기술하였는데, 외상적(그리고 긍정적)인 유아기 및 아동기의 경험을 거친 성인이 퇴행한 내담자들과 많은 부분에서 명백히 같은 현상을 가지고 있음을 많이 언급하였다. 우리는 그의 치료 중 얼마만큼이 그가 일했던 맥락에 특정적인지 질문해 보아야 한다. 우리는 (검증하지 않은 채) 그의 저술들이 고전적으로 내담자의 '정신병' 요소보다 '신경증' 요소를 작업하는 것으로 정의된 치료의 주된 부분에 적용될 수 있다는 가정을 만들면 안 된다. 우리가 해야 할 주요한 질문 중 하나는 이것이다. Winnicott의 기술 중 몇몇 측면은 그가 다루어야만 했던 매우 심각한 상황들의 일부에만 적용 가능한 것인가? 혹은 그가 상담과 치료를 위한 새로운 이정표를 일반적으로 차려 놓은 것인가? 이런 좀 더 극단적인 상황에서도 Winnicott은 한 번에 한 명의 내담자와 작업하도록 준비했음을 명심해야 한다. 그가 '내담자들을 줄 세워서 때로는 [완전한 퇴행] 상태까지 들어가게 한 후 한 명이 이를 작업하게 하고 그 방식으로는 더 필요하지 않을 때까지 다른 사람을 기다리게 하는 것'에 대해 어떻게 말했는지는 거의 알려지지 않았다(1990: 47-48). 그를 모방하려고 시도하는 사람들에게 주는 이러한 특정한 경고에도 불구하고, 이 장의 많은 사례에서 나타난 것처럼 Winnicott은 치료적 상호작용에서 보통 정신분석의 맥락에서는 익숙하지 않은, 자발적이고 열려 있으며 게다가 노골적인 방법을 사용한 것 또한 명백하다.

이러한 치료에서의 Winnicott의 모습을 알아가려고 할 때, 그의 동료들과 내담자들에게서 직접적인 증거를 얻을 수 있다는 면에서 우리는 운이 좋다. 또한 우리는 Winnicott의 논문에 있던 그 자신의 짧은 사례들과 때때로 좀 더 광범위한 기술도 가지고 있다. Margaret Little은 그와 함께했던 자신의 분석에 대해서 감동적으로 적었다. 그녀는 6년 동안 지속적으로 함께 분석하였고, 정신병적 문제에 대해서 그의 방식을 가장 완전하게 묘사하고 있다(Little, 1985, 1990. 후자는 전자에서 더 보충한 재판본이다.). 우리는 또한 운 좋게도 Guntrip이 Fairbairn과의 첫 번째 분석을 한 후 Winnicott과 실시한 두 번째 분석에 대한 Guntrip의 설명을 가지고 있다(Guntrip, 1975). Winnicott 스스로도 자신의 첫 번째 책인 『아동기 장애에 대한 임상 노트(*Clinical Notes on Disorders of Childhood*)』(1931)와 스스로 준비한 것 중에 마지막인 것들 중 하나인 『아동 정신의학의 치료적 자문(*Therapeutic Consultations in Child Psychiatry*)』(1971b)을 포함하여 출판을 위해 다양한 사례 노트를 썼다. 두 책 모두 한 소녀의 정신분석적 치료에 대한 것으로 사후에 출판된 *The Piggle*(1980)처럼 그가 아동·청소년들과 작업한 것을 다루고 있다. Winnicott이 성인 내담자를 분석한 것에 대한 가장 완전한 설명은 「철수와 퇴행(Withdrawal and Regression)」이라는 짧은 논문에서 먼저 다루어졌지만, 그 이후 출판된 『버터 주기와 해석: 분석의 단편(*Holding and*

Interpretation: Fragment of an Analysis)』(1989a)에서 더욱 광범위하게 다루어지고 있다.

내가 주로 다루는 설명들은 첫째로는 소아과의사이자 아동분석가로서의 그의 작업들의 주요 측면들이고, 둘째로는 역전이 속의 미움을 알아차리는 것의 중요성을 포함해서 깊이 퇴행한 내담자들에 대한 그의 적용 방식을 살펴보는 것, 셋째로는 덜 심각한 성인 내담자들에 대한 그의 치료에서 몇 가지 특징을 뽑아내는 것이다. 또한 슈퍼바이저와 선생님으로서의 그의 일면을 짧게 언급할 것이다. Winnicott의 전문적인 다른 영역, 제2차 세계대전 때의 피난민이나 거주보호를 받는 특별한 상황(Winnicott, 1984)의 아동과 청소년에 대한 것들을 무시하면 안 되지만, 지면상 이러한 상황은 한두 사례에서만 언급한다. 5장에서 다른 보호 직군에 끼친 그의 영향력을 보면서 이러한 측면에서의 그의 전문성을 좀 더 다룰 것이다.

아동과의 작업

Masud Khan은 1949년에 Paddington Green 진료소에서 Winnicott을 처음 만났을 때를 다음과 같이 묘사하고 있다.

그는 다섯 명의 아이들과 함께 있었다. 모두 그림을 그리거나 혹은 그와 함께 그가 낙서라고 부르는 것을 하고 있었고, 아이들의 부모도 함께 있었다. Winnicott은 아동들 사이를 돌아다니면서 특정 아동의 부모와 이야기를 하다가 돌아오곤 하였다. 나는 이를 두 시간 동안 지켜보았다(Clancier & Kalmanovitch, 1987: xvi-xvii).

John Davis 교수는 자신이 후배 의사일 때 Paddington Green 병원에 있는 Winnicott의 외래 내담자 진료소에서 처음으로 자신의 슈퍼바이저이자 소아과 전문의인 Winnicott을 알게 되었을 때를 회상한다. 이는 영국에서 국민건강보험(National Health Service)이 생겨나기 전이었다. 이는 '내가 예전에 가 본 어떤 곳과도 달랐지만, 나중에 소위 제3세계라고 불리는 곳에서 거의 같은 방식으로 작업하는 동료들을 만날 수 있었다.' (Davis, 1993) (Winnicott이 아래에서 언급한 자신의 치료환경에 대해서 기술한 1941년의 논문에서는, 이러한 설명과 다르게 되어 있다. 비록 논문을 쓴 것은 그보다 몇 년 전이었으므로 그의 치료가 Davis나 Khan이 그를 처음 봤을 때보다 조금 바뀌었을 수도 있지만), Davis는 요즘의 보통 병원들처럼 분리된 방이 아니었던 환경에서 Winnicott이 내담자들을 보면서 그들 사이를 돌아다니던, 가족들로 가득 찬 큰 대기실을 생생하게 그려 낸다. 그는 주로 특정한 내담자들을 다루면서 같은 시간에 다른 가족들을 기록할 수 있었다.

'그는 꼼꼼히 병력을 알아보았고, 빈틈없는 신체검사를 하였으며(그는 내담자들을 만지는 것을 좋아했으며 이를 진단적일 뿐아니라 치료적인 것으로 여겼다), 계속 훌륭한 기록을 하였다.'(Davis, 1993) 여기서 괄호 안의 부분은 중요하다. Winnicott은 어떤 면에서는 이러한 맥락 속에서 아버지보다는 어머니에 더 가까운 방식을 보인다(그리고 아마도 다른 곳에서도 모성전이(maternal transference)로 알려진 것의 매력을 보일 것이다.). 물론 그가 자신의 환아들을 만지면서 느끼는 기쁨은 완전히 여성적인 특질로 여겨져서도 안 되며, 후에 너무 많은 의심을 가지고 한 남자의 아동으로부터 즐거움을 얻는 병리적인 것으로 취급되어서도 안 된다. 그럼에도 Winnicott에 대해서는 그가 자신 안의 '남성성' 만큼 '여성성' 과도 편안했다는 말이 있다(이러한 단어들은 이상적이진 않다. 그리고 이 단어들은 어쨌든 의심의 여지가 있다. 실제로 그의 성에 대한 거의 유일한 글(1971a: 72-84)은 그 안에서 여성성과 남성성이 모두 표현된다는 나의 제안을 지지한다.). 한 기고가가 나에게 말했듯이, 만약 그와 전화로 이야기한다면 어조를 통해서는 그가 여성인지 남성인지 확신이 안 설 수 있다. 내가 이 사소한 항목을 포함하는 것은(그리고 1장에서 언급했던 것처럼, 그의 약함에 대한 의문점은 그 자신의 분석에서 나타났다고 회상한다), 그를 정신분석하려는 시도가 아니라, 그 안에 어떤 감각이 아주 잘 발달되었는지에 주의해서(부분적으로는 신체적으로도 나타난 것인가?) 얼마나 그가 어머니와 아기의 경험에 들어갈 수 있었는지 알 아차릴 수 있도록 하기 위함이다.

Winnicott의 사망기사와 송덕문(1장에서 간략하게 언급했음)에서 Peter Tizard 경은 Winnicott이 아동에 있어서 가장 놀라운 힘을 가졌다고 말하였다. 그는 Winnicott이 어떤 덴마크인 가족을 몇 년의 간격을 두고 두 번째로 방문하기로 했던 일화를 자세히 이야기하였다. 그 아이들은 Winnicott을 만날 것이라는 데 들떠 있었고, 그가 자신들과 어떻게 놀았는지, 그가 얼마나 자신들의 언어(덴마크어)를 잘했는지 기억하였다. Winnicott은 덴마크어를 한 마디도 할 수 없었기 때문에 아이들의 아버지는 그들의 기억이 잘못된 것이라고 납득시키는 데 어려움을 겪었다(Tizard, 1971).

Winnicott이 아동과 하는 자신의 작업을 '기법'이라고 부르는 것을 걱정하였다는 사실은 그러한 작업에 대한 그의 재능을 두고 봤을 때 놀라운 것이 아니다. '어떠한 두 개의 사례도 서로 같지 않고, 직설적인 정신분석적 치료일 때보다 치료자와 내담자 간일 때 상호교환이 훨씬 더 자유롭다.' (1971b: 1) 그는 비록 『소아정신의학에서의 치료적 자문 (*Therapeutic Consultations in Child Psychiatry*)』(1971b)의 서문에서 작업 그 자체는 정신분석이 아니라고 믿는다고 저술하였지만, 정신분석을 아동정신의학에 적용할 수 있다는 것을 확신하였고, 그것이 그의 작업의 기초였다. 한편, 그는 다른 곳에서 정신분석을 통해 아동을 다루는 것을 저술하기도 하였다(*The Piggle*에 나오는 소녀가 한 예다.). 그는 '[정신의학, 심리치료 그리고 정신분석 간의] 경계는 너무 모호해서 내가 확실하게 할 수가 없다.' 고 서술하고 있다(1965b: 115). 그는 회기의 형식적 배열보다는 자신이 전이와 무의식으로 무엇을 했는지에 더 관심을 가졌다.

Winnicott은 기법이라는 표현을 좋아하지 않았지만, 그럼에도 아동과의 작업에서 놀이를 통해 아동과의 관계를 촉진하는 특정한 방법(혀누르개 놀이와 선긋기와 같은 특별한 종류의 놀이를 포함하는)들을 개발하였다. 또한 놀이는 아동을 더 깊게 이해할 수 있는 가능성을 제공하였다. 놀이는 소통의 주된 방법이었다. 그는 무엇보다도 아동이 경험을 즐기기를 원하였지만, 또한 부분적으로 '놀이에서 의미를 얻기' 를 바랐다(1980: 175). 그는 놀이 이론의 많은 다른 차원들을 '신나고 불확실한' 것으로 요약한다(1971a: 51-52).

혀누르개(Spatula, 압설기) 놀이

Winnicott의 상세한 관찰에 대한 재능은 이미 언급했다. 이는 그의 논문인 「설정된 상황 내에서의 유아 관찰(The Observation of Infants in a Set Situation)」(1975: 52-69). 이

절의 참고문헌은 따로 명시하지 않는 이상 모두 이 논문이다. 또한 그의 비슷한 주제의 나중 논문도 보라. 1965b, 109-114)에서 가장 명확한 증거를 보여 준다.

'설정된 상황'은 Winnicott의 진료소이며, 이곳은 그가 '어머니와 그녀의 아이가 나에게 오기 위해 문에서부터 방의 반대쪽 끝으로 오는 동안에 정말 많은 것을 볼 수 있고 행할 수 있기' 때문에 고른 '꽤 큰 방'이다. 구간과 공간은 또한 Winnicott에게 어머니와 아동과 대면 접촉을 할 수 있는 시간을 주었다. 이 예에서 아동은 5개월에서 13개월 사이였는데, 이 시기가 지나면 아동은 이 특정한 놀이에 관심을 가지지 않게 된다.

관습적으로 Winnicott은 빛나는 쇠로 된 혀누르개를 아동의 손이 충분히 닿을 수 있는 탁자의 가장자리에 놓는다. 비록 Winnicott이 자신과 어머니는 얼마 동안 '상황에 가능한 한 조금 관여하고, 그래서 일어나는 일들이 꽤 아동의 뜻에 따를 수 있게' 해야 한다고 설명해 주기도 하지만, 어머니들은 종종 직관적으로 왜 이렇게 하는지 안다. 그는 인정 혹은 불인정의 표정이나 단어로 아동에게 영향을 주고 싶어 하지 않았다. 어떤 방문자든 치료 중인 그를 보고 싶어 한 사람들에게는 이러한 규칙을 받아들여서 상황을 복잡하게 하지 않도록 특별히 주의를 주어야 했다. 말할 필요도 없이, 어떤 예들에서는 어머니가 스스로 불안해하고(예를 들면,

혀누르개를 집어들기 원하는 아동을 보면서), 자신의 아기와의 관계에 대해 Winnicott에게 몇 가지 단서를 주면서 감정을 나타낼 수도 있다.

혀누르개는 아기를 유인한다. 이것은 빛나고, 탁자 위에서 흔들리기까지 할 수 있다. 그리고 Winnicott이 정상이라고 기술하는 사건의 순서를 따른다. 물론 아기들 간의 변화들은, 그에게 아기의 특정한 심리적 상태를 알려 줄 수 있고, 그가 놀이에서 더 흥미 있어 하는 것 또한 운동 발달의 조짐보다는 심리 발달이다. 첫 단계는 아기가 혀누르개를 만지는 것으로, 그리고는 기다리거나 자신의 손을 움츠리는 것이다(Winnicott은 특정한 사례를 기술할 때를 제외하고는 항상 남자 명사 혹은 대명사를 사용하였다.). 그리고 아기는 이 대상에 가진 자신의 흥미에 대한 반응을 보기 위해 어머니와 Winnicott을 쳐다본다. Winnicott은 이를 '망설임의 기간'이라고 부른다. 아기의 몸은 정지되어 있지만 경직되어 있지는 않다. 아기를 안심시켜 주는 어떤 것도 주어지지 않고, 점진적으로 이 아기의 흥미는 혀누르개로 돌아간다. 그다음에 '아기는 자신의 감정을 발전시킬 만큼 충분히 용감해지고 그리고 나면 장면이 꽤 빠르게 변화한다.' 두 번째 단계에서는 아기의 입과 혀에 신체적 변화가 오고 침이 나오기 시작한다. 혀누르개는 그의 입으로 들어가고 씹힌다. '기대와 고요 대신 이제 자신감을 발달시킨다.' 이 혀누르개는 이제 아기의 소유다. 아기는 이것을 자신이 할 수 있는 만큼 큰 소리를 내면서 탕 칠 수도 있고, 혹은 Winnicott이나 어머니의 입으로 이것을 들어 올릴 수도 있다(만약 이들이 그것으로 뭔가 받아먹는 것처럼 시늉해 주면 아동은 신이 난다. '그는 확실히 우리가 받아먹는 것처럼 놀기를 원한다. 그리고 만약 우리가 그것을 받아서 우리의 입에 넣어서 놀이를 망칠 만큼 멍청하면 속상해한다.').

세 번째 단계는 아기가 '마치 실수인 것처럼' 혀누르개를 놓치는 것이다. 만약 그것을 다시 아기에게 주면 기뻐하고, 그리고 이번에는 전보다 더 실수처럼 보이지 않게 그것을 다시 떨어뜨린다. 이 단계의 마지막은 아기가 혀누르개와 함께 바닥에 엎드리거나, 혹은 놀이가 지겨워질 때다.

혀누르개 놀이는 비록 부분적으로는 진단적 도구이지만, 아동의 심리 상태와 어머니와 아기 사이의 관계 둘 다에 단서를 제공해 주면서 그 이상의 것이 된다. Madeleine Davis는 이 놀이를 Winnicott이 의학적 모델에서 정신분석적 모델, 즉 '진단과 치료는 궁극적으로 둘 다 자기를 찾는 것을 포함하고 있기 때문에 분리될 수 없다.'로의 변화로 보았다(Davis, 1993: 55). Winnicott은 논문에서 회기 중에 일어나는 여러 형태의 건강한 돌파를 반영하거나 일어나게 함으로써 이 놀이의 치료적 도구로서의 효율성에 대한 세 가지 예시를 보이고 있다. 한 예시에서, 그는 9개월 된 여아의 2주간의 병치레를 기술한다. 이 여아는 귀앓이에 이차적인 심리적 병이 같이 나타나 식욕을 잃고 집에서 물건들을 건드리는 행동을 완전히 중지하였다. Winnicott과의 상담에서 아기는 혀누르개를 보는 것만으로도 극도로 고통스러워하며 이를 밀어냈다. 그렇지만 회복의 마지막 단계에서 이 아기는 혀누르개에 대해 영향력을 행사하였고, '입에다 몰래 넣으려는 시도'를 하기도 하였으며, '어느 순간 혀누르개에 용감하게 맞서서 그걸 완전히 입에 넣고 침을 뚝뚝 흘렸다.' 이러한 변화는 결과적으로 아기가 아프기 전에 물건들을 만지고 입에 넣고 하는 등의 집에서의 변화를 나타나게 하였다.

만약 혀누르개가 Winnicott에게 있어 한 가지 종류의 전이 대상이라면, '소아과학을 통한 정신분석(through paediatrics to psychoanalysis)(처음에 수집된 논문들이 그렇게 불린 것처럼)', 그것은 또한 아동에게도 전이 대상이다. 비록 Winnicott은 정신분석적인 관습적 설명을 넘어서 혀누르개가 '생생함, 밥 주는 시간의 정확성, 신뢰성 등과 같은 어머니의 특질' 또한 의미한다고 제안하는 쪽으로 이동하고 있지만, 그것은 가슴 혹은 남근의 상징일 수 있다(이것이 어머니나 아버지 중 어느 쪽과 더 연관이 있는지에 따라서). 그것은 부분 대상일 뿐 아니라 전체 사람으로서의 다른 사람들도 의미한다. 무엇보다도 이것은 아기와 타인들—외적 세계의 객관적 어머니와 아기의 주관적 마음에 있는 대응물인 내현화된 어머니 둘 다—간의 관계를 나타낸다. 그리고 이 놀이는 또한 때때로 어머니와 Winnicott 간의 관계에 대한 아기의 지각을 반영하고, 어머니와 Winnicott은 아버지와 어머니를 상징한다. 허누르개 놀이를 통해(그리고 물론 집에서의 다른 놀이들을 통해) '아동은 사물, 자신 내부의 사람들 및 외부 사람들과 관계를 바꾼다.'

선긋기

조금 더 나이가 많은 아동과의 상담(이 역시 그의 진료소에서)에서 Winnicott은 또 다른 놀이를 개발하였다. 선긋기 놀이의 가장 완전한 묘사들은 21개월에서 16세까지의 아동 및 청소년에 대한 일련의 사례 연구인『소아정신의학에서의 치료적 자문』(1971b)에 있다. 그가 선긋기를 사용한 내담자 중 가장 어린 아동은 5세였다. 진단적 그리고 치료적 도구로서의 선긋기의 중요성과는 별개로, Winnicott이 부모와 상호작용을 사용한 것은 사례 기술에서 특히 가치있는 부분이다. 'Alfred'의 사례는 이 놀이와, 이 놀이의 사용, 그리고 부모와의 면담을 치료와 결합시키는 것에 대해 명확히 요약하고 있다. 이 절의 모든 참고문헌은 따로 언급하지 않는 이상 이 사례다(1971b: 110-126).

이 사례에서 Winnicott은 자신과 자신의 어린 내담자 사이에 있는 탁자 위에 종이를 놓았다. 그는 자신이 처음에 불

규칙한 곡선(자유롭게 흘러가는 이어진 선)을 하나 그리면, 아동이 그것을 다른 것으로 바꾸는 게임을 제안하였다. 그리고 아동이 곡선을 하나 그리면 Winnicott이 이를 '다른 것으로 만들고, 그렇게 놀이가 진행된다. 규칙이 없는 게임이다.'

Alfred는 열 살이었다. Winnicott은 이후의 약속을 잡기 위해 그의 어머니를 단 한 번 만났던 것처럼, Alfred도 단 한 번 보았다. Alfred는 말더듬증 때문에 왔고 이 문제는 치유되지 않았으나, 선긋기 놀이는 그 문제에 빛을 비추었다. Winnicott은 Alfred 어머니의 허락을 먼저 받았다. 그와 작업할 시간은 70분밖에 없었다. Winnicott이 Alfred의 아버지와 아버지의 일에 대해 초기에 질문을 하자 Alfred는 말더듬을 하기 시작했다. 그래서 Winnicott은 그림을 그리는 작업으로 돌아왔고, 나머지 시간 동안은 실질적으로 말더듬기 없이 시간이 지나갔다.

Alfred는 Winnicott의 첫 곡선을 얼굴로 만들었다. '나는 그가 이러한 다소 의도적인 작업을 하는 동안 매번 그가 자신의 숨에서 조금씩 노력하는 숨을 내쉬는 것을 알아차렸다……. 결국 나는 이에 대해서 그와 이야기를 나누었고 이것이 주요한 특징(고딕체는 Winnicott이 이탤릭체로 언급한 것)으로 밝혀졌다.' Winnicott은 Alfred의 곡선을 한 남자의 나비넥타이로 만들었다. Alfred는 Winnicott의 두 번째 곡선을 두 개의 풍선으로 만들면서, 비록 이것의 의미는 아직 확실치 않지만

"이게 제가 할 수 있는 전부예요."라고 마치 Winnicott이 그에게 더 많은 것을 기대했던 것처럼 말했다. 두 개 정도의 곡선을 더 그리면서 Alfred는 편안해졌고, Winnicott이 자신의 세 번째 곡선을 길 표지판, '일종의 초자아 상징'으로 바꾸었을 때 '다소 기뻐하였다.' Winnicott은 자신이 선을 의도적으로 변화시키지 않았으며, 선을 보면서 자신에게 떠오르는 것에만 기초하여 선을 변환시키는 것을 관찰하였다. 치료자는 어린 내담자와 같이, 어디든 무의식이 이끄는 곳으로 따라간다.

그가 설명하듯, 놀이의 목적 중 하나는 아동을 편안하게 하려는 것이고, 아동의 환상과 꿈에 닿게 하려는 것이다. Winnicott은 Alfred에게 꿈에 대해 이야기하기 시작하였고, 이로 인해 흥분된 반응이 일어났다. 이 남자아이가 자신의 오른손으로 곡선을 그린 것을(이 아동은 원래 왼손잡이였다) Winnicott이 마녀로 바꾸었다. Winnicott은 자신이 아동에게 영향을 주면 안 되기 때문에 Alfred가 마녀에 대한 꿈에 대해서 이야기하는 몇 분 간 당황하였지만, 그는 이 아동이 그러한 상황이 아니라는 것에 안심하였다. 그리고 아동이 마녀 꿈을 꾸었을 당시의 과거에 대한 그림과 꿈 그리고 이야기가 뒤따랐다. 이때는 Alfred가 여섯 살 반 때, 그의 아버지가 새 일을 하기로 해서 가족이 이사를 갔던 때와 일치했다. Winnicott은 Alfred가 알고 있는 그의 '숨쉴 때 긴장하는 것 …… 그의 숨에서 애쓰는 것'에 대해 또한 언급하였다. 그러자 그는 자신의 말더듬—또 다른 '열심히 애쓰는 것'의 예시이며 말할 때 애써야 하는 것—에 대해 이야기하였다. 그는 학교에서도 비슷하게 열심히 애쓰고 있었다. Winnicott은 이를 현재의 배설물과 연결시켰는데, '우리는 이에 대해 공통의 언어를 얻는 데 오랜 시간이 걸렸다. '똥'이라는 단어는 좋지 않다. 궁극적으로 우리는 '화장실에 가라.'는 가정에서 쓰는 용어(family term)에 도달하였다.' Alfred는 열심히 애쓰는 것을 멈추고 싶다고 말했고, 그 자신이 선을 끈으로 둘러싸인 바이올린 케이스를 들고 있는 한 남자로 바꾸었다. 그의 아버지는 바이올린 연주를 하였다.

시간이 다 되었고 Winnicott은 Alfred의 어머니를 만났다. 그는 어머니에게 "이 아이가 여섯 살 반 때 무슨 일이 있었는지 알아야 될 것 같습니다."라고 말하였다. 이에 대해 어머니는 "아이가 그때 아버지가 신경쇠약이었다는 것을 이야기했나요? 보시다시피, 애 아버지는 새 직장이 고됐고, 성공하기 위해 지독한 노력에 사로잡혀 있었죠."라고 말하였다. 3분의 시간이 남았기 때문에 그는 Alfred를 다시 보기를 요청했고 그에게 어머니와 방금 했던 대화에 대해서 이야기해 주었다. 그가 Alfred에게 아버지의 신경쇠약을 기억하는지 물어보자, Alfred는 되새겨 보다가, 완전히 잊어버리고 있었다고 얘기하였다. 그렇지만 그는 또한 '한없이 안도한' 듯 보였다. Winnicott은 말하였다. "너는 네가 항상 애쓰고 있다는 걸 알고 있었지. 그렇게 하는 게 노력하려는 자신의 욕구 때문만은 아니었지. 그리고 네가 애쓰지 않으면 오히려 일들이 더 잘 된다고 나에게 말했지. 그러나 너는 너의 아버지의 이야기에 대해서 열심히 애쓰고 있었어. 그리고 너는 아직도 아버지의 일에 대한 걱정으로부터 아버지를 치료하기 위해서 애쓰고 있어……. 그러한 밀어붙이기 그리고 애쓰는 것이 너의 일과 네가 말하는 것을 방해하고 있고, 그게 너를 말더듬게 한단다."

Winnicott은 이 사례 연구의 도입부에서 Alfred와의 상담이 비록 확실히 편안하게는 하였지만 말더듬을 고치지는 않았음을 명확하게 하였다. 이 면담이 있은 지 2달 후에, Winnicott은 Alfred의 어머니를 1시간 동안 만나 보았고, Alfred가 발달 중 항문기에서 보여 온 강박 행동들을 더 알게 되었다. 어머니는 계속적으로 그에게 긴장을 늦추라고 얘기해 왔다. 그렇지만 말더듬은 그의 아버지가 우울 때문에 입원했을 즈음에 시작되었다. 어머니는 호전을 보고하였다. 그녀는 Alfred가 면담에 잘 반응하였다고 하였다. 그는 떠나면서 어머니에게 아버지가 아팠던 때를 완전히 잊고 있었다고 하였다. 그리고 몇 주 뒤에, 그는 Winnicott을 지칭하면서, "그 의사는 딱 들어맞아요."라고 이야기하였다. 그의 어머니도 Alfred가 상담하러 오기 일주일 전부터 어떻게 호전되기 시작했는지 보고하였다. "실제로는, 당신을 보러 가기로 한 것을 알기 시작한 순간부터 시작된 거예요." Winnicott은 "어머니나 아버지가 희망 없는 방황에서 희망을 가지게 되는 변화와 증상적 호전의 관련은 꽤 보편적인 것입니다."라고 설명하였다. 『치료적 자문(*Therapeutic Consultations*)』의 다른 사례 연구들에서는 부모와 동시에 작업하는 것의 중요성을 비슷하게 묘사하고 있다. 예를 들어 한 사례에서는, 한 어머니가 자신의 진짜 역할이 어머니-아동 커플에서 문제 있는 사람이라는 것을 받아들일 수 있게 해서 딸을 아픈 사람으로 이용하는 것을 중단할 수 있게 하였다(사례 XVIII, Mrs X). Piggle(아래에 있음)의 더 광범위한 사례 연구에서 이상한 것은 Winnicott이 이 소녀의 어머니가 진술한 불안과 형제 간의 경쟁의식에 대한 문제 및 딸에게 존재하는 문제 간의 연결을 기록하지 않았다는 것이다. 이 사례에서는, 그의 병원 진료소에서처럼, 그의 부모와의 접촉(같은 시간 혹은 따로 면접)이 한때 슈퍼바이저였던 Melanie Klein(한때 그의 슈퍼바이저였으며, 상담에서 부모들은 배제시킬 것을 요구하는 기법을 사용하였고 실제로 부모들은 외적 현실보다는 주요한 내적 대상으로 여겨지기 때문에 치료 자체에서도 제외되었다)과 두드러진 차이를 보였다.

Winnicott은 부가적으로 Alfred의 사례에서, 부모의 문제가 어떻게 아동에게 작용할 수 있는지, 그래서 아동이 부모의 병리를 부모 대신에 지고 있음을 증명한다—이는 어머니와 아버지(어머니/아버지)를 봐야 하는 또 다른 결정적인 이유다. 처음부터 끝까지 오로지 아동만의 창작물인 Alfred가 그린 마지막 곡선은 이 아동의 증상들이 얼마나 타인의 염려를 반영할 수 있는지 잘 묘사하고 있다. 이는 아버지와 바이올린에 끈이 감겨져 있었던 곡선을 통해서 그가 마치 아버지는 그의 음악적 흥미를 개발시킬 수 없었다는 말을 하는 것과 같았다. 만약 Alfred가 끈을 풀 수 있었다면, 아버지는 창의적이고 더 깊은 자기와 접촉할 수 있었을 것이다. 만약 아버지가 더 행복했다면, Alfred는 밀어붙이고 긴장하는 것을 그만둘 수 있었을 것이다. Winnicott은 그 당시에는 이 모든 것을 알아차리지 못하였지만, 나중에는 이해하게 되었다. 실제로 이는 '많은 영향을 끼쳤던 아버지의 병에 대한 기억의 복구'를 도왔다. 그리고 만약 7년 후의 추수에서 Alfred가 잘 균형 잡힌 젊은 청년으로 나타난다면, Winnicott은 그 아동이 스스로 했던 역할에 대해 현실적이었던 것이다. '물론 내가 그 한 번의 면접이 그 모든 것을 만들어 냈다고 주장하는 것은 아니다. 이는 이 아동의 성장 과정과 가족의 제공, 관리의 혼합물이다. 그렇지만 그가 나를 찾아왔을 때 그는 도움이 필요했고, 그는 도움을 받았다.'

Winnicott의 소아과 진료소에서의 마지막 사례는 그가 부모에게 부여한 주요한 역할을 더 잘 묘사하고 있다. '부모를 이용할 수 있다면 그들은 큰 효용성을 가지고 작업할 수 있으며, 특히 만약 치료가 필요한 모든 사람을 치료할 심리치료자의 수가 충분하지 않을 것이라는 점을 유의하고 있다면 더욱 그러하다.' (1965b: 157) Winnicott은 「끈: 소통의 기술 (String: a Technique of Communication)」(1965b: 153-157)이라는 논문에서 물건을 핥으려는 강박, 강박적인 목구멍 소리, 그리고 배변에 관한 문제들과 같은 일련의 증상 때문에 온 7세의 남자아이를 기록하고 있다. Winnicott은 부모를 통해 이 아동이 어머니로부터 여러 번의 분리를 경험했다는 것을 알았다. 이런 분리는 아동이 3세 때 경험했던 어머니의 임신, 수술로 인한 어머니의 입원, 어머니의 우울, 정신과 입원 등으로 인한 것이었다. Winnicott은 아동과 선긋기 놀이를 하면서, 자신이 그리는 거의 모든 것이 아동에 의해서 올가미, 채찍, 승마용 채찍, 요요 실, 매듭의 끈 등 끈과 관련한 무언가로 바뀌고 있음을 적고 있다. 그는 부모에게 아동의 끈에 대한 집착에 대해 물었다. 그들은 아동이 가구를 끈으로 묶어 놓으려고 하고, 최근에는 그의 여동생의 목에 끈을 감아 묶으려고 했다며 끈에 사로잡혀 있음을 확인해 주었다.

Winnicott의 기회는 제한되어 있었다. 그들이 거리 관계상 6개월에 한 번씩만 올 수 있었기 때문이었다. 그래서 그는 아동의 어머니에게 그녀의 아들이 분리에 대한 두려움에 걱정하고 있고, 끈을 사용해서 이를 부정하려 한다고 이야기하였다. 그녀는 이 설명에 대해서 회의적이었지만, Winnicott은 그녀에게 편한 시간에 아동에게 이 주제를 이야기하도록, '내가 말한 것을 그가 알도록 하고, 그다음에는 아동의 반응에 따라서 분리의 주제를 개발하도록' 요청하였다(1965b: 154-155).

6개월 뒤에 그는 그 가족을 다시 만났다. 비록 아동의 어머니는 이를 바보같다고 생각했지만, 분리의 주제를 아동에게 개방하였고, 아동이 어머니와의 관계에 대해서 이야기하기에 여념이 없음을 발견하였다. 그 대화 이후에 끈 놀이는 없어졌다. 비록 때때로 그 자체로 나타나기도 하였지만, 이는 분리의 두려움과 변함없이 관련되어 있었고, 그 걱정이 말로 표현될 수 있으면 멈추었다. 한 번은 (몇 년 뒤에) 아버지가 아동이 정원에서 끈에 묶인 채 마치 죽은 것처럼 연기하면서 거꾸로 매달려 있는 것을 알아차렸다. '이 아버지는 자신이 돌아보지 않아야 함을 깨달았다.' (1965b: 156) 아버지는 가까이에 머무른 채로 다른 일을 하면서 아동이 지겨워져 놀이를 중단할 때까지 30분쯤을 보냈다. Winnicott은 자신이 사회복지사들에게 내담자들이 괴상한 양상으로 행동할 때도 겁먹거나 죄책감에 사로잡히지 않아야 함을 조언하는 것을 연상시키는 어구로, "만약 그 상황을 함께 견디어 줄 수 있으면 그 위기는 스스로 풀어질 가능성이 있다."라고 하며 "그 것은 아버지의 불안 없음에 대한 큰 시험이었다."라고 설명하였다(1965b: 229). 이 사례에서, 비록 Winnicott은 자신이 '너무 늦기 바로 전에, 그것의 사용이 아직 희망을 가지고 있을 때' 어머니가 아동의 끈 사용에 대해서 다룰 수 있게 도와주었다고 믿었지만(1965b: 157), 그럼에도 그는 그 몰두가 도착으로 바뀔 수도 있다고 제시하고 있다.

소아과의사로서 그리고 아동치료자로서의 Winnicott의 창의성은 그가 차용한 혀누르개, 선긋기 그리고 마지막 예에서의 끈의 심상에서 볼 수 있다. 그러한 창의적인 치료적 태도에서 그는 물론 독특하지는 않다. Hobson(1985: 10-15)은 처음의 곡선으로부터 그림을 그려 나가는 것을 비슷하게 사용하였는데, 그의 사례에서는 그것이 의사소통을 하지 않는 난국을 돌파하기 위해서였다. 그리고 그도 또한 자신의 내담자들과의 상호작용을 묘사할 때 '놀이'와 '공간'이라는 단어들을 사용하였다. 그의 책에 있는 대화 치료에서의 그림 그리기의 예시들은 비슷해 보일 수 있지만, Hobson(1985: 283)은 자신이 당시에 Winnicott이 선긋기를 사용한 것을 알지 못하였다고 적고 있다. 이와 같은 Winnicott의 소통에 대한 단순하면서도 뜻 깊은 접근을 사용하는 능력은 Hobson이 적은 것에서 잘 드러나 있다. '심리치료자는 많은 다른 '언어-놀이'를 할 줄 알아야 한다.' (1985: 15)

Piggle의 사례

Winnicott의 기법의 적용을 보면, 어떤 사례 분석에서는 아동과의 분석을 정기적으로, 또 다른 때에는 요구가 있을 때 하였다. 때때로 단일 회기 그리고 때로는 자문을 더 자주 하였다. Piggle의 사례를 예로 들면, 30개월 동안 16번의 자문을 하였다. 이러한 융통성은 처음에 본 것보다 분석적 기법으로부터 덜 벗어난 것인데, 왜냐하면 그도 아동은 요청될 때 혹은 매일 보아야 한다고 말하고 있기 때문이다. '일주일에 한 번의 치료……는 가치가 있는지 의심스럽다.' (1980: 3) Winnicott은 분석 그 자체가 결과를 보이기 시작할 때 정상적인 발달 과정이 이어지기 때문에, 아동 분석은 절대로 완전할 수 없다고 설명한다. 처음의 호전은 분석의 결과일 수 있지만, 시간이 가면서 '임상적 호전과 정서 발달 간의, 즉 치료에서 작업된 것과 자유로운 성숙 과정 간의 구분이 어려워진다.' (1980: 2) 여기서 치료는 발달 과정에서 장점만큼이나 단점을 가지고 있기 때문에, 이 사례는 거의 필요하지만 최소한으로 개입한 사례다. '아동에 대한 치료가 실제로 매우 가치 있는 것을 방해할 수 있다. 매우 가치 있는 것이란 정서적 긴장과 정서 발달의 일시적 지체 혹은 심지어 발달 그 자체의 사실까지도 드러내는 아동의 임상적 상

태를 참아 내고 대처할 수 있는 아동의 가정의 능력이다.'
(1980: 2)

　Gabrielle(그녀의 부모는 애칭으로 'the Piggle' 이라고 불렀다)은 그녀의 부모가 Winnicott을 1964년에 처음 데려왔을 때 2세 4개월이었다. 가족이 런던에서 멀리 떨어진 곳에 살았기 때문에, Winnicott이 Gabrielle을 정기적으로 보는 것은 불가능했다. 대신 Gabrielle이 어떤 방식(요구하거나 증상으로 나타내는)으로든 그를 보고 싶어 하는 것이 명백할 때, 매달 혹은 두 달에 한 번씩 치료받는 것, 즉 '요구될 때' 로 조정되었다. 그녀의 부모는 전문직에 종사하는 사람들이었고, 분석에 대해서 어느 정도 이해를 하였다. 그들은 Gabrielle을 주의 깊고 섬세하게 관찰하고 말을 귀담아 들었으며, Winnicott과의 회기 중간에 정기적으로 의사소통을 하였다. 그들은 명백히 Piggle에 대한 완전한 분석을 생각하고 있었지만 런던으로 이사 올 여유는 없었다. 한 번은 Winnicott이 이를 반쯤 제안하기까지 하였다. 비록, 그가 인정한 대로, 사례를 원하는 학생이 있었기 때문에 그는 이 제안에서 어느 정도 혼란스러웠다. 2년 반 동안 16개의 상담이 분포되어 있었다. '회기가 '요구될 때마다' 있었다는 사실은 아동이 분석을 받고 있다는 사실을 결코 바꿀 수 없었다.' (1980: 73n)

　Gabrielle은 21개월 때 여동생의 출생에 대해 격하게 반응하였다. 그녀는 흑인 어머니와 아버지에 대한 두려움과 환상을 발달시켰다. 흑인 어머니는 아동의 배에 살고 있었고 종종 아팠다. 흑인은 자신만의 정체성을 가지고 있지 않은 것으로 보였다. 그녀는 아기이거나 어머니였다. 환상의 일부는 '바바카(새 아기에 대해 그녀가 지은 이름)'와 흑인 Piggle을 포함했다. 그녀는 밤에 잠을 자기 힘든 것, 어머니의 가슴에 대한 불안, 어머니의 젖을 빨고 싶어 하는 퇴행 행동을 보였다. Winnicott이 Gabrielle의 '생각과 걱정'은 아마도 '많은 아동'에게서 이상한 것이 아니며, 완전히 새로운 것에 의해 밀려 나간 것과 관련된 것이라고 말했기 때문에, 부모의 언급은 그들이 필요한 것보다 더 걱정하고 있을 수 있다는 인상을 주었다. 실제로 Piggle의 어머니가 Winnicott에게 보낸 첫 편지에서 둘째 아이를 가지기 전에 나이 차이에 대한 그들의 불안이 '그녀의 큰 변화'에 기여하였다고 암시하고 있다(1980: 6). 위에서 언급한 것처럼, 적어도 그가 기록한 것에서는, 그녀의 어머니가 둘째 아이를 출산할 당시에 극도로 불안했었고 그녀 스스로도 남동생의 출생에 매우 불쾌했었다고 밝혔음(12번째 상담 후에 그에게 보낸 편지에서)에도 그는 Gabrielle과의 작업에서 이를 전혀 사용하지 않았다. 어머니의 여동생이 태어났을 때의 나이가 거의 현재 Gabrielle의 나이와 비슷하였다(1980: 161).

Winnicott은 부모에게 Gabrielle의 걱정이 "종종 매우 잘 언어화되지 못하고, 그것은 Piggle의 사례에서 당신이 아동기 문제를 특별히 의식하고 아동기의 의문들을 참는 것 둘 다와 관련이 있습니다.''라고 말하였다(1980: 74-75). 그녀에 대한 그의 작업은 일차적으로 자연스러운 성숙 과정을 격려하는 것이다. 다섯 번째 자문 후 그가 어머니에게 편지를 썼다. '자연적 회복의 관점에서 생각하는 것이 훨씬 더 좋습니다. 일을 약간 돕기 위해 때때로 나를 방문하는 것 정도면 됩니다. 당신도 알다시피 Piggle은 매우 흥미로운 아이입니다. 당신은 그녀가 그렇게 흥미롭지 않기를 선호할 수 있지만, 흥미로운 점이 있습니다. 또한 나는 그녀가 곧 꽤 일상적인 모습으로 안정을 찾을 것이라 기대합니다.' (1980: 74)

Piggle에 대한 그의 상담 사례 노트는 우리에게 Winnicott이 작업한 방식과 그가 생각한 방식에 대해 많은 것을 알려 준다. 놀이는 명확히 그의 접근에서 중심적인 것이다. 그는 두 번째 자문에서 Piggle의 '얼굴 놀이'를 묘사한다. '그녀는 자신의 혀를 이리저리 움직였다. 나는 흉내 냈고, 그러자 우리는 허기와 맛과 입의 소음에 대해 그리고 일반적인 구강 관능성에 대해 소통하였다.' (1980: 25) 그는 Piggle이 장난감과 자신이 가져온 인형을 가지고 놀도록 권장하였고, 그녀가 자신의 아버지와 노는 것을 관찰하였다 ['그녀는 아버지에게 가서 그를 이용하기 시작하였고, 나는 아버지가 좀 더 놀이 상황의 일부분이 되도록 그를 가려 주는 커튼을 쳤다.' (1980: 43)]. 놀이는 상황을 통제하는 수단이어서, '그녀는 상황에 그냥 있기보다는 그 상황에서 놀았다.' 우리는 Winnicott이 놀이를 행동화하는 것을 포함해서 노는 것을 본다. 첫째, 그가 그녀가 느낄지 모르는 것을 표현함으로써 Gabrielle이 되는 것, 둘째, 그녀가 그에게 자신의 내적 세계를 투사함으로써 그 자신을 그녀의 내적 세계의 초점으로서 언급하는 것, 셋째, Gabrielle이 흑인 어머니로서 공상하고 흑인 Piggle로서 동일시했던 나쁜 어머니가 되는 놀이를 하는 것.

첫 번째 유형의 놀이의 예는 두 번째 상담에서 나타난다.

> 나: 나는 외동아이가 되고 싶어. 나는 모든 장난감을 원해.
> Piggle: 너는 모든 장난감을 가지고 있잖아.
> 나: 그래, 하지만 나는 외동아이가 되고 싶어. 더 많은 아기가 있는 것을 원치 않아……. 나는 외동아이가 되고 싶어 [그리고, 다른 목소리로] 내가 비뚤어진 거야?
> Piggle: 응.
>
> (1980: 29)

이 시점에서 Winnicott은 큰 소음을 냈고, 장난감을 내리치면서 그가 외동아이가 되고 싶다고 강하게 반복하였다. 이것은 Gabrielle을 즐겁게 하고 그녀를 약간 놀라게 하는 것처럼 보였다. 곧 이후에 그녀의 게임에서 그녀는 "나도 외동아이가 되고 싶어."라고 말했다. Winnicott은 세 번째 상담에서 유사한 역할(즉, Gabrielle)을 하였다. 이때 Winnicott은 Piggle에게 "나는 아빠가 나에게 아기를 주기를 바라."라고 말했고 Gabrielle은 자신의 아버지에게 "당신은 Winnicott에게 아기를 줄 수 있나요?"라고 말하면서 반응했다. 똑같은 회기의 후반에서 Gabrielle이 Winnicott에게 말할 때("Winnicott이 되어 봐. 그러면 아빠가 너를 돌봐 줄 거야. 내가 문을 닫으면, Winnicott이 놀랄 거야."), Winnicott에 대한 Gabrielle의 투사에서 다른 예를 볼 수 있다(1980: 44-45). 세 번째 유형의 놀이 행동화—즉, 이번에는 부분적으로 어머니의 역할—는 Winnicott이 Gabrielle에게 말할 때("흑인 엄마는 지금 Winnicott이고 그는 Piggle을 내보내려고 하고 있어.") 볼 수 있다(1980: 61). 이 마지막 말은 사실상 바로 네 번째 회기의 끝에 나왔고 Winnicott은 (독자에게) "나는 아빠의 어린 소녀가 되기를 원하고 Gabrielle을 시기하는 화난 흑인 엄마가 되어 있었다."라고 논평했다(1980: 61, Winnicott's italics).

Winnicott이 Gabrielle에게 말할 때 보통 자신을 제삼자로 어떻게 언급하는지를 주목하라. 이름은 명확히 그에게 중요하다. 왜냐하면 그가 그녀를 Piggle이라고 부르는 것에서 그녀의 진짜 이름을 사용하는 것으로 바꾸어야 하는 시점을

고려하기 때문이다. 나/나 아닌 것의 주제가 치료에서 소개
될 때, 그는 그녀 자신의 정체감을 발견하는 쪽으로 전이를
맞추어 바꾼다. 그리고 Gabrielle이 명확히 그녀의 어머니에
게 그가 자신의 진짜 이름을 부른다고 확신시킨다(1980: 84).
여섯 번째 상담까지 그는 그녀의 이름을 사용하고 그들 간의
구분을 명확히 하고 있다. 'Gabrielle과 Winnicott은 친구
이지만, 여전히 Gabrielle은 Gabrielle이고 Winnicott은
Winnicott이다.' (1980: 166) 이것은 훨씬 더 관습적인 해석
이다. 치료의 종결 쪽으로 갈 때, 이들 간의 의사소통은 훨씬
더 관습적이고 '어른스럽다.' 정말로 끝에서 두 번째 회기에
서 Winnicott은 종결을 준비할 때, Gabrielle에게 상황의 현
실을 강조한다. '그래, 나는 의사야. 그리고 나는 Susan(그녀
의 아기를 돌보는 사람)의 의사가 될 수 있어. 하지만 네가 만들
어 낸 Winnicott은 영원히 끝나 버렸어.' (1980: 190)

　Winnicott이 한 일은 Gabrielle이 가지고 놀 대상으로서
그의 상담소의 장난감뿐 아니라 자신을 제공하는 것이었다.
그 자신이 중간 대상이었다. 그는 또한 놀이의 부분으로서,
종종 대상이나 놀이 보조자로서 그녀의 부모에게 존재하는
것은 어느 것이나 아동이 사용하도록 하였고, 그녀가 자신의
환상을 신체적으로 행동화하도록 도왔다. 아버지는 그녀가
그의 다리 사이로부터 '태어나는 것' 을 경험하도록 도왔다.
열세 번째 회기에 대한 논평에서, Winnicott은 아동이 게임

으로부터 어떤 의미를 얻을 수 있다면, 아동이 무엇보다도 게임을 하고 즐길 필요가 있다고 쓰고 있다. '원칙의 문제로서, 놀이의 내용이 해석에 사용되기 전에 분석가는 항상 즐기는 것이 먼저 확보되도록 해야 한다.' (1980: 175)

회기 간의 분명한 진전(몇 개의 일시적 퇴보와 함께)이 있고, Gabrielle 자신의 발달에서 Winnicott의 반응 변화와 유사한 진전이 있었다. 비록 그녀의 부모는 대부분 회기 후에 이 어린 소녀에게서 중요한 변화를 보고했지만, 그녀의 변화는 어느 정도 그녀가 자신의 성숙 과정을 경험하고 있는 회기 간의 시간에서 명확히 나타났다. 시작 부분에서 Winnicott의 대화는 그녀의 퇴행된 상태를 반영하고, 우리에게 분명히 상징적이었지만, 그럼에도 은유적이기보다는 훨씬 더 문자 그대로였으며, 해석하기 어려웠다. 세 번째 회기에 대한 그의 노트의 한 부분에서 그는 다음과 같이 서술하고 있다. '그녀가 아직 나에게 단서를 줄 수 없었던 것을 내가 이해하지 않는 것의 중요성, 그녀만이 답을 알고 있고, '그녀가 두려움의 의미를 파악할 수 있게 되면 그녀는 나도 역시 이해할 수 있게 만든다.' (1980: 48, Winnicott's italics) 그의 단어 선택은 그녀 자신의 것을 반영하면서 조심스럽다. 한때 그는 Piggle의 용어인 '참마' 대신에 '가슴'을 사용하는 실수를 했다고 인정한다. 그들의 대화가 점점 반영적이고 해석적이 되는 것은 아동 자신의 시간상 후기에서만이다. 예를 들면, 네 번째 회기에서 그는 어떻게 '내가 그녀가 자신에게 아빠의 모든 것을 원해서 엄마가 겁게 되고 이것은 분노를 의미한다는 것과 관련된, 상당히 명확한 해석을 하였는지'를 묘사하였다(1980: 155). 또한 그가 항상 그녀의 편이 되지 않는 데 대한 그녀의 분노를 포함해서, 그는 해석으로 볼 수 있는 많은 것을 하였다.

나는 여기서 언급된 해석을 말하려고 한다. 그가 성교와 출생에 대한 그녀의 환상, 구강, 항문 및 성적 가학주의의 조짐, 요도 성애주의와 음핵 흥분, 부분-대상 등을 짧게 언급하고 있는 것으로 보아, 그 사례에 대한 Winnicott의 노트에는 확실히 자료의(특히 Klein 학파의) 해석에 대한 암시를 포함하고 있다. 여섯 번째 상담에서 그녀가 기차의 객차들을 조립하였을 때, 그가 어떻게 여러 해석을 가지고 장난하며, 아기들을 만든다는 자신의 제안 대신 친구를 사귄다는 Gabrielle의 해석을 수용하기로 선택하는지를(Klein이 했던 것과는 다르게) 보여 준다. Winnicott이 한 해석은 Gabrielle에게 했건 그의 사적인 논평에서 했건 간에, 그가 그녀와 맺고 있는 관계의 핵심을 결코 애매하게 만들지 않는다. 이 관계의 핵심은 전문 용어와 이론적 아이디어의 중첩으로부터 자유로운 것으로서 두드러진다.

치료는 (만약 지연된다면) 성숙의 자연스러운 과정을 지지할 수 있는 조건을 제공하는 것이다. Gabrielle과의 열세 번째 회기에서, Winnicott은 자신이 그녀와 함께할 수 있는 다른 역할들에 대해 (그녀와 함께) 목록을 만든다. '수선하는 Winnicott과 요리하는 Winnicott……, 가르치는 Winnicott……, 놀이인 Winnicott.'(1980: 174-175) 그녀는 Winnicott에게 회기 후에 없애야 하는 역할들을 덧붙인다. 치료자가 치료 과정에서 해야만 하는, 이런 겸손하지만 본질적인 역할의 관점은 앞서 나온 Alfred의 사례나 거주 보호 같은 다른 상황에서도 전형적이다. 여기서 다시, 치료적 제공은 상담실에 국한되지 않는다. 가족 역시 이것을 제공한다. 또는 1장의 '치료로서의 거주 보호' 라는 그의 강연에서 인용한 대로, 그는 곧 피난하지 못한 사람들을 위한 전시 호스텔의 방문 정신과의사로서 '치료는 벽과 지붕에 의해서, 벽돌의 표적이 되기 좋은 유리 온실에 의해서, 불합리하게 큰 욕실에 의해서…… 요리사에 의해서, 식탁의 음식이 제때에 차려지는 것에 의해서, 충분히 따뜻하고 아마도 따뜻한 색깔로 된 침대 덮개에 의해서 행해진다는 것을 배웠다.' (1984: 221)

버텨 주기와 간직하기

Winnicott의 성인과의 치료 작업은 예상할 수 있듯이, 아동기 경험의 이해와 아동 치료자로서의 그의 연구와 밀접한 관련이 있다. 아동의 경우, 그는 자신의 역할을 아동의 자연스러운 발달 과정이 일어나기 위한 수단들을 제공하는 것으로 본 반면, 이미 성인이 된 내담자의 경우에는 달랐다. 아동기를 통한 발달 과정은 똑바른 것이 아니었고, '거짓 자기'로서 알려진 적응을 초래했을지 모른다(앞의 pp. 141-142를 보라.). Winnicott은 많은 세상 사람들이 '붕괴'로서 경험하는 것을 잠정적으로 건강한 신호로 보았다. 이것은 개인이 지금 이용가능한 자원(외적뿐 아니라 내적인)을 사용할 수 있고, '진짜로 느껴지는 것을 바탕으로 존재를 재확립할 수 있는' 능력과 기회 둘 다를 암시한다(1965b: 225).

정신분석적 배경 내 퇴행의 측면들에 대한 논문에서(1975: 278-294) Winnicott은 분석가가 자신이 치료할 사람들을 (매우 적절하게) 주의 깊게 선택함으로써 '우리의 자연스러운 준비를 넘어서는 인간 본성의 측면들에 대처하는 것을 종종 피한다.'는 점을 관찰하면서, 분석적 사례들을 세 가지 범주로 구분하였다(1975: 278). 첫 번째이자 가장 흔한 내담자 집단은 '전인적 인간으로서 기능하고 자신의 어려움이 대인관계의 영역 안에 있는' 사람들이다(1975: 279). 이런 내담자들의 경우 고전적인 정신분석이 적합한 기법이다. 두 번째 내담자 집단은 '성격의 전체성이 당연한 것으로 여겨질 수 있는 것이 되기 시작한 사람들이다.'(1975: 279) 여기서 분석은 사랑과 미움이 함께 오는 것—Klein 학파에서 '우울

위상'이라고 부른 것—과 같은 전체성의 성취에 해당하는 사건들과 관련이 있다. '이런 내담자들은 기분을 분석하는 것이 필요하다.' (1975: 279) 논쟁이 되는 자료의 범위가 증가하기 때문에 새로운 관리 문제가 있을 수 있지만, 기법은 처음 범주의 기법과 매우 다르다. '여기서의 우리의 관점으로 볼 때, 역동적 요인으로서 분석가의 생존이라는 개념이 중요하다.' (1975: 279, Winnicott's italics) 세 번째 집단은 전체 성격을 확립하기 전에 그리고 공간, 시간 및 상태를 구분하는 것을 성취하기 전에, 분석가가 정서 발달의 가장 초기 단계를 다루어야 하는 내담자들로 구성된다. '관리에 대해 좀 더 확실히 강조하고, 때때로 긴 기간에 걸쳐, 이런 내담자들의 경우 일상적인 분석 작업은 중단되고, 관리가 전체 일이 된다.' (1975: 279)

　　Winnicott의 논문은 주로 이런 집단과의 작업에 대한 것이다. 정말로 '기법'에 대한 그의 다양한 논문에 가장 독창적인 기여를 한 것은 아마도 한 방식이나 다른 방식으로 (Winnicott의 정의를 사용하자면) '퇴행한' 내담자들의 분석일 것이다. '기법'은 정확한 용어는 아니다. 왜냐하면 Winnicott 스스로 기법과 치료 간에는 차이가 있다고 말하고 있기 때문이다. '제한된 기법을 가지고 치료하는 것은 가능하며, 매우 발달된 기법을 가지고 치료에 실패하는 것도 가능하다.' (1975: 279) 고전적인 정신분석적 기법은 물론 이미 충분히 탐색하였다. 거기에 첨가할 새로운 것은 거의 없다. Winnicott의 뚜렷한 공헌은 두 번째와 세 번째 내담자 범주 안에 있는 사람들의 치료와 관리에 있다. 그는 또한 다른 데에서 초기 환경적 손상이나 실패가 오히려 다른 모습, 즉 반사회적 행동을 일으킨 사람들과의 작업에 대해 서술하였다. 그러나 여기서 나는 그가 외적 파괴성을 드러내기보다는 내적인 혼란상태를 드러내는 사람들과 작업하는 데 필요한 특징들을 확인한 것에 집중할 것이다.

Winnicott은 '퇴행'의 의미를 보편적 의미인 유아적 행동의 출현으로 보지 않는다. 그는 오히려 퇴행을 '호전을 역행하는 것'으로서 그리고 '매우 조직화된 자아방어 기제, 거짓 자기의 존재를 포함하는 것'으로서 언급한다(1975: 281). 그는 또한 '실패 상황을 얼어붙게 만듦으로써(1975: 281)' 초기 환경적 실패에 대해 방어하는 '돌보는 자로서의 자기'를 언급한다. '적절하지만 늦은 적응'을 지원할 수 있는 현재의 환경을 통해서, 실패를 녹일 기회가 있을 거라는 희망에서 실패를 얼어붙게 한다(1975: 283). 기법이 치료와같지 않다는 그의 주장에 맞게, Winnicott은 정신병으로부터의 자발적 회복이 있을 수 있는 반면, 신경증으로부터 회복되려면 분석이 필요하다고 믿었다. 비록 Winnicott이 여기에서 말하지 않지만, 그가 자신의 통찰을 다른 치료적 직업과 기꺼이 공유하려 한다는 것은, 그가 또한 신경증에 대해 작업할 때 분석가와 함께 그들 자신의 역할을 할 수 있는 다른 전문가 조력자를 포함할 수 있다는 것을 시사한다. 그러나 그는 정신병에 대한 명확한 구분을 하였다. 정신병은 '건강과 밀접하게 관련되어 있고, 수많은 환경적 상황들이 얼어붙지만 일상 생활의 다양한 치유 현상에 의해 즉 우정, 신체 질병 동안의 간호, 시 등에 의해 그 상황들에 닿을 수 있고 녹일 수 있다.' (1975: 284)

그러므로 Winnicott이 사회복지사를 언급하고('당신의 사례 부담으로 정신적으로 병이 나는 것', 1965b: 217-229), 치료자로서의 사회복지사에 대한 원칙들을 세우는 것을 발견하는 것은 놀라운 일이 아니다. '그러나 사회복지사들은 신경증 내담자와의 작업에 전형적인, 교정적이고 시의적절한 분석을 하는 치료자의 유형은 아니다.' (1965b: 227) 그의 충고는 그 장해가 심한 내담자와 작업하는 치료자로서의 자신의 역할을 보는 방식을 명확히 반영한다. 이런 유형의 치료에서 치료자의 기능은 '사실상 아동이 부모의 기능을 다 소모하고 특별한 돌봄이 필요없을 준비가 될 때까지, 환경적 제공에서의 상대적 실패를 교정해 주고…… 어떤 부모 역할을 과장하며, 긴 시간 동안 그것을 유지하는' 부모의 기능과 같다(1965b: 227).

치료자는 전혀 교정적 경험을 제공하지 않는다. 시작 동안 어떤 사람도 교정적인 전이 경험을 창조할 수 없다. 왜냐하면 전이는 내담자의 무의식 과정에 의해 좌우되는 것이지, 분석자의 좋은 의도에 의해 좌우되는 것은 아니기 때문이다. 그러나 좋은 기법은 내담자가 50분 동안 또 다른 사람의 충분한 주의를 얻을 수 있는 처음의 경험이 될 수 있거나, 그들의 신뢰성의 처음 경험이나 객관적인 사람과의 처음 경험이 될 수 있는 치료와 같은, 교정적 경험을 제공할 수 있다. 그러나 그것은 결코 충분하지 않다. 어떤 내담자들이 좋아지기에 충분하다고 Winnicott이 확실히 말한 것은, '결국 내담자가 분석가의 실패, 종종 작은 실패를 이용하는 것이다.' 이런 실패의 일부는 내담자에 의해 '교묘하게 만들어졌을 수 있다.' 핵심 요인은 그러면 내담자가 원래 초기 환경적 실패에서 경험했지만 지금은 전이에서 반복되는 실패에 대해 분석가를 미워할 수 있게 되는 것이다. '결국 우리는 실패함으로써 성공한다. 내담자의 방식으로 실패하는 것'(1965b: 258)이다.

치료자(그리고 이런 종류의 사례 연구에서 사회복지사)는 내담자가 자신의 모든 달걀을 두면서, 치료자가 민감하고 신뢰할 만한지 또는 과거의 외상적 경험을 반복하는지를 시험하는 '인간 바구니'다. 그가 사용한 또 다른 심상은 '요리 과정을 떠올려 보면, 정말로 당신이 뒤섞지 않았지만 뒤섞여 버린 계란이 놓인' 프라이팬이다(1965b: 227). 유아돌봄과 같이, 이러한 돌봄은 버텨 주기와 간직하기로 이루어져 있다. 이것은 단순한 과정으로 시작되나, 유사하게 복잡하게 된다. 그것의 목표는 직접적인 성장이 아니라 개인 내에 일어나는 자연스러운 성향이 격려될 수 있는 환경을 제공하는 것이다. '성장에 기초한 자연 진화.' 복잡한 일 중 하나는 치료자가 이런 신뢰할 만한 버텨 주는 환경을 제공할 수 있다면, 내담자나 부모는 병이 심해질 것이라는 것이다. 왜냐하면 지금 자기의 더 깊은 부분들이 치유되리라는 어떤 희망이 있기 때문이다. '당신의 내담자는 유아기에 해당되는 방식으로 탈통합하거나 통제되지 않거나 의존적이기 위해서 당신의 특별한 제공을 이용한다……. 내담자는 미쳐 간다.' (1965b: 228)

위에서 언급한 대로 이러한 일이 발생했을 때(내담자가 미쳐 갈 때), 치료자(그리고 정신보건 사회복지사)는 두려워하지 않거나 죄의식을 극복해야 한다. 이러한 위안이 되는 생각 (동시에 이상화하는 것이 불가능하다 하더라도)은 Winnicott이 퇴행한 내담자들과 작업을 하는 사람들을 위해 만들어 놓았으며, 정신병 상태에 들어가고 이런 상태를 겪으면서 살고 있는 내담자들에 대한 그 자신의 경험의 핵심에 분명히 놓인 수많은 주요 원칙 중 하나다. 나는 그의 지침 몇 개를 인용하였다.

당신은 당신의 내담자가 되는 것이 어떤 느낌을 주는지를 알게 된다.

당신의 전문적인 책임의 한계 영역에 대해 신뢰하게 될 것이다.

주춤하거나 반응을 행동화하지 않고도, 당신은 사랑을 수용하고, 심지어는 사랑의 상태를 수용한다.

미움을 수용하고 복수보다는 강점을 가지고 미움에 대처한다.

내담자의 비논리성, 신뢰할 수 없음, 의심스러움, 지리멸렬함, 무기력함, 야비함 등을 인내하고 이 모든 불쾌함을 고통의 증상으로서 인식한다(1965b: 229).

이런 충고가 쓰인 맥락은 그것의 사용을 심한 장애가 있는 사람들과의 작업에 한정시키는 것처럼 보인다. 그러나 각각의 표현 이면에 있는 것은 장애의 최초 단계에 대해 언급할 뿐 아니라 청소년과 같은 보다 정상적인 상황에 대해 언급하는, 부모와 아동 간의 상호작용의 관점이다. 예를 들면, Winnicott은 청소년기에 대한 담화에서(1971a와 1986 모두 출판됨) 부모들에게 그들의 아이들이 '그들의 전인성을 찾을 필요가 있고, 전인성은 애정이라고 부를 수 있는 요소뿐만 아니라 그들 안에 있는 공격성과 파괴적인 부분의 요소들을 모두 포함하는 것이라고 말한다. 당신들이 생존할 필요가 있는, 이러한 긴 투쟁이 있을 것이다.' (1971a: 143) 그리고 특히 청소년과 관련해서는 '부모는 단지 아주 조금만 도울 수 있다. 그들이 할 수 있는 최선은 살아남는 것이고, 개성의 변화 없이, 그리고 어떤 중요한 원칙들의 포기 없이 온전히 살아남는 것이다.' (1971a: 145, Winnicott's italics)

'살아남기'의 주제는 치료자건 부모건 간에 좋은 치료에 대한 Winnicott의 저서에서 내내 두드러진다. 하지만 이것은 모든 수준에서 작업하는 치료자가 확실히 앞에서 언급한 지침을 따라 가장 현란한 사례들만 작업하는 사람들에게 주어진 지침으로부터 이득을 얻을 수 있다고 주장할 수 있다. 그럼에도 정신병적 불안과 행동에 대해 작업할 때 표준적인 분석적 치료에서의 특별한 변화는 내담자가 살아남도록 돕는 데 필수적이다.

Winnicott의 논문들은 '목록'에서 특히 도움이 되고 기억할 만한 것이다. 이것은 한 주제에 관한 그의 생각을 압축한 간략한 요약이지만, 항상 더 개발되는 것은 아니다. 사회복지사들을 위한 지침 목록이 한 예다. 203페이지에서, 나는 어머니가 자신의 아기를 미워하는 이유에 대한 매우 지각적인 목록을 만들어 냈다. 「퇴행의 메타심리학적 및 임상적 양상(Metapsychological and Clinical Aspects of Regression)」 (1975: 278-294)에서 Winnicott의 독특한 양식의 몇몇 요약들이 있다. 이것들 중 하나는 전통적인 정신분석적 장면의 특징들을 포함하고 있다. 예를 들면,

2. 분석가는 적절한 때에, 살아 있고, 호흡하면서, 거기에 있어야 한다.

9. 분석적 상황에서, 분석가는 일상적인 삶 속에서의 사람들보다 훨씬 더 신뢰할 만하다. 대체로 정확하고, 떼쓰는 것으로부터 자유로우며, 강박적으로 사랑에 빠지는 것으로부터 자유롭다, 등등(1975: 285).

신뢰성은 또한 퇴행 내담자와의 작업에 포함된 단계들 중에 포함되어 있다. 신뢰성은 Winnicott의 치료의 이런 측면에 대해 특히 관심 있는 독자들을 위한 심화된 연구를 할 만한 가치가 있는 요약이다(1975: 286-287). 이 사례에서의 분석은 초기 및 최초의 양육 기법을 재생산한다. 그것은 신뢰성의 이유 때문에 퇴행을 초래한다. 부모의 퇴행은 초기 의존으로의 조직화된 회귀다…….' 세팅에 대한 신뢰부터 시작하여, 의존성으로의 퇴행, 자기에 대한 새로운 감각을 느끼는 것, 환경적 실패를 녹이는 것, 현재 장면에서 초기 환경적 실패와 관련된 분노를 느끼고 표현하는 것, 퇴행에서 의존성으로, 그리고 나서 독립성으로의 귀환 등을 거쳐 마지막으로 생명력과 생기를 가지고 욕구와 소망을 실현하는 것까지, 퇴행에는 일련의 사건들이 있다. 하지만 '이 모든 것은 거듭해서 반복되기 때문에' 선형적 순서는 약간 믿을 수 없다.' (1975: 287)

Winnicott의 개요가 그의 생각과 치료를 요약한 것이라면, 저자 자신의 개요는 이런 풍부한 집필의 영역에서는 정당화되지 않는다. 왜냐하면 지면이 나에게 많은 다른 중요한 특징들을 기록할 기회를 허락하지 않기 때문이다. 예를 들면, 그는 행동화에 대해 반응하는 법을 열거한다. 그는 내담자들이 퇴행되는 것에 전적으로 반대한다고 명확히 밝혔다. 그렇게 한 것은 분석가의 대단한 병리학을 드러낸다. 퇴행은 부분적으로 무의식의 추동이기는 하지만 내담자가 시작한 것의 결과라고 할 수 있다. 그는 치료자의 이런 작업 방식에 대한 자신의 제안이 보통 치료의 원칙에 영향을 준다고 말한다(비록 내가 그 자신의 '보통 치료'의 증거를 통해 아래에서 보여주는 것에 따르면, 이것은 약간 의심스럽지만). 마지막으로, 이런 방식으로 치료하는 것은 분명히 치료의 처음 단계에서는 추천되지 않는 것이다. 결국 이러한 방식으로 진행하는 것은 치료 초기에 그가 추천하지 않은 바다(1975: 293).

이런 핵심적으로 중요한 논문에서 Winnicott은 '퇴행에 대해 가장 많이 생각나게 했던 내 내담자들 중 한 명'을 언급한다(1975: 279). 우리가 Margaret Little이라고 알고 있는 그 신원미상의 내담자는 자신의 붕괴와 퇴행에 대한 설명을 기술하였고(1985, 1990), Winnicott과의 분석에 대한 자신의 설명도 기술하였다. 그것은 이런 상황에서 분석가로서의 그의 양식에 대해 우리가 가지고 있는 제일 충분한 첫 번째 기록이며, 이런 치료 장면에서 분석가의 역할에 대한 그의 기술을 보완하는 것이다.

Little은 (그가 전에 했던 다른 치료자들과의 두 번의 분석에서 완전히 무시된 주제를 선정한 첫 만남이었음에도) 한 초기 회기에서 그가 그녀를 이해하지 못하는 것에 절망하여, 그녀가 어떻게 하였는지를 설명한다. 그녀는,

> 하얀 라일락으로 가득 차 있는 커다란 꽃병을 공격하고 깨뜨렸으며 짓밟았다. 순식간에 그는 그 방에서 사라졌지만 거의 시간이 끝나가기 전에 다시 돌아왔다. 쓰레기 더미를 치우고 있는 나를 보자, 그는 '나는 당신이 그것을 하리라고 기대했었는지도 몰라요[지저분한 것을 치우고 있는 것 또는 박살 내는 것?]. 하지만 지금은 아니고 나중일 줄 알았지요.'라고 말했다. 다음날, 완전히 똑같은 화병과 라일락이 그 자리를 대신하였고, 며칠 후에 그는 그가 가치 있게 여기는 어떤 것을 내가 망가뜨렸다고 설명하였다(1990: 43).

똑같은 화병은 아마 생존을 상징할 수 있지만, 이것에는 단지 생존하는 것보다 더 많은 것이 있다. 우리는 왜 Winnicott이 방을 그렇게 빨리 떠났고, 끝날 무렵에 다시 돌아왔는지 궁금해할 수 있다. 신기하게도, Little이 말했던 것처럼, 이들 중 어떤 누구도 다시는 그런 사건에 대해 언급하지 않았

다. 그녀는 '만일 이런 일이 나중에 생겼다면, 그는 아마도 다르게 행동했었을 것이다.' 라고 생각했다. 후에 이유에 대해서 그녀가 설명했다. 'D. W.은 이런 파괴적인 행동화에 아직 대처할 준비가 되어 있지 않았고, 내가 만들어 낸 혼돈 속에 나를 혼자 남겨 두었기 때문에, 무익함과 무망감만이 남아 있었다(1990: 96). 그러나 Winnicott은 '며칠 후에' 그 사건에 대해서 말하지는 않았지만, 화병에 관한 그의 감정 중 일부를 드러냈고, 몇 년 뒤 분석이 끝난 후 그는 그녀가 그에게 상처를 주었지만, 그것은 '유익했다'고 덧붙였다 (1990: 43). 분노건 기쁨이건 간에, 그 자신의 감정을 드러내는 것은 또한 그와 내담자들과의 관계에 대한 다른 설명에서도 명백히 나타난다. 생존하는 것은 수동적인 것과 같은 것이 아니다. 보복하지 않는 것은 반응하지 않는 것과는 다르다.

Margaret Little이 경험한 공포의 정도는 그녀의 설명에서 분명하게 나타난다. 그녀는 치료 초기에서 극도로 불안해서, 그녀를 만나겠다는 그의 사전 약속을 미루었다. 그러나 그는 '얼마 동안 시간을 비워 놓겠다고 말했다.' 그녀는 곧 돌아왔지만 첫 회기에서 '웅크리고 앉아서, 완전히 담요 아래로 숨었으며, 움직이거나 말조차 할 수 없었다. D. W. 은 시간이 끝날 때까지 조용했으며, 끝에 가서 "나는 모르겠어요. 하지만 몇몇 이유로 나와서 말하고 싶어 하지 않는다는 것을 느끼고 있어요."(1990: 42)라고만 말했다.' 이완되고, 분명하지만, 조심스러운 반응으로 인해 그녀는 안도감을 느꼈다. 왜냐하면 그는 알고 있지 않은 것을 인정했기 때문이다. 그리고 사실 이후에 그녀는 그를 거부했다기보다는, 자신 안에 갇혀 있었던 그 시간에 대해 떠올렸다. 공포는 계속해서 표면 위로 떠올랐다. 그녀는 '그의 손을 움켜잡았고 그 경련이 사라질 때까지 그의 손에 찰싹 매달려 있었던 시간을 기록하고 있다. 그는 마지막에 내가 태어나는 경험을 다시 체험하는 것이라고 생각했다고 말했다. 그는 몇 분 동안 내 머리를 붙잡고 있었다.'(1990: 43) 그가 설명한 것 같이, 출산 후 아기의 머리는 아픔으로 무겁게 느껴진다(그리고 출산 후 몇 주 동안은 머리를 받쳐 줄 필요가 있다고 덧붙일 수 있다.). Little에게 그 회기는 '관계로의 탄생'과 같았고(1990: 44, her italics), 그 후 많은 회기 동안 그녀는 그가 그녀의 두 손을 걸쇠처럼 굳게 잡아 주었다고 묘사하였다.

Winnicott에게는 이러한 버텨 주기와 간직하기는 치료의 실제에서 매우 중요한 것이다. Little이 설명하였듯이 '버텨 주기'는 매우 빈번하게 은유적으로 이해할 필요가 있다. '상황을 버텨 주는 것, 지지해 주는 것, 내담자의 내면과 주변에서 그리고 그의 관계에서 무엇이 일어나는지 그것과 모든 수준에서 접촉하는 것.' (1990: 44) 그러나 심각한 수준의 장애를 경험하는 내담자에게 이러한 버텨 주기는 때때로 문자적인 것이다. 간직하기 역시 그가 내담자들을 볼 수 없을 때—그가 아프거나 휴일일 때—때때로 내담자에 대한 책임감을 위임하는 것을 포함한다. 예를 들면, 그는 휴일에 (Little은 알지 못했지만) Margaret Little의 한 친구가 그녀를 방문하도록 약속을 잡았다. 그리고 다른 휴가 기간에 그녀가 병원에 머물도록 했는데, 그의 말에 따르면 "그녀가 자살을 하지 않는다는 것을 확신하기 위해" 서였다(1990: 58). 분석 초기에 그녀는 신체적으로 아파서, 약 석 달 동안 한 주에 대여섯, 심지어 일곱 날을 90분씩 그가 집으로 그녀를 찾아 왔다. '이 회기의 대부분을, 나는 단순히 누워 있었고 그가 잡아준 채로 울었다.' (1990: 52)

이러한 문자상의 버텨 주기는 맥락상으로 볼 수 있어야 한다. 신경증 내담자의 치료에서 치료자가 어머니나 아버지처럼 여겨지고, 치료자는 내담자의 반응을 간직하고 이해하는 방법으로 전이와 전이 해석을 사용하는 반면, 정신병에서는 '마치 ~인 것처럼'이 현실이 된다. 따라서 Little은 다음과 같이 말했다. "나에게 D. W.은 나의 어머니를 표상하지는 않는다. 나의 전이 망상에서 그는 실제로 나의 어머니였다…… 그래서 나에게 그의 손은 탯줄이었고, 그의 소파는 태반이었으며, 담요는 세포막이었다. 이 모든 것은 매우 최근 단계까지 어떤 의식적 수준보다 훨씬 아래 있었다." (1990: 98, Little's italics. Winnicott과 유사하게 기술하였다. 1975: 288

을 보라.). 분석가는 고르게 떠 있는 주의를 해야 한다는 Freud의 지시와 Winnicott의 '일차적 모성 몰두'가 유사함에도 이런 주의의 정도와 목적은 다르다. Little은 '치료'를 기법보다는 정신병 내담자와 작업할 수 있는 열쇠로, 직관과 관리가 해석보다 더 중요한 것으로 기술하였다(1990: 88). 그녀는 Winnicott의 반응에서 실제적 해석을 거의 기록하지 않았다. 오히려 그녀는 다른 말로 그를 기술하였다.

나는 D. W.이 본질적으로 '좋은 매너'가 중요한 진실된 사람임을 알아냈다. 비록 그가 비난을 잘할 수도 있지만, 그는 사람을 존중하였다……. '연상'을 요구하는 것이나 '해석'을 강요하는 것은 유용하지 않을 뿐 아니라 '나쁜 매너'일 수 있다. 그는 또 다른 사람을 보호할 필요가 없다면, 관찰에 반응하고 질문에 진실하게 대답하는 것으로 보아 누구보다도 정직하다……. 그는 질문을 있는 그대로 받아들여 직접적으로 대답하고 나서, 이 질문이 왜 나왔는지를(항상 그 자신에게, 종종 내담자와 함께) 고려한다. 왜 나왔는지? 그리고 그 질문의 뒷면에 있는 무의식적 불안은 무엇인지?(1990: 47)

Little은 결혼이 깨졌을 때 자신의 우울증에 대해 그녀와 얘기하지 않았지만(그녀는 그의 외모와 태도로부터 그것을 잘 알 수 있었지만), '결국 그는 내가 다른 곳에서 자신의 이혼과 곧 있을 재혼을 듣지 않도록 하기 위해 그것에 대해 나에게 말했다.'라고 후에 회상하였다(1990: 55).

Winnicott에 대한 Little의 감동적인 설명에서 이렇게 발췌를 하는 것에는 위험이 있다. 그가 그녀를 보기 전에 정신병 내담자를 진료한 20년의 경험을 가지고 있었고, 심지어 그때에도 내가 (이미)벌써 지적했듯이 실수는 불가피했다는 것을 기억하는 것이 중요하다. 그가 놓치고 오해한 것이 있었다. 그러나 어떤 사람도 다른 사람이 원하는 것을 모두 줄 수 없기 때문에, 필수불가결하게 그럴 수밖에 없었다. 그리고 치료자가 '완벽은 소용 없고 불가능한 소망'이라는 것을 명확히 하는 것은 실수를 통해서다(1984: 108). 내가 언급하였듯이 그가 내담자들의 이런 종류의 퇴행을 제지했다는 것을 기억하는 것이 필수적이다. '완전한 퇴행의 시기는 나만의 것은 아닐 수 있다. 그것은 그의 사례의 부담에 많은 부분이 달려 있다.'(Little, 1990: 47) 그는 치료자에게 기대할 수 있는 것보다 자신의 더 많은 부분을 준 반면, 그 역시 '전적인 자기 희생은 적절한 것이 아니다.'라는 것을 명확히 했다. 그가 자신의 신체적 및 정서적 욕구를 제공하면서 자신을 돌볼 수 없다면, 그는 어느 누구에게도 도움이 될 수 없다(Little, 1990: 64).

마지막으로 이것이 한 주에 한 번 하는 심리치료와 상담이 아니라 정신분석이라는 것과, 그때에는 심지어 7년 이상 지속될 수 있었다는 것을 기억하는 것이 중요하다. 이 정도의 개입이 깊은 치료적 관계 속으로 들어가기를 갈망하는 상담자나 치료자에게 매혹적일지라도, Little의 설명은 이런 작업이 Winnicott의 규준이 아니었다는 것을 인정하면서 읽어야 한다(이것이 그의 치료에서 분명히 끊임없이 계속되는 차원이었을지라도). 그것은 위험하다. Winnicott은 그의 논문 「역전이에서의 미움(Hate in the Counter-Transference)」 (1975: 197-198)에서 다른 내담자와 그의 마음을 얘기하는 것의 '재앙적 효과'를 기록했다. 그리고 Winnicott의 추종자라기보다는 오히려 융 학파에 관한 것이지만, 『내부의 경계(A Guard Within)』(Ferguson, 1973)로 소설화된 Sarah Ferguson과 Robert Moody와의 이상할 정도로 유사한 강렬한 치료적 관계는 두 사람 모두의 죽음으로 끝났다. 정말로 역설적이게도, Ferguson의 제목은 치료자와 상담자의 작업에는 그들 자신의 내부 경계가 필요하다는 것을 상기시킨다. 우리는 Winnicott에게서 내담자를 면밀히 관찰하는 것과 치료자의 역전이(다음을 보시오)를 부단하고 정직하게 감찰하는 것 둘 다의 필요성에 대해 명백히 인정하는 것을 볼 수 있다.

미움과 역전이

Winnicott은 때로 매혹적인 작가와 같았다. 그리고 때론 매력적인 개성을 보였다. 그리고 이것은 그의 내담자들이 그에게 긍정적인 모성 전이—치료자로서 그의 외관상 성공에 상당한 기여를 하는—를 일으키게 하였다. '외관상'이라는 용어를 사용하는 이유는 그의 주된 치료 또는 다른 치료들이 얼마나 성공적이었는지에 대한 실제 측정치가 없기 때문이다. 둘 다 그것들에 대해서 그의 편에서 효과를 주장하려는 시도로 쓰이지 않았다. Winnicott이 그런 속이는 방법과 관련해서 그의 경험에 대해 쓴 것은 그 자체만으로 그가(그가 또한 그렇게 주장하지 않았지만) 다른 치료자들보다 더 또는 덜 성공적이었는지에 대한 증거가 될 수 없다. 그는 때때로 실패한 사례들을 의뢰하기도 했다. 후의 일이나 Masud Khan의 타락(fall from grace)으로 미루어 보아, Winnicott이 스스로를 얼마나 철저히 분석했는지 추측해 볼 수 있다. 하지만 종교적 개종과 같이 분석을 끝냈다고 해서 완벽한 인간이라는 것을 의미하는 것은 아니다.

나는 그 스스로가 기꺼이 결점과 맞서 싸우는 방법에 주목했다: Little이 그녀의 분석 초기에 꽃병을 깼던 사건에서 그의 감정, 그리고 실패에 대해 치료자를 미워하려는 내담자의 욕구에 대한 그의 언급. The Piggle의 사례에서 종결과 관련하여 Gabrielle의 파괴적인 감정이 드러나는 좀 다른 예가 있다. 끝에서 두 번째 상담 때, 그녀는 아버지 인형을 들고 그것을 비틀면서 말했다. "나는 그의 다리를 비틀고 있어요. …… 그의 팔도 …… 이제 그의 목 …… 이제 그의 머리가 떨어져 나가 버렸어요." 그녀가 이렇게 했을 때 Winnicott은 "아야~ 아야~." 하고 소리쳤고, 그녀는 그것을 굉장히 좋아했다. 그녀는 그를 제거할 필요가 있었고, 부분적으로(그래서 그가 해석했고) 그렇게 함으로써 그녀의 여동생 또한 그를 절대 가질 수 없었다. 그녀는 Winnicott이 '파괴되고 죽기를' 원했다(1980: 191). 이 회기가 있은 후 얼마 뒤에 그녀가 그렇게 한 것에 대한 그녀의 불안을 감지하게 되어서 그는 Gabrielle의 그림을 종이에 그렸다. 그리고 그는 그것의 팔을 비틀고, 다리와 머리를 비틀고는 이것이 아픈지 그녀에게 물었다. 그녀는 크게 웃고는 말했다. "아니요, 간지러워요." 그는 그녀가 그를 때려 눕히기도 했지만 다치게 하지 않았음을 보여 줄 필요가 있었다.

　Winnicott은 정상적인 상태 아래에서 치료자의 미움은, 비록 그것이 회기의 끝이나 치료의 종료 시 받아들일 수 있는 형태로 표현된다고 할지라도, 잠복해 있다고 말했다. 물론 이것은 실제 내담자와는 상관없이 자신이 스스로 풀어야 할 치료자 자신의 역전이의 일부일 수 있다. 그러나 어떤 내담자, 특히 정신병적 또는 반사회적인 내담자와 작업하다 보면, 치료자가 미움에 접촉할 수 있는 것은 매우 중요하다. 여기에는 여러 이유가 있다. 치료자는 와해된 사람들과 작업하기 위해서는 그들의 깊은 곳까지 닿아야 할 필요가 있다. 비록 몇몇 내담자들에게는 정당화된다 하더라도, 미움은 감지되어야 하고 그것을 해석하기에 적당한 순간까지 유지되어야 한다. 그리고 내담자들은 그들이 치료자의 감정을 정확하게 알아차릴 수 있을 때를 알 필요가 있다. '특정 분석의 특정 단계에서 분석가의 미움은 실제로 내담자에 의해 감지되고, 그 후 필요한 것은 객관적인 미움이다. 만약 내담자가 객관적인 또는 정당화된 미움을 찾는다면, 그는 반드시 그것에 닿을 수 있어야 하고, 그렇지 않으면 그가 객관적인 사랑에 닿을 수 있다고 느낄 수 없다.' (1975: 199)

「역전이에서의 미움」이라는 논문에 실린 짧은 예에서, Winnicott은 그가 내담자의 객관적인 미움을 깨달았을 때 내담자가 '사랑스러워지는' 한순간으로 진행되는, 치료에서의 특별한 순간을 기록하고 있다.

비호감은 무의식적으로 결정된 활성화된 증상이었다. 나와 그의 친구는 그로부터 거절당한 느낌이었지만 그가 너무 아파서 우리는 그에게 알려 줄 수가 없었다고 말할 수 있었던 그날은 정말로 나에게 멋진 하루였다. 이날은 그의 현실

적응에 굉장한 진전이 있었던, 그에게도 중요한 날이었다 (1975: 196).

더 긴 예에서, Winnicott은 그의 마음의 이야기하는 데 꺼림직함—비록 이것이 그의 미움의 행동화를 분명히—을 보이지 않았다. 제2차 세계대전 당시 그와 첫 번째 부인이 아홉 살의 피난민 소년과 함께 '지옥의 3개월'을 어떻게 보냈는지 자세히 이야기한다. '아동의 가장 사랑스러운 것과 가장 미치게 만드는 것.' (1975: 199-200) 처음 그들은 그 소년이 도망가는 문제가 있었지만, 이 문제는 그들의 집으로 그의 파괴성을 가지고 오는 것으로 대치되었다. 이러한 교체를 Winnicott은 이렇게 기술하고 있다. '내 안의 미움이 일어났다⋯⋯. 내가 그를 때렸나? 아니다. 나는 절대 때리지 않는다. 하지만 만약 내가 나의 미움에 대해 몰랐다면, 그리고 이것에 대해 그 역시 알지 못하게 했다면 나는 그를 때렸을 것이다.' 위기의 순간 Winnicott은 어떤 분노나 비난도 없이 신체적 힘으로 그를 잡았고, 그를 문 밖에 둔다. 그에게는 다시 돌아올 수 있을 때 누를 수 있는 벨이 있었다. 그리고 그는 누구도 지나간 일에 대해서는 아무것도 말하지 않음을 알고 있었다. 그는 그가 자신의 광적인 공격으로부터 회복되었을 때 그 벨을 사용하는 법을 배웠다. Winnicott은 덧붙여 말했다. '중요한 것은 그 순간 나는 단지 그를 문 밖에 세워둘 때마다 그에게 얘기를 해 주었는데, 나는 무엇이 그를 미워하게 만들었는지 말했다.' (1975: 200)

우리가 좀 더 말하자면, 그 소년이 공인된 학교에 갔던 것을 제외하고, 아직도 '깊게 뿌리박은 우리와의 관계는 그의 인생에서 얼마 되지 않은 안정적인 것으로 남아 있다.' 이런 방법으로 그 스스로를 표현하는 것이 Winnicott에게는 중요했다. 왜냐하면 '나의 화를 잃지 않고, 때때로 그를 죽이지 않는' 상태를 견뎌 낼 수 있게 하기 때문이다(1975: 200).

비슷하게 '어머니는 아무것도 하지 않고 자신의 아이를 미워하는 것을 견뎌 낼 수 있어야 한다.' 정신병 내담자는 '분석가가 그를 미워할 수 없다면, 분석가에 대한 그의 분노를 견뎌 낼 수 없는' 것과 마찬가지로, 만약 아이가 자신의 미움을 견뎌 내려면, 아이는 자신(어머니)의 미움을 견뎌 낼 수 있는 어머니가 필요하다(1975: 202). 왜 어머니가 자신의 아이를 미워하는지에 대한 Winnicott의 목록은 또 다른 보석 목걸이다. 예를 들면,

그는 잔인하다. 그녀를 인간쓰레기나 하인, 노예처럼 다룬다…….

그는 그녀에게 상처를 주려 하고, 주기적으로 그녀를 깨문다. 사랑 안에서…….

그는 의심이 많다. 그녀가 주는 좋은 음식은 거절하고 그

녀 자신을 의심하게 만든다. 하지만 고모와는 잘 먹는다.

그와 함께 끔찍한 아침을 보낸 후 그녀가 나갔다. 그리고 그는 "정말 귀엽지 않아요?"라고 말하는 낯선 사람을 보며 미소 짓는다.

만약 처음에 그녀가 그를 저버린다면, 그가 영원히 그녀에게 화풀이를 할 것이라는 것을 그녀는 알고 있다(1975: 201).

엄격히 말해서, 어머니의 미움과 행동화하는 소년의 자신의 미움에 대한 Winnicott의 묘사는 역전이가 아니다(1965b: 158-165). 그가 그 주제에 대해 후의 논문에서 정확히 관찰했던 것과 같이, 역전이는 반응(reaction)과는 다르다. 그리고 함축적으로 자기-노출은 해석과는 다르다. 한번 그는 이렇게 쓴 적이 있다. '나는 내담자에게 맞았다. 내가 말하려는 것은 출판을 위해서가 아니다. 이것은 그 사건에 대한 해석이 아니라 반응이다. 그 내담자는 전문가로서의 하얀 선을 넘어왔고 실제의 나와 약간 만났다. 그리고 그녀에게 이것은 실제라고 느껴졌을 것이라 생각한다. 하지만 반응은 역전이가 아니다.' (1965b: 164) 이 교훈은 유익하다. 역전이에 대한 그의 두 번째 논문은 치료자의 전문성, 분석가와 내담자 사이의 공간, 치료자의 역할과 일상생활에서의 똑같은 사람 간의 차이에 대해 계속해서 강조한다. 만약 Winnicott이 건조하고 딱딱한 정신분석 세계의 창문을 풍

만한 인간의 경험으로 상쾌하게 열지 않았다면, 그는 동시대의 이슈가 되지 않았을 것이다.

'매우 개인적인 기법'

Winnicott 스스로 정신병 내담자의 분석과 신경증 내담자의 분석을 구별하였음에도(1975: 278-294), 이 두 영역의 치료에는 그가 전문적으로 관여하고 있는 다른 세팅에서의 작업과 마찬가지로 상당한 공통점이 있다. 이 공통 영역은 역전이, 특히 미움과 관련된 중요성에 대한 인식과 사용을 강조한 것에서 찾아볼 수 있다; 치료는 반드시 버텨 주고 촉진하는 환경을 제공해야 하며, 그 안에서 사람들은 성장할 수 있는 기회를 제공받는다는 그의 주장, 즉 자신의 내담자에 대한 강렬한 '모성 몰두.' 비록 Margaret Little은 우리에게 Winnicott이 신경증의 경우 '전이 해석, 억압된 오이디푸스 자료에 대한 집중과 초자아의 활성화 등의 기본적인 기법'(Little, 1990: 76)을 사용했다는 것을 상기시켰지만, 동시에 그녀는 '매우 개인적인 기법'을 소유하고 있는 Winnicott을 공정하게 묘사했다. 여기에서 나는 그것을 찾고자 한다.

『버텨 주기와 해석』(1989a)에서, 지난 여섯 달 동안 한 남자 내담자—청년이었을 때 처음 보고 12년 후에 다시 보게 된— 와의 분석 내용을 모두 기록해 두었기 때문에 Winnicott의 치료 방법을 검토할 수 있는 자료가 많이 있다. 편집장이었던 Masud Khan은 서론에서 '임상 장면에서의 Winnicott은 지칠 줄 모르는 노트 필기자였다. 어디에서 그런 에너지와 시간이 나는지 수수께끼다.'라고 말했다. 선긋기 게임을 할 때 그는 그림 뒤에 간단한 노트를 할 수 있었다. 하지만 이때의 기록은 평소보다 확실히 방대했다. 중앙에는 대화 내용을 알아보기 쉽게 바꿔 쓰고 요약했으며, 가끔 양 옆에 축어록을 썼다. Winnicott은 '내담자들이 천천히 그리고 신중히 말해서 쉽게 기록할 수 있었다. 기록해야 할 분석에 결정적인, 특별한 순간을 선택한다. 그리고 내가 한 말이 만족스럽든 부끄럽든 간에 실제로 한 말을 적는다.'라고 설명했다(1989a: 7).

  Khan은 그 내담자가 정신분열증이었고 때때로 회기 중에 심리적으로 철수되어서 그에게 주의를 집중하기 어려웠기 때문에, Winnicott이 기록을 하는 이유 중에 하나가 스스로 깨어 있기 위해서인지를 궁금해했다. 이것은 치료자가 회기 중에 내담자의 철수에 어떻게 반응할 수 있는지에 대한 몇 가지 예를 Winnicott에게 제공하기 때문에, 이 사례의 가장 중요한 이론적 특징이다. 이러한 철수(지루함, 심지어는 졸림 등으로 다양하게 묘사되는)는 내담자가 치료자를 배제시키고 스스로를 움켜쥐고 있는 방어적 입장으로서 쉽게 경험될 수 있다. 그러나 Winnicott은 이것을 변화시킬 수 있는 가능성을 보았다. 만약 치료자가 내담자를 버텨 줄 수 있다면 내담자의 철수는 일시적인 퇴행으로 바뀔 수 있고, 이 퇴행은 과거 내담자의 병력에서 부적절한 적응을 수정할 수 있는 기회가 된다. 철수 상태에서는 아무것도 변할 수 없다. 하지만 퇴행과 의존은 훨씬 더 '유익하다.' (1989a: 192) 내담자를 버텨 준다는 의미는 신체적인 버텨 주기(때때로 우리가 보아 왔던 더 영구적인 퇴행을 제외하고는)가 아니라, 내담자를 깊은 수준까지 이해하고 '적절한 때에 정확한 해석을 해 줌으로써' 우리가 그렇게 한다는 것을 보여 주는 것이다(1989a: 192).

만약 이것이 그의 논문 「철수와 퇴행」(1975 & 1989a)과 전체 분석에 대한 요약에서의 그의 주된 관심사라면, 부가적으로 우리의 관심도 치료하고 있는 Winnicott을 일견하는 방대한 기회에 초점을 맞춘다. 나는 이것을 '일견'이라 부른다. 왜냐하면 이것이 전체이지만, 그가 충분히 설명한다 하더라도 그것은 실제 회기와 같지 않고, Freud의 고전적인 사례사에서 볼 수 있는 것보다 짧은 '중편소설' 정도이기 때문이다. 세부 사항은 Winnicott의 반응 및 해석의 관점과 더 가까운 반면, 아무래도 감정과 리듬, 침묵, 속도, 비언어적 의사소통 또는 외부의 소음 등의 미묘한 것에 대한 기술은 빠져 있다. 이것은 아마도 내담자와 관련이 있겠지만, 그 상호작용은 좀처럼 『히스테리에 대한 연구(*Studies on Hysteria)*(Freud & Breuer, 1895)에서의 Freud의 사례만큼 생동감 있게 다가오지 않는다. 이것은 또한 Little이 자신의 분석에 대해 기술한 것만큼 생생하지도 않다. 아마도 이런 이유 중 일부는 자료 자체가 많이 정서적으로 관여되지 않았기 때문일 수 있고, 일부는 분석의 마지막 부분이었기 때문일 수 있다. 우리는 전에 일어났던 모든 일을 알 수 없다. 그 노트를 읽는 것은 우리가 모르는 사람의 대화를 엿듣는 것과 같다. 하지만 Winnicott의 기법을 돋보기로 보고 싶어 하는 독자는 충분히 만족할 것이다. 나는 Winnicott이 작업하는 방법을 보여 주기 위해 약간의 예를 발췌했다.

그는 자주 전이를 언급했다: 대부분의 그의 개입은 그 자신과 내담자와 관련되어 있었고, 그들 사이에서 일어나는 일은 어머니와 자녀(때로 아버지와 자녀) 관계와 연결되었다. 그는 때때로 비록 그것들이 필기할 목적으로 속기된 것일 수 있지만 유아와 아동 발달에 관한 정신분석의 개념을 사용했다. 직접적인 인용이 있는 곳을 보면 Winnicott의 언어가 얼마나 덜 기교적인지 알아챌 수 있다. 예를 들어, 그는 설명할 때뿐만 아니라 해석할 때도 심상을 사용할 줄 모른다.

나는 이제 그에게 두 가지 가능한 반응, 즉 분열성과 우울에 대한 더 자세한 설명을 했다(이러한 용어를 쓰지 않고). 나는 코트의 단추를 당기는 아이에 비유하여 말했다……. 그가 단추를 얻었을 때 중요한 것은 그가 만족했다는 것이다. 그리고 그 때문에 그 단추는 중요하지 않게 된다 ……. [Winnicott 은 이제 그 자신을 전부 인용한다.] '또 다른 가능한 반응이 있다. 그리고 나는 그것을 언급한다. 왜냐하면 분석 안에 있 지만 당신이 아직 볼 수 없기 때문이다. 이것은 단추가 없는 코트에 대한 관심일 수도 있고, 단추의 운명에 대한 관심일 수도 있다.' (1989a: 31)

그는 몇 가지 질문을 한다. 비록 말머리에 '내 생각 에……' 라는 말을 붙이지만, 대부분의 그의 개입은 확신에 찬 진술이다. Little이 그는 '잠정적으로 또는 추측하여 말했 다.' 는 논평을 달았지만, 그가 의미하는 바가 '궁금하다' 인 지 '믿는다' 인지를 알아내기란 어렵다(1990: 48). 분명히 그 는 여러 곳에서 자신이 얼마나 잘못 짚었는지 말했다. '이전 의 내 해석은 분명히 잘못된 것 같다고 말하면서, 새로운 해 석을 했어요.' 그리고는 얼마 지나지 않아 똑같은 회기에서 말했다. '나는 또 다른 해석을 했는데, 철회해야 했어요. 왜 냐하면 결과를 보면 그것이 틀렸다고 말할 수 있었기 때문 이죠.' (Winnicott, 1989a: 23) 분석이 끝나갈 때 Winnicott 은 자신의 내담자에게 말했다. "당신은 나의 유연성과 내가 나아가면서 무언가를 계속 시험해 보려는 마음을 높게 평가 해야 합니다." (1989a: 185) Khan은 또한 Winnicott이 '모르는 것을 담아 둘 수 있는 기념비적인 능력'을 갖고 있다고 평했다(Winnicott, 1989a: 15).

Winnicott과 함께했던 치료에 대한 Little과 Guntrip의 기술 둘 다에서 그가 얼마나 가능한 한 조용하면서도 자신들의 욕구에 주의를 기울였는지에 대해 상당한 증거를 제시한다. 하지만 이러한 노트는 훨씬 더 많은 언어적 상호 교환을 드러내고 있다. 하지만 그가 말할 때는 과도하게 조절되고, 익명성이 있으며, 다소 객관적인 해석의 징후는 거의 없었는데, 이런 것은 내담자들에게 '빈 스크린'으로서 스스로를 드러내는 것을 선호하는 치료자와 지나치게 연관되어 있는 것이다. 어느 때 그는 자신의 내담자에게 이전 회기의 마지막 30분을 떠올려 보게 한다. 그리고 그가 기억할 수 없는 한 부분이 있다고 말한다. 잠시 후 기억이 돌아왔고 그는 내담자에게 솔직하게 그것이 무엇이었는지 말해야 한다고 생각한다. 다음의 발췌 예에서 보듯이, 그는 그 관계에 대한 자신의 경험을 노출한다.

> 내담자: 그는 내가 그가 보이는 흥분에 맞춰서 흥분을 보여야 한다고 생각했어요…….
>
> 분석가: 나는 이렇게 대답했죠. 내가 그가 절망하고 있는 동안 그만큼 절망한 상태가 아니었기 때문에 아마도 그가 흥분한 만큼은 아니었을 수 있겠지만, 나는 정

말로 흥분했었다고요.

내담자: 그는 내담자의 호전 상태에 기뻐할 수 있는 분석가의 능력에 대한 주제를 계속 이야기했고, 나는 이렇게 말했어요.

분석가: 당신은 내가 그런 일을 했다는 것을 믿어야 해요. 왜냐하면 나는 이것이 의사로서 할 수 있는 가장 흥분된 경험이라 생각하기 때문이에요. 그리고 내담자들이 잘 해 나가고 있을 때가 그렇지 않을 때보다 확실히 내 관점에서는 더 좋죠(1989a: 30).

이 사례 노트에는 한두 가지 다른 놀라운 점이 또 있다. Khan은 Winnicott이 청년이었던 그 내담자를 처음에 어떻게 만났으며, 첫 번째 분석을 종결하고 8년 후에 그가 어떻게 지내고 있는지 알아보기 위해 그의 어머니에게 편지를 쓴 것에 대해 설명하고 있다. 약 4년 후 어머니가 Winnicott에게 연락을 했고, 이 일로 Winnicott은 그 내담자를 다시 보게 된다. Winnicott은 그 내담자에게 자신이 그를 찾고자 했던 것은 우연이 아니었다고, 다른 방식으로 돌리지 않고 직접적으로 말했다. 그는 한 주는 화요일, 수요일, 목요일 그리고 다른 한 주는 월요일, 화요일, 금요일 이렇게 번갈아 가며 일주일에 세 번씩 그 내담자를 만났다. 이것은 의심할 여지가 없이 내담자의 직업적인 약속이 있었기 때문이었지만,

Winnicott은 여전히 분석하기 위해서는 일주일에 세 번을 보증하도록 했다. 아마도 그는 분석적 제도가 이런 설명을 필요로 하는 것이라고 인식하였고 이것을 주지 않을 수 없었다.

이 분석의 종결은 매우 갑작스러웠다. 비록 Winnicott은 자신의 내담자와 계속 보기를 원한다는 것을 분명히 했지만, 또한 이것이 그의 선택임을 분명히 받아들였고, 더 큰 위험 부담이 없는 이 순간에 떠날 수 있다는 것을 재확인하였다. 그럼에도 종결은 두 회기의 사이에서 일어났다. 비록 내담자는 6개월 후에 종결을 확실히 하고 그에게 감사하는 편지를 썼지만, 이 두 번째 분석이 끝나고 14년 뒤 Winnicott은 그가 어떻게 지내는지 묻는 편지를 씀으로써 한 번 더 이 내담자를 찾았다. '저는 되돌아보고, 궁금해하는 시기에 있습니다.' 전의 내담자로부터 온 긴 편지에 짧게 화답하면서 Winnicott은 '심리치료를 계속하는 대신에 당신의 삶을 이용하는 방식에 감명받았습니다.'고 말했다. 우리는 Freud 역시 그의 내담자 중 몇몇(늑대 사람과 같은)과 가졌던 친밀한 관계에서의 이러한 상호 교환과 그들 사이의 실제 관계가 어떻게 전이 관계의 포기에도 불구하고 살아남게 되었는지를 기억한다.

치료 관계에서의 이러한 강렬한 개인적 특징은 Harry Guntrip이 Winnicott과 함께했던 그의 분석을 기술하는 데에서도 다시 나타난다. Guntrip은 이 분석을 스코틀랜드 분석가이고 영국 정신분석학계에서 똑같이 중요한 인물이 었던 W. R. D. Fairbairn과 함께했던 이전의, 더 길었던 분석과 비교하였다. 그들의 치료 양식과는 별개로(Fairbairn은 이론에서 혁명적이었던 사람치고는 그의 기법은 독특하게 전통적이었다) Guntrip은 전이 관계에서 완전히 다른 방식으로 각각을 경험했다. Fairbairn은 Guntrip의 지배적인 나쁜 어머니가 되었고, 반면에 Winnicott은 좋은 어머니가 되었다. 이는 부분적으로는 Guntrip의 무의식의 작용 때문이기도 하며, 또한 주 분석가 각각의 핵심 성격으로부터 기인하는 부분도 분명 있다. Guntrip의 설명에 따르면, Winnicott은 부분적으로는 물론 내담자에 대한 그의 초기 모성 몰두를 통해서뿐만 아니라 그 역할 안에서 스스로를 해석함으로써, 충분히 좋은 어머니(good-enough mother)의 역할을 채택했다.

Guntrip은 1962년에서 1968년까지 한 달에 한 번 Winnicott과 함께 두서너 회기(총 150회기)를 하기 위해 리즈에서 런던까지 여행했다. 우리는 Piggle과 끈을 그렸던 소년의 사례에서처럼 Winnicott이 회기 사이의 간격이 넓어도 분석 작업을 잘 했었다는 것에 다시 한 번 주목한다. 더 전통파였던 동료들 가운데 몇몇 사람이 말했을지도 모르지만(그리고 Piggle과 관련하여 정말로 그렇게 생각했다) 그가 분석의 효과를 약화시켰다는 어떠한 암시도 없었다. Guntrip의 사례에서, Winnicott과의 한 달 간격의 분석은 Fairbairn과의 더 초기 과정, Guntrip 스스로의 상당한 통찰과 스스로를 치료하는 기술, 끊임없는 자기분석, Winnicott과의 매 회기를 꼼꼼히 기록하고 그것으로 회기 사이에 작업하는 강박적인 습관의 도움을 받아왔음에 틀림없다.

이러한 후반의 치료는 Winnicott이 결국, Guntrip의 남동생의 죽음에 대해 자신에게 오는 영향을 연결시키지 못했던 어머니와 관련된 Guntrip의 초기 외상적인 경험과 연결함으로써 해석했던 것이었다. Guntrip은 자신의 회기 중 계속되는 말과 강박적으로 열심히 일하는 것(그리고 회기 밖에서의 침묵과 과로 모두의 문제들)에 대해 Winnicott이 한 말을 기록하고 있다. '당신은 존재하기 위해서 열심히 일을 해야만 했어요. 당신은 행동이나 말, 깨어 있음을 멈추는 것을 두려워해요. 당신은 만약 당신이 행동을 멈춘다면, 어머니는 아무것도 할 수 없을 것이기 때문에 Percy(그의 동생)와 같은 틈 안에서 죽을지도 모른다고 느껴요……. 당신은 두려움에 묶여 있고, 나는 당신이 살아 있도록 할 수 없어요. 그래서 당신은 자신의 기록을 이용해서 나를 위해 매 달마다의 회기를 연결합니다. 틈이 없게.' 반대로, 1장에서 살펴보았지만, Winnicott은 공간과 틈에 대한 불안이 거의 없었다.

Winnicott은 전이 관계가 될 수 있는 특수 요소를 감지해

냄으로써, Guntrip의 불안을 첫 번째 회기에서 짚어 냈다. Guntrip은 자신의 기본적인 문제가 생의 초기에 관계하는 데 실패했던 어머니라고 설명했다. 그것은 단지 그 회기의 끝에 Winnicott이 말했던 것이다. "아직은 특별히 할 말이 없어요. 하지만 만약 내가 아무 말도 하지 않는다면 당신은 내가 여기 없다고 느끼기 시작할지 모릅니다."(Guntrip, 1975: 152)

Guntrip의 경우, 비록 자신의 퇴행한 자아는 억압되었다고 인정했지만, Winnicott은 분명히 심리적으로 혼란스럽거나 퇴행하지 않은 사람과 함께 작업했다. 그럼에도 Winnicott은 초기 발달상의 주제 수준에서 즉각적으로 개입했다. 신경증적 증상을 보이는 내담자들에게 쓰는 분석적 기술에 대한 그의 묘사에서 기대했던 오이디푸스 후기의 주제가 아니라 좀 더 전통적인 프로이트 학파의 입장에서 기대하는 부성 전이에 대한 어떤 언급도 없다. Winnicott은 (정말 Fairbairn과 Guntrip 자신처럼) 초기 외상과 모성 관계 쪽으로 접근했다. 그 전이에서 그는 단지 어머니와 유아의 입장에서 해석했을 뿐만 아니라 경청하고, 주의를 기울이며, 온전히 존재하고, 절대 고의로 박탈하지 않는 좋은 어머니가 되었다(Klein 학파였던 그의 몇몇 동료가 믿었던 것처럼, 그것은 무의식적인 자료를 끌어내는 데 필수적이다.). Guntrip이 그에 대해 말하기를, "그는 내 무의식 깊은 곳에서 나의 유아 자기에게 젖을 주는 좋은 어머니가 되었다. 그 순간 나의 실제 어머니는 모성을 잃었고 더 이상 살아있는 아기로서의 나를 견딜 수 없었다." (Guntrip, 1975: 153)

Guntrip을 Winnicott과의 관계에 대해 이야기하고 있는 읽을거리 속의 내담자로만 보는 것뿐 아니라 동료로서의 그의 위치를 인정해 주는 것이 중요하다. 회기 그 자체 외의 Winnicott에 대한 그의 묘사에 주목하고, Winnicott이 그에게 끼친 가장 큰 영향을 치료적 관계에서가 아니라 대학에서의 관계에서 알아보는 것은 흥미 있다. 그러나 Guntrip은 Fairbairn의 상담실과 Winnicott의 상담실을 대조시켰다─후자(Winnicott의 상담실)는 '단순하고 편안한 색과 가구가 수수하고 신중하게 배치되어, Winnicott 여사가 말하기를, 내담자들이 편안하게 느끼도록 만든다고 했다.' (Guntrip, 1975: 149) 그는 또한 그들의 개인적인 스타일도 대조시켰다. '내가 노크를 하고 안으로 들어가면, 곧 Winnicott은 한가로이 차 한 잔을 손에 들고 기분 좋게 '안녕하세요.' 하고 인사하곤 했다. 그리고 카우치 옆에 있는 작은 나무 의자에 앉았다……. 끝나고 내가 나갈 때는 항상 그는 친밀하게 악수하고자 손을 내밀었다.' (Guntrip, 1975: 149) Guntrip은 자신이 원할 때면 카우치에 앉거나 누울 수 있었다.

이것이 그들의 일상적인 직업이었는지, 그래서 Winnicott이 어느 순간에 Guntrip에게 특별한 내담자로서가 아닌 그에 대한 자신의 느낌을 말하도록 이끌어 내는 좀 더 동등한 상대였는지를 알아내기란 어렵다. '나는 당신에게 좋은 사람이에요. 그리고 당신은 나에게 좋은 사람입니다. 당신의 분석을 하는 것은 나에게 일어나는 일들 중 거의 가장 안심이 되는 것입니다. 당신 앞에 있었던 사람은 내가 전혀 가치 없는 것처럼 느끼게 만들어요. 당신은 나에게 잘해 줄 필요가 없습니다. 나는 그것이 필요 없고, 그것 없이도 잘 대처할 수 있어요. 하지만 사실 당신은 나에게 좋은 사람이에요.' (Guntrip, 1975: 153) 그 노출은 분명 Guntrip에게 깊은 영향을 주었다. '적어도 여기에는 나를 자신의 자녀가 될 가치가 있다고 여기는 어머니가 있다.' 이후에 언급하겠지만, 이러한 언급은 그와 접촉했던 다른 사람들—Winnicott이 특별하게 느끼도록 만들었던—의 경험과 일치한다.

두 명의 분석가에 의해 상보적으로 해석되었던 Guntrip의 초기 외상에 대한 해결은 사실 그가 Winnicott과 만나는 것을 그만둔 후에야 일어났다. Guntrip은 과로로 병을 얻게 된다. 이것에 뒤이어 Winnicott은 자신을 죽음으로 이르게 하는 독감에 걸린다. Guntrip이 Winnicott의 사망 소식을 들은 날 밤, 마침내 그는 자신과 자신의 남동생과 관계하는 어머니의 실패를 극복할 수 있게 하는 일련의 꿈 중 첫 번째 꿈을 꾼다. Winnicott은 치료를 끝내는 것의 중요성을 알려 준 존재였다. 그가 죽은 지 4년이 지나기 전에 그의 죽음이

Guntrip에게 그의 분석적 탐색을 완성하는 것에 대한 의미를 제공했음이 틀림없다는 것은 아이러니하다(긍정적인 의미에서).

이것은 치료가 단지 자연스러운 발달 과정만 도울 수 있다는 Winnicott의 확신을 확인하는 또 다른 예다: 치료는 발달 과정이 준비되기 전에 발달 과정이 일어나도록 할 수는 없다(비록 치료가 계속되는 한, 살아서 머무르는 치료자에 대한 그의 지론을 이미 인용했음을 잊지 않았다 할지라도, 만약 죽음이 실패의 한 형태로서 해석된다면 이것은 아마도 그의 죽음조차도 Guntrip에게 얼마나 중요했는지를 확인시켜 준다.). Winnicott 자신은 증상의 제거를 치료의 주된 결과로 크게 여기지 않았다. 분석의 목표에 대해 이런 관점을 갖는 것은, 치료 그 자체에서의 만족과 위안을 위한 필요에 대한 초기 Freud 학파의 모델을 확장시킬 것이다. Fairbairn과 Guntrip처럼 Winnicott은 Freud가 발달시키기 시작했고 그들과 다른 사람들이 더 완전히 끌어올린, 우리가 '대상 추구적인'이라고 하는 그 모델을 선호했다. 이러한 관점은 또한 다양한 치료 목표를 이끌어 낸다. Guntrip이 자신의 말을 회상했던 것처럼, Winnicott에게 그것은 다음을 의미했다. '우리는 Freud와 다르다. 그는 증상을 치료했다. 우리는 살아 있는 사람, 생명력 있고 애정이 있는 전인적 사람에게 관심이 있다.' (Guntrip, 1975: 153)

교사와 슈퍼바이저

심리치료는 Winnicott이 가장 몰두하는 일이었기 때문에, 임상 분야에서 그의 양식에 대한 가장 많은 증거를 찾을 수 있다. 스승과 슈퍼바이저로서의 그에 대한 문헌에는 아주 약간의 자료만 있다. Little이 인용한 개인적인 대화에서, 그의 제자 중 한 명이 다음과 같이 기록하였다.

그는 당신에게 분석가로서 당신의 내담자의 모든 자료에 대해 자유연상하도록 가르쳤다. 당신이 그에게 이것에 대해 말할 때, 그는 등을 기대고 눈을 감고 있을 것이고, 자기 자신에게서 떨어져 투덜거리며, 그 내담자에 대해, 당신이 말했던 것에 대해, 일어났던 일들에 대해 자유롭게 연상하듯이 말하기 시작할 것이다. "왜 그런 말을 했죠?"라고 비판하지도 않고, 질문하지도 않고 단지 당신과 함께 그의 연상을 공유한다(Little, 1990: 76).

또 다른 심리치료자(그 당시 젊은 분석가였던)는 이렇게 적고 있다. '그는 사람을 특별하게 느끼게 하는 기질을 가졌다. 나는 내가 Winnicott과 직접적으로 연결되어 있다고 느꼈고, 다른 많은 사람도 그렇게 느꼈을 것이다. 이것은 그들을 안심시키는 동시에 자신이 특별하다고 느끼도록 했다. 일종의 공모가 일어났다. 그것은 적대적인 세상에 대항하는 편집증적인 공모가 아니라 안락한 포용이었다(개인적인 대화에서).

그런 직접적인 연결은 Winnicott과 함께했던 특별한 슈퍼비전 회기에 대한 Judith Issroff의 기술에서도 분명히 나타난다. 그녀의 기술은 여러 면에서 정신적 지도자를 연상시킨다. 그녀는 자신의 젊은 내담자들 중 한 명과 선긋기 게임을 했고 200개를 그렸지만, 이해한 것은 거의 없는 채로 회기를 끝냈다. 그녀는 Winnicott에게 전화했고 그 자료를 그에게 보냈다. 그는 헐렁한 니트 재킷을 아무렇게나 걸쳐 입고, 두터운 쿠션 위에 앉아 있었다. 비록 얼마 지나지 않아 바닥에서 일어섰지만(이런 상황은 분명 일상적인 것이었다.).

바닥에 앉아서 팔꿈치를 무릎에 대고 있으면서, 그의 안경을 이마 위로 올렸다. 손으로 이마를 짚고 손가락 사이로 훔쳐보았다……. 그는 내가 끝마칠 때까지 다소 엄격한 표정으로 조용히 나를 바라보며 내 말에 귀 기울였고, 보고서는 그 주위에 흩어져 있었다. 그리고는 일어나서 천장 쪽을 응시하며 눈을 가늘게 뜨고, 가늘다기보다는 희미한 목소리로 애매한 말을 뱉어 냈다. "우리는 유연증(salivation)의 창의성을 기억해야만 해. 안녕." 그래서 나는 처음보다 더 아리송한 채로 자리를 떴다(Issroff, 1993: 42-43, Issroff's italics).

비록 Issroff는 자신이 이해하지 못했던 'Winnicott의 통찰력 있는 발언'을 사용할 수 있게 되기까지 저장해 두는 법을 배웠지만, 그녀가 Winnicott과 함께했던 세미나나 슈퍼비전에서 했던 경험은 독특한 것이 아니었다.

Winnicott을 전혀 몰랐던, 어쩌면 항상 그가 원하는 만큼 완전히 그를 이해하지 못했던, 비슷하게 'Winnicott의 통찰력 있는 발언'을 저장해 왔던, 그것들이 의미하는 것이 무엇인지 정확히 알지 못했지만, 직관적으로 그들의 치료와 상담의 실제와 상당히 연관이 있을 것이라 믿었던 많은 사람이 있다. 자신의 저서에서, 그는 즐거운 표현의 보물창고를 제공한다(독자들이 여기에서도 발견했을 것이다.). 그것들 중 일부는 Issroff에게 했던 반응처럼, 다양하게 해석될 수 있는 고대의 신탁처럼, 수수께끼 같은 특징을 지녔다. 정말로, 때로는 Winnicott이 모순된 말을 하는 것처럼 보일지라도 그의 자발성과 독창성은 '필수적이고 불가분하게 그의 성격에 속해 있기 때문에, 그를 따라하는 것이 아니라 스스로의 치료 방식을 찾아가도록' (Little, 1990: 76) 치료자와 상담자들을 격려할 것이다.

이것은 더 많은 가능성을 만든다. 왜냐하면 이론이든 방법이든 형식적인 'Winnicott' 학파를 동일시하는 것은 가능하지도 바람직하지도 않기 때문이다. 5장에서 보겠지만, 비록 이것이 포괄적인 철학적 체계나 실용주의 기반에 기초하여 만들어졌다기보다는 어떤 사람의 특정 생각을 따라가는 방법으로 보이기는 하지만, 또한 이 시리즈의 몇몇 다른 인물의 추종자에게도 해당하는 것이지만 그의 영향은 상당하다. 하지만 다른 사람들에 의해 계승된 Winnicott의 생각을 검토하기 전에 다음 장에서 그의 입장에 대한 다양한 비판점들을 살펴보겠다.

4 비판과 반박

서 론

비록 심리치료와 정신분석 밖의 누군가가 Winnicott과 논쟁하는 것을 보는 것은 드물지만, Winnicott은 본래 복지 관련 직업을 가진 사람들을 위한 작가였다. 그의 이름은 상담 관련 현장에서는 알려졌을지 모르지만, 그의 생각들은 관련 전문직 내에서(비록 그의 몇 가지 생각이 관심을 끄는 문구들이 된다 할지라도) 거의 실제적인 논쟁의 관심을 끌지는 못했다. 그는 또한 더 광범위한 지적 문화에 거의 영향을 주지 못했다. 그것은 본질적으로 Winnicott이 Freud의 수준까지는 아니라는 것을 나타내지만 일부 사람들은 그를 Freud와 비교하기도 한다. 심지어 심리학과 관련된 다른 주요 학문 내에서도 그의 생각에 큰 관심을 기울이지 않았다. 만약 행동주의(예를 들어, Eysenck에 의해 대표되는)가 정신분석과 추격전을 계속 진행한다고 해도, Winnicott은 어떠한 특별한 관심을 끌지 못할 것이다. 이 장에서 충분히 보여 주겠지만, 우리는 그의 이론의 적절한 자격, 그의 몇 가지 단점에 대한 비판, 그리고 그의 몇 가지 기본 가정에 대한 논쟁을 발견하게 되는 것은 원칙적으로 Winnicott의 강연 분야에서다. 매우 흔하게 그의 연구에 대한 일반적 평가가 있는데, 이 평가에는 다른 분석적 사고와의 차이에 대한 특별한 강조점들과 그의 전체 연구 중 몇 부분에 대해서 표현된 특별한 조건들이 함께 포함되어 있다.

　그의 전체 연구에 대해 주요 비판이 적은 이유가 있다. 예를 들어, Winnicott의 글의 성격은 논쟁이 반드시 매우 제한적이었을 가능성이 있다. 그는 많은 글을 써 왔지만, 종합적인 이론으로 보이는 작품은 거의 출판하지 않았다. 비록 발전하는 주장을 가진 한 권의 적절한 책으로서 『놀이와 현실(*Playing and Reality*)』(1971a)을 냈지만, 그것은 사실 서로 각각 독립적으로 썼던 글의 편집물로, 몇 가지 단일한 형태로 만들기 위해 구절들을 연결시킴으로써 함께 배열한 (Rycroft, 1985: 143) 편집물이었다. 『인간 본성(*Human Nature*)』(1988b)을 제외하고 Winnicott에서 명확한 도식은 존재하지 않는다. 그마저도 그의 죽음 당시 단지 초안 형태였던(그리고 1954년 이후로 많은 교정이 이루어졌다) 한 권의 유작으로 출판된 책에서 그의 이론을 완성된 전체로 평가하는 것은 부적절할 것이다. 영국의 독립적인 정신분석 집단에서 또 다르게 중요했던 Rycroft는 특히 Winnicott이 자신의 출처와 다른 사람들의 생각과 유사한 점을 인정하는 데 인색하다고 비난한다. 'Winnicott에 대한 높은 칭송(1985: 20)'에도 불구하고, Rycroft는 또한 '때때로 추상명사를 사용하면서' Winnicott의 이론을 비난했다. Rycroft는 '그의 개인적인 표현은 너무 특이해서 어떠한 과학적 이론의 일반적인 형태로도 쉽게 동화될 수 없다. 그는 마치 누군가 살고 있는 황무지에서 우는 목소리나, 자신을 사상가로 위장하는 공상가와 같은 소리를 종종 낸다(1985: 144).' 라고 하면서 Winnicott의 이론을 비난하였다.

예를 들어, 본능 이론, 무의식, 성욕의 집중화, 성격의 구조에서 Freud를 논박할 수 있는 만큼 쉽게 Winnicott을 논박할 수 있는 좀 더 간결한 이론적 입장의 방식(자기 발달의 이론은 제외하고)이 또한 거의 없다. Winnicott은 Freud가 했던 것과 같이 웅장한 '프로젝트'에 착수하지 않았기 때문이다. 물론 중간 대상과 현상 같은 혁신적인 생각들이 있었다. 그리고 외적 현실은 환상의 파괴로부터 건설될 수 있다는 그의 개념(1965b: 75-76)도 논의될 수 있다. 그의 창의성에 대한 연구는 주요 기여점이고 진정한 출발이라는 것이 논의될 수 있으며, 그것은 Klein의 연구와 동일하다(Farhi, 개인적인 대화). 나 역시 선긋기 놀이와 같은 혁신적인 기법들을 잊지 않는다. 하지만 이러한 적은 예를 제외하고는, 예를 들어 Jung의 이론 구조에서 성격의 구조나 Klein의 '위상'에 대한 개념(Segal, 1992: 33-40)만큼 잘 발달한 것이 Winnicott에게는 없다. 그렇다고 그것이 그가 다른 사람 못지않게 대담하고 논쟁적이라는 것을 반박하는 것은 아니다.

그의 연구는 종종 Bowlby의 연구와 동일시되는 반면에, 비록 Bowlby의 몇 가지 방법론이 논박하기 쉬울 수도 있지만, 그는 그의 동년배처럼 상세한 연구를 하지는 않았다. 게다가 Freud 학파 혹은 Klein 학파같이 특별한 이론 영역에 Winnicott을 두는 것이 어려울 수 있는 반면(다음 장에서 보여 줄 것과 같이), 또한 그를 뒤따르는 자들을 'Winnicott 학파'라고 설명하는 것도 불가능하다. 그것은 그와 그의 연구에 대한 그 자신의 견해에 반하는 것일 뿐 아니라, 또한 본질적으로 특정한 관심 영역에 제한된 창의적인 양식의 결과다. 치료자나 상담가는 '나는 Winnicott 학파다.' 라고 주장하는 것보다 '나는 중간 대상(혹은 무엇이든지)에 대한 Winnicott의 사상을 높이 평가한다.' 고 말할 가능성이 더 크다. 'Winnicott 학파' 가 되는 것은 이론과 실제에서 상당한 차이를 생기게 할 것이다. 혹은 Winnicott이 전체적으로 정신분석적 사고와 치료에 좀 더 속한다는 것을 요구할 것이다.

만약 내가 일관되지 않은 이론 때문에 그를 비난하는 것 같다면, 그것은 내 의도가 아니다. 원래 비난할 이유는 없다. 사람들은 전체가 아닌 부분적으로 이론과 실제에 기여할 수 있다. 비록 넓은 도식에서는 그렇지 않았지만, 나는 이전 장에서 이미 Winnicott이 넓은 범위에서 창의적이고 기발한 사상가였다는 것을 명확히 했다. Clancier와 Kalmanovitch가 그들의 책 제목을 『Winnicott과 역설』(1987)로 인정한 것같이 Winnicott의 글은 의심할 여지없이 의도한 것뿐 아니라 의도하지 않은 역설로 가득 차 있다. 역동적인 연구자에게서 기대할 수 있듯이, Winnicott은 끊임없이 자신의 생각들을 발전시켰고 그것을 불가피하게 정제시켰기 때문에 그의 글에서 몇 가지 고유한 모순이 생겨난다. 또한 그는 자신에게 영향을 주었을지 모르는 다른 작가들이 정립한 것들뿐 아니라 그 자신의 전작들에도 관심이 적었기 때문에, 그의 글에서는 몇 가지 모순이 역시 생겨난다.

Greenberg와 Mitchell은 '분리는 분리가 아니라 어떤 단일체의 형태다.'(Winnicott, 1971a: 98)라는 한 가지 역설을 인용한다. 그리고 그들은 Winnicott의 바로 그런 설명 양식이 그가 인간 발달과 정신분석 자체에서 가장 관심을 가졌던 문제를 반영한다고 제안한다: 분리되는 것 없이 중점적인 핵심을 유지하는 방법(Greenberg & Mitchell, 1983:

190). 실제로 Winnicott은 그러한 맥락에서 독창성과 전통 간의 관계가 '분리와 단일체 간의 상호작용에 대한 하나 이상의 예시이고 매우 흥미로운 것'이라는 점을 인정했다 (Winnicott, 1971a: 99). Greenberg와 Mitchell은 Winnicott이 어떻게 독자들을 부추기고, 당황시키며, 자극하는지, 그리고 결코 그들과 직접 직면하지는 않지만 어떻게 그들을 높게 평가하는지를 진술하였다(1983: 190). Winnicott을 따르던 사람 중 한 명으로 자신을 설명하던 John Davis는 Winnicott이 원래 탐색과 자신이 발견한 것을 사람들에게 말하는 것에 관심이 있었다고 말하였다. "그것은 논쟁하기 위한 것은 아니었다. 그것은 가지고 가서 사용하기 위한 것이었다." Davis는 페니실린을 발견했던 Alexander Fleming 경을 비록 그 역시 좋은 선생님은 아니었지만 Winnicott과 대등한 사람으로 인용하였다. 우리는 Winnicott이 모든 방면에 능숙하다고 기대하지 말아야 한다.

이 모든 것이 그에 대한 다른 상이한 평가들로 이끄는 경향이 있다. 어떤 사람들은 전체적으로 그를 받아들이거나 버릴지 모른다. 하지만 대부분이 그로부터 다양한 사상들과 심지어 영감, 특히 그의 열린 마음을 받아들일 가능성이 많다. 대부분의 치료자나 상담자는 그의 많은 생각이 심한 의견 차이를 일으키지 않기 때문에 전적으로는 아니더라도 대부분 그에게 동의한다. 그의 창의적인 표현에 대한 방식, 접근, 매력 때문에 그를 따르는 사람들은 자주 그에게 동의한다. 비록 Winnicott의 생각들이 매력적인 주제를 보다 깊게 탐구하려는 동기를 제공해 왔기 때문에 좀 더 자주 그를 인용하는 논문들이 상세히 기술되는 경우가 있지만, 그에 대한 비판도 자세히 기술되는 경향이 있다.

그러므로 이 장이 가장 유용하게 할 수 있는 것은, 주로 정신분석적 연구에서 명백해져 온 동의하지 않는 영역을 나타내는 것인데, 이런 정신분석적 연구의 꽤 많은 논문들에서는 Winnicott의 생각들이 이론과 실제에 어떻게 드러나는지를 특히 탐색한다. 이런 유형의 비판은 Winnicott의 개념적 구성, 방법론 및 논리적 주장에 대한 학문적인 분석보다 훨씬 더 명백하다. 비록 Winnicott이 영향을 미쳐 온 영역들에서 그에 대한 실제 비평이 많지 않았던 것 또한 흥미롭지만, 마지막 장에서는 Winnicott이 영향을 미쳐 온 다른 영역들을 살펴볼 기회를 제공한다. 예를 들어, 사회복지와 특히 아동복지에서, 우리는 전형적으로 Winnicott의 생각에 대해 비판적으로 논의하기보다는 그것을 사용한다는 것을 발견하게 된다. 그리고 심지어 학문적인 심리학 중 Winnicott에 대해 관심이 있는 센터들에서는, 그의 생각을 연구하기 위해, 본래 검증할 수 없는 생각들을 비판하기보다 그의 몇 가지 개념들을 발전시키는 데 일반적으로 좀 더 관심이 있다.

또한 Winnicott과 또 다른 한편인 Freud나 Klein 간에 유용하게 확인할 수 있는 몇 가지 대조되는 점들이 있다. 이것은 내가 첫 두 절에서 언급하고 있다. 하지만 2장에서 언급했던 것과 마찬가지로, Greenberg와 Mitchell(1983: 205-209)은 Winnicott이 Freud를 잘못 해석한 부분들을 확인하였다. 그것으로 인해 때때로 Winnicott이 자신과 자신을 지지하는 것으로 보고자 했던 초기 전통 사이의 차이점을 깨달았는지 아닌지를 아는 것이 어렵게 되었다.

낙관주의와 비관주의

사람에 대한 Winnicott의 태도와 Freud와 Klein의 사이에는 상당한 차이가 있고, 인간에 대한 차가운(때때로 Freud의 경우 환상을 깨뜨리는(disillusioned)) 관점은 Winnicott이 좀 더 낙관적으로 긍정에 호소하는 것과 대조된다. Rudnytsky는 '죄책감에 대한 Freud의 집착은 그를 Augustine 경의 제자로 동일시하는 반면', 'Winnicott의 즐거움과 역설은 그를 좀 더 Erasmus(네덜란드의 인문학자)에 가깝게 한다' (1989: 345)라고 진술하였다. Winnicott은 죽음의 동기를 거부했는데, Freud가 그것을 처음 가정했으며, Klein은 그것을 받아들인 가까운 추종자 중 거의 유일한 사람이었다.

Winnicott이 무정함, 질투, 탐욕에 대한 공간을 할당하는 데 실패했다는 것이 아니다. 『관심에 대한 능력의 발달(*The development of the capacity for concern*)』(1965b: 73-82)에 대한 그의 논문은 죄책감, 보상, 본능적인 추동의 무자비한 표현 등을 논의한다. 어머니는 여기서 Freud와 Klein의 리비도 대상과 매우 비슷하게 표현된다. 동시에 중요한 차이점이 있다. 왜냐하면 Winnicott은 '죄책감'이라는 단어보다는 오히려 '관심'이라는 용어를 사용하고, 유아는(Klein에서 처럼) 죄책감보다는 감사의 느낌으로부터 어머니의 '버텨 주는 환경'의 측면 때문에 보호와 돌봄을 받는다고 주장하기 때문이다. 유아는 대상을 파괴하고 사랑할 수 있으며, 대상이 생존하기 때문에 감사함을 느낀다……. 사랑은 창의적으로 파괴를 사용하기에 충분히 강하고 생명력이 있어서, 죄책감을 소용없게 만든다(Eigen, 1981: 418). Eigen은 또한 Klein이 기쁨에 대해 얼마나 여지를 두지 않았는지를 지적했고, 그녀가 기쁨을 조증 방어로서 해석한다고 지적하였다. Winnicott에게 기쁨('자아-오르가슴')과 창의성은 방어가 아니라 인간 경험의 기본적인 부분들이다.

Klein의 핵심 관점에서 Winnicott은 유아를 너무 온화한 인물로 만들었고, 어머니를 너무 이상화했기 때문에 비판받았다. 다음에서 보는 바와 같이 페미니스트들 역시 Winnicott을 나쁘게 생각한다. Segal이 말한 대로, 아동(혹은 성인)이 내적 세계에서 분열을 만들어 내고 유지하는 방식에 대한 강조가 Winnicott의 이론에서는 없다. 그의 이와 같은 부족한 점은 아동이나 성인에게서 이런 분열 기제를 조절하기 위한 기회를 빼앗아 버린다. 게다가 'Winnicott 은 Klein과 그녀의 제자들이 투사 과정에 대해 기술했던 모든 것에 강한 불일치를 나타낸다. 투사 과정에서는 내면에 있는 자기와 대상/사람들의 미움과 '나쁜' 측면들이 외부의 사람들에게 투사되거나 보인다.' (Segal, 1992: 94-95)

다음에서 보다 자세히 설명하는 대로, Winnicott이 인간 관계에서 충분히 현실적인 양가감정을 설명하지 않는다는 어떤 관점이 있다. 이 점에서, 긍정적인 특징의 현실에 대한 Winnicott의 인식이 의심을 가지고 긍정성을 다루려는 Freud 학파 및 Klein 학파의 경향성과 어떻게 대비가 되는지는 주목할 만하다. 이러한 분석가들은 긍정성을 공격성과 파괴성에 대항하는 반동 형성으로 보는 경향이 있을 뿐 아니라, 때때로 성격의 핵심에 긍정성보다는 공격성과 파괴성을 두는 것처럼 보인다.

환 상

환상(Illusion)의 개념에 관해서 분석적 집단에서는 유사한 불일치가 있을 수 있다. Winnicott이 환상에 인간 발달의 긍정적인 측면을 부여한 유일한 사람은 아니다. 하지만

Winnicott의 환상의 역할에 대한 정당화로 인해 '우리에게 비합리주의라는 의심을 일으키기 쉬울 정도로' Winnicott의 견해는 Freud의 견해와 대비된다. 이러한 방식으로 그 용어를 사용하는 것은 '유아적인 신경증의 잔재물을 포함할 수 있다.' (Usuelli, 1992: 179-180)

특히 온전한 사람의 신념이 우리가 미쳤다고 말하는 사람들의 특성과 동일한 범주라는 Winnicott의 주장에서, 철학자 Antony Flew는 유사하게 환상에 대한 Winnicott의 견해가 자기-패배적이라는 점을 주장한다(1978: 492-496). 실제로 적지 않은 상황에서 Winnicott은 광기의 개념을 정상적인 발달 과정을 설명하기 위해 일부러 사용한다. 이를테면, 그가 어느 특정한 상황에서 일차적 모성 몰두가 병이라 부를 수 있다고 말하는 때다. Flew의 비판에 답하면서, Flarsheim은 Winnicott이 환상과 망상의 차이를 구별해 관찰하였는데(Flarsheim, 1978: 508), 환상은 좀 더 적절히 온전한 사람을 묘사하고, 망상은 미친 사람을 묘사한다. Flew는 (비록 여기서 그는 Freud의 부정적인 해석에 대해 정반대로 반대했던 Winnicott의 긍정적인 밝은 면을 인정하지 않지만) 종교적 신념이 환상이라는 Freud 학파의 신념에서는 Winnicott을 따르기를 원하는 반면, 모든 예술에 환상이 내재해 있다는 주장에 대해서는 따르고자 하지 않는다. 불행히도 Flew는 종교 단체에서의 빵과 포도주에 대한 가톨릭과 개신교의 차이에 대한 Winnicott의 사소한 예를 자신의 합리주의 안건으로 사용함으로써 그의 주장을 망쳐 버렸다. 그는 또한 비유의 사용을 위해 조금의 여지도 두지 않았는데, 비유는 사실과 허위 사이에 놓인 것을 이해하는 세 번째 방식으로서, 종교와 예술과 관련하여 Winnicott이 환상을 사용한 것을 이해하는 한 가지 방법이 될 수 있다. 환상의 중요성에 대한 Winnicott의 견해는 예를 들면, Searles의 업적과 같이 다른 곳에서 수용된다는 것을 알 수 있다. 그는 Winnicott을 인용하면서 다음과 같이 말하였다. '누군가 환경에 대한 더욱 확신적이고 창의적인 접근을 발달시키고 외적 및 내적 실재를 평가할 수 있는 능력이 점점 정확해짐에 따라, 성공적인 성숙에서 환상과 탈환상을 경험하는데 '기술'이 증가함에도, 심지어 성인기에서도 일상생활에는 환상과 탈환상의 지속적인 증가가 있다.' (Searles, 1965: 612-613) Rycroft는 중간 실재에 대한 생각이 '아마도 지난 30년간 정신분석 이론에 가장 중요한 기여를 했다.'(1985: 145)는 것은 인정하지만, 동일한 창의적 상상력을 말해 온 많은 시인을 언급하며 그것이 전적으로 독창적이지 않다는 점을 지적한다. 상상력은 또한 Rycroft에게 중요한 주제다(1968).

환상에 대한 Freud의 견해는 (종교와 같은) 보편적인 수준이건 개별적인 수준이건 간에 강한 초기 소망의 충족을 나타내는 것이다. 비록 그가 사고에 있어서 환상과 오류를 동등하게 생각하지 않을지라도(다른 말로, 오류가 반드시 환상은 아니다), 환상이 소원 충족의 소망에 의해 감정적으로 부과된 부가적인 요소가 있는, 실수적인 사고의 예라는 것을 강하게 의미하는 것이 그의 글들에 있다. Freud는 Columbus가 우리가 지금도 서인도 제도로 알고 있는 곳을 우연히 발견했을 때, 인도의 신항로를 발견했다고 생각한 것을 예로 든다. 그가 동쪽의 인도를 발견했다고 생각한 것은 환상이었다. 그것은 단순히 오류가 아니라 Columbus가 그러한 길을 찾기를 간절히 소망했기 때문에 나타난 오류다. 이 주제에 대한 Freud의 특별한 에세이 곳곳에서(1927), Freud는 환상을 현실검증력과 합리적인 사고로 대체하기를 갈망한다. 개인 발달에서 쾌락 원리는 조절될 필요가 있고 심지어 현실 원리에 의해 대체될 필요가 있는 것처럼, Freud는 환상적 사고를 강력하게 지배하기 위해 이성과 진실을 원했을 수 있다.

Winnicott은 '환상'이라는 용어를 급진적으로 변형시켰다. 환상은 아동이 점진적으로 타인과 외부 세계와 관계되어 가는 수단이 될 뿐 아니라, 어머니는 아이가 탈환상(disillusion)을 경험하도록 돕는데(전지전능에 대한 탈환상을 시작으로), 이 탈환상은 다른 환상에 의해 대체된다. 환상에 대한 능력은 삶 전반에 새로운 상황들을 만나는 데 긍정적인 수단이 된다(일종의 중간 공간). 실제로 우리가 좀 더 나아가 얘기해 본다면, Winnicott이 시사하는 것은 사실 실재는 알 수 없는 것이고, 우리는 공유된 환상의 세계에서 살고 있다는 것이다. 신학과 철학에서의 논의와는 별도로, 궁극적인 실재에 대한 무지는 절대적 진리를 표시하기 위해 기호 'O'를 Bion이 사용한 것과 같이, 정신분석적 사고에서도 역시 발견된다. '그것에 대해 알 수 있고, 그것의 존재를 깨닫고 느낄 수도 있지만, 그것을 알 수는 없다.' (Bion, 1977: 30) 이러한 언어와 종교적 논의의 밀접함은 Winnicott과 다른 사람들의 실재에 대한 지각과 지식의 제한점 및 Freud의 종교에 대한 무차별한 공격에 대한 견해 사이의 주요 차이점의 핵심을 찌른다(Lacan과 Winnicott, Bion에 관한 이 주제의 보다 깊은 연구를 위해 Eigen, 1981을 보라.).

사실 심지어 Freud에서도 환상에 대한 Winnicott의 견해가 특히 그 용어가 망상과 대비될 때 몇 가지 일치점을 발견할지도 모르는 증거가 있다. Usuelli는 두 단어 사이에 귀중한 한 가지 차이를 지적했다. 환상은 타인들과 공유될 수 있고 의심의 여지도 있는 반면, 망상적인 사람은 자주 자신의 현실과 진실을 타인들도 믿어야 한다고 강요하기를 소망한다. Usuelli가 기록한 대로, '망상, 종교 및 관념학 간의 전이는 다양하고, 그것들 간의 경계는 희미하다.' (1992: 182) Freud는 또한 우리가 실재에 대해 알고 있는 모든 것과 함께 일어날 것 같지 않고 양립할 수 없는 신념의 '망상'이라는 용어를 사용했다(1927: 213). 아마도 그의 주장은 망상 형태의 종교 유형과 환상의 종교 유형을 구별함으로써 좀 더 잘 표현될 가능성이 있다. 실제로 Freud는 어떻게 정신분석 그 자체가 같은 범주일 수 있는지를 이해하였다. 정신분석일 수 있는 환상과 종교일 수 있는 환상 간의 차이점은 정신분석의 경우 당신이 다양한 견해(드러난 대로, 엄격히 말해 사실이 아닌)를 보유하는 것에 대해 비판하지 않고, 당신의 견해는 쉽게 변할 수 있다는 것이다(1927: 237).

결국 우리는 Winnicott이 주장한 것과 유사한 생각을 발견했기 때문에, 나는 Freud의 입장에 약간 초점을 맞추려고 한다: '실재'의 새로운 경험들이 들어오기 때문에 환상은 변할 수 있다. Freud가 인정하지 않으려 했던 것은 '실재'의 새로운 형태는 포기했던 신념만큼 그 나름대로 유사하게 환상일 수 있다는 것이다. 또한 Usuelli는 Freud가 전이(마치 내담자가 치료자를 치료자 아닌 다른 누군가, 즉 종종 과거의 인물인 듯이 대하는 것)의 생각을 주장했을 때, 그것도 똑같이 환상일 수 있다고 진술하였다. 내가 다음에서 지적하는 바와 같이, Freud는 확실히 그것의 전이적 성질을 인정했지만, 그가 전이를 이런 식으로 이해하는지는 확실치 않다. 치료적 관계는 전이에 대해 '마치 ~인 것처럼'의 특질을 가지고 있다. 그리고 그것은 치료자 역시 이해, 통찰 및 변화를 찾으려고, (전이를 수용하는 것뿐 아니라 치료자의 역전이를 통해) 어느 정도 참여하는 공유된 환상이다. 치료는 그 자체의 중간 공간과 환상을 제공하는데, 이런 것들은 결국에는 포기해야만 하는 것이지만, 즉각적으로 분리되고 파괴되지는 않는다(Usuelli, 1992: 180).

중간 대상

Flew는 Winnicott이 그의 전체 결과물에 비해 중간 대상과 현상에 대해 조금밖에 얘기하지 않았다는 것을 알기에, 중간 대상과 현상에 대한 Winnicott의 연구에서 '특별한 불균형적' 관심을 언급했다(Flew, 1978: 485). Brody의 비평(1980)에 적절한 제목으로, 이것은 아마도 '이상화 현상'일 것이다.

Brody는 Winnicott이 자신이 중간 대상에 대한 생각을 갖도록 한 실제적인 관찰을 기술하지 않았다는 데 약간의 실망을 표현했다. 그녀는 어머니와 신체적 접촉을 많이 갖는 시골 지역에서 양육받은 아이들이 중간 대상을 훨씬 더 낮은 빈도로 사용한다는 것을 보여 주는 연구를 언급하면서, 중간 대상과의 애착이 Winnicott이 주장한 것만큼 보편적인지 아닌지 의문시한다. 다른 연구들은 중간 대상을 사용한 영아가 보다 일찍 젖을 떼고, 아기에 대해 사전 경험이 적은 어머니와 지내며, 아버지와 더욱 강렬하게 노는 것을 시사한다. 여기서 Brody의 중간 대상과 현상에 관한 논문의 리뷰는 매우 귀중하다(1980: 595-599). 중간 대상이 상실하거나 거리가 있는 어머니에 대한 대체물로서 좀 더 분명하므로, 그것이 Winnicott이 인정하려 했던 것보다 훨씬 더 위로자에 가깝다. 예를 들어, Brody는 유아의 침구 부분을 형성하는 천은 아마 유아의 확장으로 지각될 수 있으며, 그러므로 '유아가 지녀야 하고, 함께 있어야 하며, 유아가 가는 어느 곳이든 가야 하고, 심지어 그것의 일시적인 상실은 심한 고통과 때로는 공황 상태까지 일으킬 수 있다'고 제안한다(1980: 581).

모든 아동이 중간 대상을 갖는 것이 아니라는 것을 깨닫는 것이 안심이 된다. 실제로 이것은 몇 명의 어머니가 Winnicott 사상에 대해 배우면서 말한 것이다. 그들은 심지어 내가 이 주제를 가르치는 데 있어서 들은 것과 마찬가지로, 자신의 아이가 중간 대상을 가지지 않았기 때문에, 자신이 중간 대상임에 틀림없다고 느낀다고 말한다. 만약 중간 대상이 어머니의 대체물이라면 말이 된다. 게다가 중간 대상은 보이는 것만큼 항상 중간이지도 않다. Winnicott은 중간 대상이 점차적으로 포기되고, '건강할 때 중간 대상은 더 이상 '안으로 들어가지' 않으며, 중간 대상에 대한 감정을 반드시 억압할 필요가 없다.'라고 주장한다(1975: 233). 아마도 여기서 주요 문구는 '건강할 때' 다. 왜냐하면 많은 연구가 중간 대상이 반드시 포기되는 것이 아니라 퇴행적인 현상이 된다는 것을 보여 주기 때문이다. 중간 대상은 포기되기 때문에, 다른 증상이나 의식들이 발달하게 된다.

Brody는 논문을 쓸 때 중간 대상과 현상에 대한 현존 연구들을 종합했다. 그것들은 상위층과 중상층의 사회경제적 지위를 가진 가정에서 좀 더 널리 퍼져 있었기 때문에, 보편성에 대한 일치가 부족했다. 그것들에 대한 애착 수준은 어머니의 양육과 역상관되어 있는 것 같다. 그러한 대상에 대한 어머니의 인정이나 불인정 역시 주요인이다. 따라서 유아들이 이 경험을 얼마나 만들어 내는가는 불확실하다. 대상은 구강적 및 촉각적 만족을 제공하고, 5~12개월 사이에 정해지는데, 만약에 늦어도 3세까지 버려지지 않는다면 중간이라고 불릴 수 없다. 아동기의 이런 대상의 소유와, 아동기나 그 이후의 건전한 대상관계 혹은 성인기의 창의성 간의 어떠한 관련성에 대해서는 어떠한 증거도 없다. 사실 중간 대상과 현상에 대한 많은 진술들은 추측적이다. 예를 들어, Winnicott은 유아들의 사고에 대해 다른 연구에서 다음과 같이 시사하면서, 유아들의 정신 상태로서는 너무나 앞선, 대상의 상징적인 사용을 언급했다. '유아의 신경 발달의 미성숙은 상징적인 사고 능력을 방해한다.' (Brody, 1980: 571) Brody는 다음과 같이 결론지었다.

이 장난감들은 아동이 너무 외롭거나 향수적인 느낌 없이,

밤에서 아침까지의 시간을, 혹은 하나에서 다른 하나의 공간을 연결하는 데 도움을 준다는 점에서 중간이라 부를 수 있다. 하지만 누군가가 그 장난감을 가지고 하는 지연되거나 구속되거나 혹은 퇴행적인 행동을 명확하게 언급하지 않는다면, 이 장난감들은 구강기 성욕과 실제 대상관계 간의 어떤 것을 나타내기 위해 Winnicott이 의미한 중간 대상의 종류는 아니다(1980: 593).

Stern은 Winnicott의 중간 대상과 '개인화한 것' —어머니가 아기와 함께 놀 때 사용하는 장난감 혹은 대상으로, 이후에 통합의 과제에서 아기가 다시 사용하는 것—간의 차이를 구별했다. 개인화한 것은 상징적인 사고보다 수명이 짧고, 보다 일찍 나타나며, 기억이 관여하고 자기/타인의 차이에 대한 퇴행을 의미하지 않는다(Stern, 1985: 122-123). 비록 Stern이 이 전반적인 영역에서 Winnicott의 사상이 유용하다는 것을 명백하게 발견하고, Winnicott이 언급한 것같이 (1975: 232) (스스로에게 말하는 데 있어서) 아동의 언어가 중간 현상(Stern, 1985: 172-173)이 될 수 있다는 몇 가지 증거를 제공했을지라도, Stern 역시 아동의 첫 번째 단어가 '개인화한 것'이 될 수 있다고 주장하였다.

분 화

　Winnicott의 글의 중심은 어머니와 아기의 관계이고, Winnicott의 몇 가지 비판의 중점은 양육 커플의 단일한 경험에 대한 강조(뿐만 아니라 이 강조의 효과)다. 비록 Winnicott 이론 전체에 대한 비평은 아닐지라도, Daniel Stern에 의해 기술된 연구는 최초의 미분화 단계가 Winnicott과 Mahler 에서 나타났을 때, 그 미분화 단계에 대해 명확히 의문시하였다(후자를 위해서는 예를 들면, Mahler 등(1975)을 보라.). '이런 견해들과 대조적으로, 현재의 설명[Stern의 설명]은 다른 이론들이 지연된 자기/타인의 미분화에 할당하는 생의 기간 동안에, 핵심 자기(core self)와 핵심 타인(core other)의 인식이 매우 초기에 형성된다는 것을 강조해 왔다.' (Stern, 1985: 101)

　미분화의 생각은 '비록 매우 문제가 있을지라도……, 동시에 매우 호소력이 있다.' 고 Stern은 제안하였다. 그것은 예전에 '감정들이 유래되고, 감정이 돌아올 수 있는 실제적인 생물심리학적 원천(an actual psychobiological wellspring)' 이 있었다고 가정한다(Stern, 1985: 240). 하지만 결국, 입증된 사실이기보다는 신념에 가까운데, 이 신념은 '관계, 유친, 애착, 안전'에 대한 것이다(1985: 24). 애착이론은 관계를 시작점이 아니라 끝나는 지점으로 만든다. Stern의 이론은 이런 핵심-관계가 2개월에서 7개월 기간 내에 성취되는 것이고, 감정은 인간 유대감의 정서적인 저장소 역할을 한다고 보았다(1985: 241). 비록 Winnicott에게 분리와 관계는 동일한 발달선상에 있을지라도, 그는 공생 단계를 최초 지점으로 밀어낸다. 그래서 Winnicott은 그 스스로 명확히 했듯이 Mahler와 다르다. 왜냐하면 공생이 생물학에서 매우 뿌리를 잘 내리고 있어서 받아들일 수 없기 때문에, Winnicott은 Mahler가 사용했던 '공생'이라는 단어를 거부했다(1971a: 130). 그는 심지어 다음 문장에서 미분화에 대한 대안적인 견해를 넌지시 비췄다. '관찰자의 관점에서 볼 때, 일차적 합병 상태에서는 대상-관계적일 수 있다. 하지만 초기에 대상은 '주관적인 대상'이라는 것을 기억해야만 한다.' (1971a: 130) Stern의 연구는 관찰자가 사실상 옳을 수 있다는 것을 제안한다.

모성 돌봄의 이상화

Winnicott의 강점은 어머니와 유아에 대한 관찰에 있다. 그러나 또한 그러한 강점은 내재된 약점을 지닐 수 있다. 그리고 현재 그가 어머니에게 아기의 양육에 주요한 역할을 수행하도록 할당한 역할에 대한 비판이 증가하고 있다. 왜

나하면 Winnicott으로 인해 어머니는 건강하거나 건강치 못한 아동의 발달에 단독적으로 책임 있는 사람이 되는 것으로 보이기 때문이다. Winnicott은 물론 어머니를 비난하지 않는다. 대신 자신의 아동을 돌보는 것에 대한 그녀의 자연적이고 직관적인 감정을 어머니에게 따르도록 허락하지 않는 것에 대해 의사와 간호사를 비판했다(예를 들면, 1988a: 69-81; 1988b: 104). 그러나 Parker가 진술하기를, 그는 또한 어머니의 능력은 여성의 통제—모성 돌봄이 어떤 어머니는 할 수 있거나 어떤 어머니는 할 수 없는 어떤 것처럼 보임—의 밖에 있다고 제안한다. '세상에는 많은 유형의 어머니가 되는 기회가 있다. 어떤 어머니는 어떤 것을 잘하고, 어떤 어머니는 다른 것을 잘할 것이다. 또는 내가 어떤 어머니는 어떤 것을 잘 못하고, 어떤 어머니는 다른 것을 못한다고 말할 수 있을까?'(1988a: 18) 동시에, 어떤 면에서 어떻게 자신의 아기들과 함께 있어 주어야 하는지를 도울 수 없는 어머니들은 또한 '초기에 유아들의 전능함을 유지하는 것에서부터 요구에 맞추어 주는 것을 점차 실패하도록 조직화하는 것까지의 매우 복잡한 발달적 순서를 조직화하는 데에 책임이 있다.' (Parker, 1994: 6)

짐작하건대 관계의 분야에서 한 가지 방법 혹은 다른 방법으로 불안을 일으키지 않는 어떤 것을 쓴다는 것은 어렵다. Winnicott과 어머니들은 '그렇게 한다면 비난받을 것이고,

그렇게 하지 않아도 비난받을 것'이라는 인식이 있는데, 그런 인식은 그가 묘사한 어머니에게도 있으며 그의 일에도 있다. Segal은 그의 강조점이 1930년대와 1940년대의 Turky King 철학에 필수적인 대항 세력으로 작용하였다고 진술하였는데, 예를 들어 그 철학에서는 어머니들이 아이들이 울 때, 아이들을 끌어안는 그들의 자연스러운 경향을 저항하라고 말한다. 그러나 Segal은 어머니와 그들의 상황을 너무 이상화함으로써, 'Winnicott은 실제 어머니에게 너무 고통을 주었고, 실제 어머니는 자신들이 때로는 '나쁠 수 있고 편안하지 않을 수 있다는 것'을 인정받을 수 없다.' 라고 계속적으로 언급한다(Segal, 1992: 95). 이것은 완전히 사실은 아니다. 왜냐하면 내가 2장에서 언급한 것처럼 적어도 한 논문에서 그는 어머니의 미움에 대해 상당히 강조하고 있기 때문이다 (1975: 194-203). 그는 또한 '충분히 좋은 어머니' 라는 구절의 조건에 대해 모성애의 명백한 이상화를 제한한다. 그것은 '만약 어머니가 단지 자신의 본능에 따를 것이라면 좋은 어머니는 자연적으로 어머니로서 돌보는 방법을 안다.' 는 그 생각 안에서 보이는 것이다(Chodorow, 1989: 90). 그러한 구절은 어떤 여성에게는 안도감을 줄 수 있지만 자연스럽게 다른 사람들에겐 단지 '충분히 좋은' 을 구성하는 것이 무엇인가에 대한 의문을 불러일으킨다.

  '충분히 좋은'이라는 말이 단지 모성 돌봄뿐 아니라 상담자와 치료자 자신들의 일에서 얼마나 많이 사용되는지는 또한 매혹적인 것이다. '충분히 좋은' 치료자가 될 수 있다는 암시된 허락을 붙잡게 되면, 어떤 방식으로든 그들 자신과 자신의 일에 대한 불안이 완화될 수 있다. 비록 그들이 때때로 그 용어를 사용하는 방식으로 인해, 그것이 지금은 관심을 끄는 문구가 되지 않았나 궁금해질 수 있다. 더욱이 그 구절을 사용함으로써, 어떤 사람은 다른 사람의 복지에 대해 느끼거나 실제로 있는 책임감의 불안이 해소되기보다 가려질 위험이 있다. 그것은 안심시켜 주는 용어일지도 모른다. 그러나 그것을 사용함으로써, 어머니의 역할뿐만 아니라 치료에 포함된 실제 갈등과 양가감정을 다루는 데는 실패할 위험이 있다. 중간 대상처럼, Winnicott의 '충분히 좋은'은 그러한 의미에서 과장되었다.

페미니스트 분석가 Chodorow가 말한 대로, 완벽한 어머니는 '유아적 환상'이다(1989: 90). 물론 Winnicott은 어머니의 양가감정에 대해 훨씬 더 포괄적인 그림을 그려 준다. 나는 앞서 어머니가 자신의 아기를 미워하는 방식에 대한 묘사가 더욱 완성된 그림을 만든다고 말하였다(Winnicott, 1975: 194-203). (심리분석에서 양가감정은 우유부단한 '혼합된 감정들'이 아닌 아주 강렬하고 모순된 감정들의 존재를 의미한다.) 하지만 여기에서조차도 그가 '미움'이라는 단어를 사용하는 것은 공격성보다는 안도감이라는 완벽하게 정상적인 감정들을 기술하는 데는 적절해 보이지 않는다. 어머니는 피곤하고 쉬고 싶을 때, 어떤 사람이 때때로 그녀 자신이 할 수 있는 것보다 그녀 아기에게 더 잘 반응할 수 있다는 것에 대해 매우 기쁘게 느낄 수 있다. 보살필 필요가 없는 것 혹은 스스로 보살필 수 있는 것의 즐거움에 대한 이런 보통의 감정들을 언급하지 않는다. 아기의 계속적인 요구에 반하여 그녀가 스스로를 보호하고자 하는 소망은 그녀에게 있어서 미움일 필요는 없다. 그러므로 Winnicott이 유아에 대한 폭력적인 생각이 정상적이라고 인정한 것은 안심되는 일이지만, 스스로를 위해 시간과 공간을 가질 수 있는 즐거움을 취하는 것의 정상성은 분명하지 않다. Parker는 또한 얼마나 Winnicott이 어머니의 미움(혹은 그 문제에 대한 아빠의 미움)을 항상 담아만 두는 것이 아니라 '비밀스러운 혼듦부터 위험한 학대에까지 이르는 방식으로' 행동화할 수 있다는 것을 인정하지 않았는지를 진술한다(Parker, 1994: 7).

Parker는 비록 Winnicott이 양가감정의 개념을 소개할지라도, 이 영역에서 그의 생각은 더 많은 정교화를 필요로 한다고 주장한다. 그의 이론의 이런 측면들에 대해 다른 비평가들과 같이, 그녀는 그가 (많은 다른 분석가들과 공통적으로) '아동의 관점으로부터 모성 발달에 대한 우리의 이해의 손상까지'로 삶을 보는 경향인 자기 자신의 원칙에 얽매여 있다고 제안한다. '홀로 존재하는 어머니란 존재하지 않는다

(There is No Such Thing as a Mother)'라고 반어적인 제목을 붙인 논문에서 King은 Winnicott의 유명한 어구를 교묘하게 제목으로 바꾸고 그의 연구를 비판한다. 왜냐하면 그의 연구가 '모성 돌봄에 매우 많이 집중된 것에도 불구하고, 그것은 오히려 어머니 자신과 거의 관계가 없기 때문이다.' (1994: 18) 그녀는 이 비평을 지지하면서 Winnicott을 인용한다. '새로 태어난 유아를 돌보는 것은 모든 시간을 요구하는 일이다. 그리고 …… 단지 한 사람에 의해 잘 수행될 수 있다.' (King, 1994: 21)

Chodorow(1978)는 '홀로 존재하는 아기란 존재하지 않는다.'라는 그의 구절과 참 자기와 거짓 자기의 개념뿐 아니라 '모성적 본능'(〈본능적인 것이 아니라 심리적인〉 임신한 어머니에게 일어나는 변화)으로서 모성 돌봄의 생각에 반대하는 그의 경고에 동의하며 Winnicott을 인용한다. 그럼에도 그녀는 일반적으로 분석가들을 비판하고, 특히 Winnicott을 비판한다(그녀가 자주 그를 지명한다는 점에서). 그녀의 관심은 '그들이 자신들의 규칙을 대부분 '보통의' 어머니가 지키는 데 어려워한다고 생각하지 않는다.'라는 것이다(1978: 85). 그녀는 '비록 모성 돌봄이 꽤 적합한 건강의 지표일지라도, 거의 질병과 같은 드문 상태(Chodorow, 1978: 65; Winnicott 1965a: 15)'가 되는 모성 돌봄에 대한 Winnicott의 '과장된' 구절을 예로써 인용한다. 그녀는 자신의 비평에서 분석가들이 강조하는 어머니의 역할, 그것의 수행과 만족, 상호성 그리고 유아와 어머니의 하나 됨에 대해 책임감을 갖도록 만들었다. Chodorow가 '많은 어머니와 유아들이 상호적으로 그들의 관계를 통해서 만족스럽게 되고 많은 다른 사람들이 자신들의 유아를 돌보는 것을 즐거워한다.' (1978: 86)는 것을 동의하는 반면, 그녀는 그 관계가 유아의 관점과 어머니의 관점이 다르게 경험될 수 있다는 중요한 조건을 덧붙인다. 아동은 어머니와 관계되어 있거나 전혀 관계되어 있지 않다. 그러나 그 '어머니는 또한 자신의 가족에 참여하고 공동체와 지역사회의 안식처에 참여한다.' (1978: 86)

분석가들은 또한 여성이 남편에게 재정적으로 의존하는 것, 아동을 돌보는 것에서의 성 역할 등과 같은 여성의 입장에 대한 다른 특징들을 인식하지 못한다. Chodorow는 사회학자들이 우리에게 그런 것을 더 잘 알려 준다고 믿는다. 비록 여성분석가들이 '적어도 어머니-유아 상호작용에서 잠재적인 심리적 불균형을 언급하고' 유아의 발달에 대한 그것의 가치를 강조할지라도, '남성 치료자(Bowlby와 Winnicott이 이 점의 사례다)들은 유아와 어머니 관계 밖의 어머니의 참여를 무시하고 이런 관계의 강도를 완화시키는 데 있어서 있을 수 있는 어머니의 관심을 무시한다.' (1978: 87) 그녀는 또한 성 문제들을 제기하지 못한 것에 대해 Winnicott을 비판한다. 그녀는 정신분석적 설명들에 있어서 모순을 지적했는데, 그것은 그들이 자신의 부모를 경험했기 때문에 모든 사람이 스스로 부모가 되는 것에 대한 기본을 지니고 있음에도 단지 여성들만이 '부모의('모성'이라고 부르는) 양육을 계속적으로 제공한다는 것이다. 남자에게 있는 잠재적인 양육 능력에는 무슨 일이 일어나는가?' (1978: 88)

아버지

Mancia가 진술한 대로, 'Klein과 Winnicott에 매우 많이 은혜를 입은 현대 분석가들' (1993: 941)은 발달 초기 단계를 강조하고 부모-아동 관계에서 어머니의 상을 강조한다. 이것은 아버지의 역할과 Freud에 의해 발전된 것으로서 오이디푸스 콤플렉스의 중요성을 무색하게 한다. 다른 분석가들은 이런 강조에 반대하고 정신병리에 대한 자신의 이해에서 여전히 어머니-아동 관계에서의 장애보다 오이디푸스의 상황으로의 퇴행이 더 중요하다고 생각한다.

나는 Winnicott이 비록 어머니를 위한 환경을 촉진시키고, 이로써 어머니가 자신의 아이에게 적절한 적응적 환경을 제공할 수 있게 하는 아버지의 상을 제시해 줌으로써 아버지의 역할을 확장시켰지만, 아버지에게 전통적인 역할, 즉 어머니를 지지하는 역할만을 부여한다는 것을 2장에서 말하였다. 부성에 대한 아버지의 입장은 정통 Freud 학파의 입장이다. 아버지는 아동의 삶의 초기에 어머니를 지지함으로써 거기에 존재할 필요가 있다. 이후 아버지는 독립된 사람의 예를 제공하는데, 이것은 오이디푸스 콤플렉스에서 그가 하는 역할을 발전시킨다.

Winnicott이 다음의 두 가지 문제점에 대해 비판을 받은 것은 놀랍지 않다. 첫 번째는 이러한 도식은 여성이 핵가족 안에서 가족 부양자와 돌보는 사람이라는 것을 가정한다는 것이다. Thomas(Ferguson et al., 1993)는 그러한 가정들이 'Bowlby와 Winnicott(Ferguson et al., 1993: 184)과 같은 육아 전문가들에 의해 지지되고 가정된 신뢰받는 것'이라는 견해를 주장한다. 이미 위에 인용된 것처럼, Winnicott은 새로 태어난 유아의 돌봄이 '단지 한 사람에 의해 잘 수행될 수 있다.' 라고 기록한다(Winnicott, 1964: 24). 여기저기에서 Winnicott은 어떻게 아버지가 어머니의 역할을 맡을 수 있는지를 보여 주었다(1965a: 72-73). 그러나 아버지는 본질적으로(실제로 그가 기록한 대로) '대리모' 이지 아버지의 역할을 하지 않는다. 이것은 또한 Klein 학파의 이론과는 중요한 차이가 있다. 거기에서는 아버지가 외부 세계로부터 어머니와 아동을 단순히 보호하는 것이 아니라, 어머니로부터 아동을 보호하고 아동으로부터 어머니를 보호한다. Segal은 우리에게 'Klein은 아동이 건강, 선, 행복 그리고 자신의 어머니에 대한 상상 공격 후에 어머니의 아기들을 복구하는 데 있어서 아버지의 지지와 도움이 결정적이라고 느낀다고 믿었다.'라는 것을 상기시켜 준다(1992: 95).

『놀이와 현실』을 개관한 Rycroft는 유사하게 Winnicott 의 부모의 남성다움에 대한 느낌이 부족함에 대해 비판했 다. 그 책에서는 '아버지'에 대해 단지 세 번만 언급된다. Rycroft는 '어머니와 하는 것 이상은 아니더라도 아버지가 아동(유아와는 반대로)과 놀며, 비록 현세기 동안 여성이 해방 되었음에도 우리의 문화는 아직까지 남성에 의해 우세하게 만들어지고 전해진다는 명백한 결과를 보여 준다고 말했다 (1985: 142). 이것은 Samuels 또한 지적한 것으로 무시될 수 없다. 그는 Winnicott(다른 사람들 중에서 Lacan과 Jung과 마 찬가지로)이 '부계의 문화적인 구성'을 인정하지 않는다고 진술한다(Samuels, 1993: 147).

모성 돌봄에 관하여 미리 주목한 것처럼, 유사하게 아버지 와 어머니의 관계는 깊이 어머니-유아관계에 영향을 미친 다. 어머니-아동 이자 관계는 분리돼서 발생하는 것이 아니 다. 아버지는 한편으로 '존재하고 협력적이고 대상을 돌보 고 사랑의 능력이 있는 대상으로서, 혹은 신체적이고 정서적 으로 부재한 대상으로서, 혹은 새로운 어머니-유아 커플에 대해 가학적이고, 신뢰할 수 없고 무책임한 대상으로서 보이 는데'(Mancia, 1993: 942) 만약 이것이 어떤 영향도 미치지 않는다면, 그것은 매우 놀랄 만한 일이다. Winnicott은 절대로 이러한 가능성들을 검토하지는 않지만, 단지 지지적인 관계의 가치를 제시한다. 어머니의 역할이 '아버지와 그의 실제적인 영향에 깊이 영향 받는'(1993: 942) 방식에 대한 좀 더 포괄적인 관점인 Mancia의 주장은 병리를 이해하기 위한 세 번째 방법을 제공한다. 즉, 오이디푸스 콤플렉스의 단계에서 아버지의 위치만도 아니고 어머니-유아 관계만도 아닌, '오이디푸스 콤플렉스의 이전 단계와 초기 관계에서 어머니의 역할을 정의하는 데 아버지가 얼마나 중요한가?' 하는 것이다(1993: 942). 이러한 간접적인 역할에 따라 아버지는 '아동의 근친상간적 소망에 반하는 중요한 방파제'로서 행동하면서 삼각관계에서 중요한 역할을 한다(1993: 944). Mancia는 또한 부재하는 아버지에 대한 발달의 의미에 대해 살펴본다.

Winnicott은 임상적 연구에서 물론 성인뿐 아니라 모든 나이의 아동들을 보았고 많은 사례에서 아버지와의 관계의 중요성에 대해 연구했을지라도, 그는 저서에서 발달 후기에 관심을 덜 가졌다. 3장에서 이미 Alfred의 사례와 그의 아버지의 입원이 소년에게 미친 영향에 대해 언급했다. 정신병에 걸린 부모의 영향에 대한 그의 논문에서, Winnicott은 아동기 후기에 아버지의 병이 중요하다는 것을 확실히 인식했다. 그럼에도 심지어 그 맥락 안에서조차 그는 처음 소년을 봤을 때 급성 정신병 삽화였고 11세였던 소년의 예를 제시하면서, 긍정적인 결과를 강조하고 부정적인 결과의 가능성을 무시하는 경향을 가진다. 그의 아버지는 정신분열증 환자였고 그의 어머니는 분열성 증세가 있었다. 그러나 부모가 자신들이 질병에 걸렸음에도 소년을 돌보았고, 그 소년은 '매우 아픈 자신의 부모에게 굉장히 고마워하며, 그는 지금 건강하다고' Winnicott은 시사한다(1965a: 76-77).

아버지가 어머니를 통해 아기에게 접근한다는 Winnicott의 생각은 또한 Samuels가 Hopkins(1990)를 인용하면서 지적했듯이, 연구에 의해 반박되었다. 더 나아가 Samuels는 논문 「가족과 개인 발달(The Family and Individual Development)」에서 아버지의 질병이 '초기 유아기 아동의 삶에 영향을 미치지 않는다는 …… 먼저 유아가 남자로서 아버지를 인식할 만한 충분한 나이가 되어야만 한다.'는 진술을 인용함으로써, Winnicott에게는 아버지가 중요하지 않다는 예를 들었다(1965a: 73). Samuels는 부모의 버텨 주기에 대한 자신의 생각이 Winnicott의 부모의 버텨 주기와 유사하지만 다른 것이라고 말한다(Samuels, 1993: 158). 왜냐하면 Samuels의 견해에서 버텨 주기는 성적이고 공격적인 피드백을 포함하고, 그는 모든 것을 포함하는 개념을 원했으므로 이것은 부모와 아동의 실제적인 성을 초월하는 은유적인 개념이 되었다. 비록 그가 항문기와 오이디푸스 콤플렉스 단계에서 아버지의 중요한 자리에 대한 Freud의 빠른 인식과 닮은 점이 있는 위치로 아버지의 역할의 중요성을 되돌려 주었을지라도, 결국 Samuels는 우리에게 아버지의 역할의 독특함에 대해 거의 알려 주지 않는다.

2년 후 아동에 대한 이해에서 Winnicott은 확실히 관습적인 견해를 보인다. 그리고 이것은 아동의 경험에서 아버지의 위치에 대한 그의 견해에 영향을 미친다. 우리는 그의 진정한 강점은 생의 첫 6개월 동안의 어머니-아동 관계에 대한 그의 관찰과 연구에 있다고 대답할 수 있다. 그에 관한 한, 그것은 중대한 시간이다. Davis 교수는 "나에게 넉 달 동안 완전히 아이를 맡겨라. 그러면 당신은 아이의 자기 확신을 방해할 수 없을 것이다."(개인적인 대화)라는 Winnicott의 말을 회상하였다. 만약 그것이 어머니의 역할을 너무 강조하는 것처럼 보인다면, 아마 어떤 전문가라도 한 영역에만 집중하는 것에 대해 비판받을 수 있다. 그럼에도 어머니에 대한 한 가지 측면만을 강조하는 것은 Winnicott의 심각한 약점이라는 것을 보여 주기 위해, 여기에서 충분히 말하였다.

성 차

모성 돌봄에 대한 Chodorow의 유명한 연구에서, 그녀는 오이디푸스 콤플렉스 이전 시기에서 성차를 조사하는 데 상당한 주의를 기울였다. 이러한 점에서 Winnicott은 그녀의 설명에서 손을 떼 버렸는데, 왜냐하면 그것은 그가 극도로 적게 쓴 주제였고 일반적으로 약한 부분이었기 때문이다. 「역전이 속의 미움(Hate in the Counter-Transference)」 (1975: 201)에서 성 인식에 대한 한 가지 힌트가 있다. 여기에서 Winnicott은 '어머니가 자신의 아이를, 심지어 남자 아이를 왜 미워하는지'에 관하여 기록한다.' (주목했을지 모르지만, 여자 아이는 더 쉽게 미움받을 수 있는 것처럼) 아마도 여기에서 그는 단지 그 구절을 사용한다. 왜냐하면 이전 문장에서 Winnicott이 인용한 Freud는 남자 아기에 대한 어머니의 사랑을 언급하기 때문이다. 그가 성에 관한 이슈의 검토에서 가장 근접한 것은 창의성의 근원(1971a: 72-85)과 페미니즘 (1986: 193-194)에 관한 자신의 논문에서였다. 여기에서 Winnicott은 양성성에서의 여성과 남성의 고유한 요인들을 구별한다. 『놀이와 현실』의 사례에서(1971a: 72-79) 그의 관심은 성에 관한 독창적인 어떤 것보다는 자신의 창의적인 개입에 더 있었다. 예를 들어, '나는 당신이 남자라는 것을 확실히 알고 있다. 하지만 나는 소녀에 대해 경청하고 있다……. 실제로 나의 소파에 남자가 있을 때, 소녀를 보고 소녀가 이야기하는 것을 듣는 것은 바로 나다. 미친 사람은 나 자신이다.' (1971a: 73)

비록 Freud가 능동적 및 수동적 형용사를 생식에서의 난자와 정자에 한정함으로써 남자와 여자를 '능동적' 과 '수동적' 의 등가물로 파악하려 한 시도를 이미 무산시켰음에도 불구하고, Winnicott은 성차에 관해서 '존재하는 것' 과 '행동하는 것' 의 친숙한 구별을 사용한다. 비록 그것이 도덕적인 생각일 때는 매우 일관적이지 않을지라도, Freud는 남성과 여성 사이의 모든 다른 심리적 구분을 사회구조로 간주한다. Rycroft는 '차분한'을 '여성적'으로 '욕망(여성 욕망조차도)을 '남성적' 으로 Winnicott을 범주화하는 것을 비판했는데, '이는 심지어 오늘날 여성들이 변하고 있다는 것을 누군가가 기억할 때 이상하게 들린다.' 고 비판했다. 비록 Winnicott에게 유리한 것일지라도 Rycroft는 각주를 읽는 것을 생략한 것처럼 보이는데, 그 각주에서 Winnicott은 '능동적' '수동적'이 정확한 용어가 아니며, 이용 가능한 용어의 사용에 대해 논쟁을 지속해야만 한다고 말하고 있다 (1971a: 76n).

또한 이런 문제들에 대한 Winnicott의 개입의 부족을 강조하는 것은 공정하지 않다. 많은 정신분석적 세대와 같이, 그는 '양성성을 향한 성향' 을 받아들였지만(1971a: 72), 이 문제에 대해 탐색하지 않았다. 심지어 성차에 대한 그의 논문 「이런 페미니즘(This Feminism)」(1986: 183-194)에서조차도 사회 그 자체 그리고 우리가 지금 중대한 정치적 구조로서 인식하는 것에 관해서 전혀 언급하지 않는다.

사회구조의 의미

Winnicott이 특히 어머니-아동 관계에 (남성적 관점에서) 초점을 맞춘 것 때문에 여러 방면에서 페미니스트의 비판의 좋은 후보자였을지라도, Chodorow로 대표되었던, 남성 우월 사회와 직업이 모성애를 간주하는 정신분석적 방식에 대한 페미니스트의 비판에서는 특별히 Winnicott을 꼬집어 비판하지 않았다는 것을 기억해야만 한다. Freud의 경우와 마찬가지로 그는 가부장사회의 전형적인 산물이고, 페미니스트의 정치 구조의 분석은 그의 연구에 영향을 끼치기에는 너무 늦게 나왔다고 볼 수 있다.

대상관계이론과 정치적 변화에 대해 저술한 Samuels는 '심리적 고통의 사회정치적이거나 집합적인 측면들을 배제하는' 경향을 이끈 Klein 학파와 Winnicott 학파(Samuels는 실제로 이 용어를 사용한다) 간에 일치가 있었다고 제안한다 (Samuels, 1993: 275). 그의 비평의 대상은 특히 Winnicott이 아니라 일반적으로 대상관계이론이다. 비록 앞에서 진술한 것처럼, Samuels가 Winnicott이 가족에서뿐 아니라 정치적 구조에서 아버지의 역할을 이해하는 데 실패한 방식에 대해 비평하면서 Winnicott의 이름을 거론하였더라도 그의 비평은 대상관계이론이었다.

다른 장에서 Samuels는 반 유대주의와 투쟁하는 것에 대해서 Chamberlain 여사에게 보낸 Winnicott의 편지를 인용했다. 그리고 그것은 Winnicott이 실제로 정치적 관심에 대해 강한 관여를 했다는 신호다. 그것은 또한 사회적 문제를 언급하는 다양한 예비 논문뿐 아니라 그의 몇 가지 출판된 서신에서도 나타난다. 그는 다소 겸손하게 제목을 붙인 「이런 페미니즘」(1986: 183-194)뿐 아니라 민주주의와 군주정치에 대한 논문을 넘겨주었다. 『가정이란 우리가 시작하는 곳이다 (*Home is Where We Start From*)』에서 편집자들은 제3장에 있는 9개의 논문에 대해 '사회에 대한 숙고(Reflections on Society)' 라는 표제를 붙였다(1986). 1963년에 전해진 페미니즘에 대한 논문은 여러 면에서 그 시대를 앞섰고 그 주제에 대한 그의 관심을 보여 준다. 시작 문구는 다음과 같다. '이 것은 내가 최근 몇 년 동안 했던 가장 위험한 일이다.' (1986: 183) 그러나 일반적으로 그 논문은 실망스러웠고 페미니스트 논쟁에 대해 한쪽으로 치우친 깨달음을 나타낸다. 단 한번 그는 남자들로 하여금 '여성 성격의 "거세된 측면"들을 강조' 하게 만드는, 남성의 거대 망상을 묘사하기 위해, 사회의 차원을 언급했다(1986: 187). 그는 여기에서 여성의 남성 질투는 남성의 여성 질투보다 더 크다고 제안한다. 반면에 그 논문은 사회적이거나 정치적인 견해보다 성차와 남녀 관계에 대한 것이 더 많다. (민주주의에 대한) 그의 에세이(1986:

239-259)에는 매일 유아와의 삶에서 어머니의 강력한 위치에 대한 인식이 더 많이 있다(페미니스트 작가 Dinnerstein(1987) 도 비슷하게 주장한 대로). 이것이 '여성에 대한 두려움을 만든 다……. 사회구조 안에서 강력한 대리인, 그리고 …… 이로 인해 매우 적은 사회에서만 여성이 정권을 잡고 있다는 사실 에 책임이 있다.' (Winnicott, 1986: 252) Winnicott이 인식하 지 못한 것은 이 관계의 역방향성이다. 즉, 어떻게 사회적 압 력과 구조가 어머니-아기 이자 관계와 가족 삶에 영향을 미 치는지에 관한 것이다. 비록 '영향'이 그에게 중요한 개념이 라 할지라도(그 어머니는 외부 세계가 점차적으로 그녀의 유아에 게 영향을 주는 것을 허락한다), 외부 세계가 어머니의 기능에 영향을 줄 때, Winnicott의 양육 커플에 대한 외부 세계는 일반적으로 즉각적인 환경이지 더 넓은 세계는 아니다.

성 욕

Winnicott이 유아의 성욕을 무시했다는 것이 제안되었 다. 실제로 '성욕은 언급되지 않거나 너무 제한적인 방식' 으로 언급된 경우다(Clancier & Kalmanovitch, 1987: 124). André Green은 Winnicott에게는 성적인 것으로부터 주 의를 돌린다는 면에서 Green이 '망각'이라고 부르는 것이 있다고 진술한다. 만약 성욕에 대해 말한다면, 그것은 성욕을 언급하는 것이 아니라 대신에 Green이 '반-성적' 요인에서 주목했던 것을 언급하는 것이다. 몇몇 환자들에게는 존재하지 않는 것이 존재하는 것보다 더 중요하다(Clancier & Kalmanovitch, 1987: 125). 오이디푸스 콤플렉스는 그가 이의를 제기하지 않는 Freud 학파의 개념을 받아들이는 것을 제외하고는 그것 자체로서의 특징이 거의 없다. 그러나 또 한편으로 그것은 Bowlby의 세 권짜리 책 『애착과 상실(Attachment and Loss)』에서는 전혀 나타나지 않는다. 아마도 한 가지 점에서 이것은 기대되는데 왜냐하면 Winnicott의 관심은 삼자 관계보다는 양육 커플에 놓여지기 때문이다. 그럼에도 Greenberg와 Mitchell은 한 구절을 인용하는데, 거기에 있는 Winnicott과 Freud가 연결되는 오이디푸스 콤플렉스에 대한 Winnicott의 설명(Winnicott, 1965b: 16-17)은 사실 Klein에 의존하는 것으로, 명백하게 그것을 깨닫지 않은 채 수정된 설명이다. 확실히 그는 그녀의 연구를 언급한다. Greenberg와 Mitchell은 'Klein이 명백하게 오이디푸스 시기의 위기에 대한 자신의 설명과 Freud의 설명 간의 차이를 언급하였다. Winnicott은 그렇지 않았다. 그는 일치의 환상과 깨어지지 않은 전통을 보존하면서, Klein 학파의 관점을 통해 Freud 학파 이론을 다시 쓴다.'(1983: 207)라고 진술한다. 한 논문에서 Winnicott은 남근 선망의 가능성이 여자의 마음뿐 아니라 남자의 마음의 특징

(1971a: 73)일 수 있다는 가능성을 인정하지 않은 채, 자신의 남자 환자의 남근선망을 그 환자에게서 본 '소녀'의 지표로서 강조하였다. 앞에서 언급했듯이 Winnicott은 페미니즘에 대한 초기 논문에서 이런 가능성을 포함하고 있음에도 이 논문에서는 그렇게 하지 않았다. 그는 자신의 환자에게서 환자의 어머니가 그를 소녀로서 보았던 방식의 의미를 탐색한다. 그러나 그는 오늘날 성과 성 역할에서 사회화와 동일시의 중요한 문제로서 인식되어지는 것에 대해서는 더 이상 들어가지 않는다.

Clancier와 Kalmanovitch는 Winnicott을 좀 더 신중하게 읽어 보면, 특히 『버텨 주기와 해석(*Holding and Interpretation*)』(Winnicott, 1989a)에서 기술된 연구를 좀 더 신중하게 읽어 보면, 그가 발달상 오이디푸스 콤플렉스 시기에 도달한 환자와 연구할 때는 오이디푸스 콤플렉스의 해결에 대해 언급하고 연구하는 것을 명확히 알 수 있다고 지적한다(Clancier & Kalmanovitch, 1987: 95-97). 동시에 우리는 Klein과 Lacan과 같은 혁신적인 분석가들이 오이디푸스 콤플렉스를 재해석하고 초기 어머니-유아 관계에서조차도 그것의 중요성을 발견했다는 것을 기억해야만 한다. 정신분석 이론의 이 부분에서 Winnicott은 놀랍게도 관습적이다.

철학적 비평

  Grolnick 등은 Winnicott의 연구의 비평에 대해 편집된 자신들의 책에서 중간 대상을 비평하기 위해 심사숙고하여 영국 철학자 Antony Flew를 초청하였다. 왜냐하면 Winnicott의 의견들이 '명백한 철학적 함축'을 가지기 때문이다(Flew, 1978: 483). 이미 이 개념과 망상에 대한 Flew의 비판은 앞서 언급했다. 그의 다른 의견 몇 가지는 Winnicott뿐 아니라 대부분의 분석가들에게 적용된다. 예를 들어, 그는 '정리되지 않은 이론적 명제, 성인형 개념 및 일반화'를 공격한다(1978: 483). Flew는 Winnicott의 개념들이 끊임없는 변화의 세계에 속한 것처럼 보인다고 비평한다. 그러나 비록 Flew가 정리하려고 노력한 것처럼 그 개념들 자체가 정리될지라도, Winnicott은 많은 정신분석적 사고에 전형적인 실수를 저지른다. 일반화는 특정한 예들로부터 일반화가 되는데, 특정한 예들은 '모든 장소와 시간에 있는 모든 인류'를 포함하는 것처럼 보일 수 있다(1978: 491).

  비록 Flew가 중간 대상 개념들이 유용하더라도 제한되어야 한다고 명백하게 생각했을지라도, 중간 대상에 대한 Winnicott의 논문에서(Winnicott, 1975: 229) Winnicott이 정의한 대로, 중간 대상은 연구 가치가 있다는 것에는 동의

한다. '당신이 원래의 제한된 개념의 범위 안에 들어가는 무엇이든지 이해하기 전에, 당신이 한 가지 방법 혹은 다른 방식으로 그것의 적용 범위를 매우 엄청나게 확장해 나가서, 그것의 원래 의미로부터 아마 유일하게 현재 정당화되지 않은 함축들만 남아 있을 때 문제가 생긴다.' (Flew, 1978: 491)

중간 대상들은 아동들에게는 주목할 만하게 중요한 것이지만, 그것들이 성인의 삶에 대해 계속적인 영향을 가지는지에 대해서는 질문할 필요가 있다. Flew는 자신의 논문에서 몇 가지 모순을 확인하였는데, 예를 들어 Winnicott(2장에서 진술한 대로)이 진정한 중간 대상이 아니라 위안을 주는 것으로 계속 불렀던 장난감 토끼를 자신의 첫 번째 임상적 예로 묘사한다. Winnicott은 또한 진정한 중간 대상의 상실이 어머니의 상실보다 더 중요하다고 제안한다(1975: 235). Flew는 분명히 중간 곰인형의 상실이 정말로 어머니의 상실보다 더 클 것이라고 믿는 것은 어렵다고 생각한다. Flarsheim 역시 문장에 대한 Flew의 문자 그대로의 이해에는 동의한다고 대답하였다. 하지만 그는 'Winnicott이 의도한 것은 어머니와의 관계가 완전하고 매우 안정적이어서 당연한 것으로 여겨질 수 있을 때, 아동이 중간 대상을 어머니보다 더 중요하다고 경험한다는 것'이라고 제안한다(Flarsheim, 1978: 507). 그 대답은 맞지 않는다. 왜냐하면 원래 비교의 실체는 어머니와의 완전하지 않은 관계이기 때문이다.

Flew는 비록 아이가 그러한 중간 대상을 창조한다고 말하는 것이 불가능할지라도, 아이가 하는 것은 특정한 방식으로 대상을 사용하는 것임을 인정한다. 그러므로 대상 자체보다 더 중요한 것은 '대상의 사용'이다. '대상의 사용'이라는 구절은 Flew가 인정한 것으로서, 물론 Winnicott 자신의 것이다(Winnicott, 1971a: xi-xii, 86-94). Flew는 또한 중간 현상들의 사례가 너무 다르다고 해서 Winnicott이 그것들의 예를 제공하지 않은 것에 대해 비판한다(1971a: xii). Winnicott의 변명은, 특히 그가 '이러한 정의에 의해'와 같은 구절을 계속 사용할 때 충분치 못하다. 예를 제공하는 것에 대한 그의 꺼림은 정의가 없었다는 것을 의미한다. Flew의 세 번째 의문은 중간은 사이에 있다는 것이다. 그는 외부 현실과 내부 세계 사이의 제3세계의 한 가지 유형인 경험의 중간 영역에 존재하는 중간 현상에 대해 회의적이다. Ockham의 중요한 면도날 철학 원칙은 우리가 필요 없는 어떤 새로운 세계를 가정하지 말아야 한다고 제안한다. Flew는 왜 우리가 경험이 제3세계에 속한다고 말해야만 하는가라고 물었다. 왜 그것은 본래 두 가지 중 두 번째, 즉 심리적 실재에 속할 수 없는가?(Flew, 1978: 498). Flew의 질문에 대한 Flarsheim의 대답은 환상(illusion)의 영역이 실제로 제3세계가 아니라 두 세계의 통합이다라는 것이다. '한편으로는 외부 지각과 다른 한편으로는 꿈과 환상의 두 세계.' Winnicott이 이 경험의 세 번째 유형을 설명하기 위해 '공간'과 '영역'이라는 용어를 사용함으로써 분리된 세계를 암시하기 때문에, 문제는 더욱 악화된다.

결국 Flew는 자신이 'Winnicott의 개념에 대한 환영의 코러스(1978: 499)에 동참하지 못하게 만드는 깊이 동기화된 심리적 무지를 가지고 있는지'에 의문을 가진다. 이러한 비평에 대해 Flarsheim은 기꺼이 그 문제에 답하려 하지 않는다. 그러나 그는 아마도 철학자가 인정하지 않지만 임상가가 인정하는 것은, 중간 영역의 개념과 치료에서 나타나는 전이 반응 간의 유사성이라고 제안한다. 왜냐하면 '환자는 항상 환자 자신의 정체감, 치료자의 정체감 및 치료 상황의 실재로서의 현재 현실을 항상 의식하면서, 환자는 자신이 마치 치료자를 자신의 과거로부터 나온 어떤 인물인 것처럼, 느끼고 행동한다는 것을 발견하기 때문이다.' (Flarsheim, 1978: 509) Freud는 '전이가 …… 질병과 실제 생활 간의 중간 영역을 창조하는데, 이 중간 영역을 통해 하나의 세계로부터 다른 세계로의 전이가 이루어진다.'라고 썼을 때 이것을 예견했다(1914: 154).

치료적 관계

스스로 혁신적인 작가라고 생각하며, Winnicott보다 전통적인 정신기법에 대해 더욱 개방적으로 비판하는 Peter Lomas는 Winnicott의 연구는 '아마도 치료적 붕괴 현상에 대한 우리의 이해에 가장 중요한 기여를 했다.'고 인정한다 (Lomas, 1987a: 83). 그럼에도 그는 명확성의 부족 혹은 용어의 한정된 사용으로 인해 Winnicott의 위치가 약화된 어떤 영역에 대해 설명한다. 예를 들어, Lomas는 붕괴의 전체 과정과 '특정한 회기에서 일어나는 좀 더 즉각적이고 전이적인 극적 사건들'에 대해 같은 용어를 사용함에서 명확성이 부족했다고 주장한다(1987a: 86). 퇴행도 Winnicott이 제안한 것보다 더 많이 모호하다. 그것은 창의적일 뿐 아니라 '강력하게 파괴적일 수 있다.' 그리고 창의적이라는 것은 Winnicott의 거의 독점적인 입장이다. Winnicott의 생각의 가치는 또한 치료에서 버텨 주고 보호해 주는 기능에 대한 그의 이상화에 의해 손상될 수 있다. 그는 때때로 그 기능이 거의 놀랄 만한 예민성과 인내와 관용을 필요로 하는 것으로 제시할 뿐 아니라, '편안한 환상(illusion)과 부인'이라는 구절에서 버텨 주기의 안정성을 해석하는 경향이 있다 (1987a: 90). 내담자를 확실히 지지해 주어야 하지만, 각 내담자의 욕구에 따라 편안함뿐 아니라 도전의 기회도 주어야 한다. Lomas는 Winnicott이 너무 극적으로 표현하는 경향이 있고, 그의 권위가 이상적인 어머니에 대한 과잉단순화를 잘 보이지 않게 할지도 모른다고 믿었다.

유사하게, Lomas는 Winnicott의 연구가 일반적으로 치료자에게 더욱 관대한 태도를 채택하도록 격려한다는 것은 인정하지만, Winnicott이 치료자의 욕구를 분명히 제외한 채 얼마나 많이 내담자의 욕구에만 집중하는지를 비평한다. 치료에서 자발성은 내담자의 무의식적인 욕구에 대한 반응에만 제한되는 것처럼 보여서 특별한 치료적 반응이 된다. Lomas는 치료자의 감정을 포함해서 '일상 생활의 위험이 상담실 안에서 수용될 수 있도록'(1987a: 93), 자발성은 또한 자신의 욕구에 대한 치료자의 감정을 포함시켜야 한다고 주장한다.

Winnicott은 치료에 대한 자신의 접근이 너무 많은 퇴행과 유아 소망의 너무 많은 만족을 장려한다고 말했던 Lomas보다 더 정통적인 비평가들에 대해 다음과 같이 주장하면서 자신을 방어했다. 의존에 대한 퇴행은 '조직화되어 있다. 일차적 나르시시즘의 욕구를 충족시킴으로써, 참 자기가 다시 시작된다……. 거짓 자기가 참 자기를 보호하려는 방어체계 없이 환경적 실패 상황에 대처하기 위해, 참 자기가 다시 시작된다.

결 론

비록 이 장에 나타난 Winnicott의 생각에 대한 몇 가지 비판에 반대하는 특질들을 그의 광범위한 글의 목록 내에서 찾는 것이 가능할지라도, 그의 연구를 보물창고로 사용하는 데는 위험이 있다. Winnicott 자신이 비판을 다루는 데 능숙하지 못했다는 것은 기억할 만한 가치가 있다. 1장에서 언급되었던 「대상의 사용(The use of an Object)」(1971a: 86-94)이라는 그의 논문에 대한 뉴욕의 반응은 그의 반응의 한 예인데, 여기서 그는 변덕스럽게 자신의 논문을 조각조각 찢어버릴 것을 제안했다. 그것은 '만약 당신이 이 모든 것을 좋아하지 않는다면, 나는 이 모든 것을 없애버릴 것이다.' 라는 암시를 가진 매우 극적인 방법이었다. 또 다른 소식통은 Winnicott이 너무 많은 비판을 받게 되면, 그는 모임에서 조리가 없이 행동할 수 있다고 독립적으로 나에게 암시하였다. 그리고 또 다른 소식통에 따르면, '그는 화를 잘 내곤 했고, 약간 교묘한 방법으로 자신의 입장에 대해 청중의 공감을 얻으려고 했다.' (개인적 대화에서)

나는 그의 생각을 의문시하는 데 있어서 신중함을 호소하기 위해 이런 의견들은 언급하지 않았다. 하지만 이러한 진술은 Winnicott이 어떤 작가나 사상가 타입이었는지 아니었는지를 시사한다. 그는 특별한 전문적 집단 외의 경우에서 평소 그랬던 것처럼 자신에게 호의적일 때, 자신에 대한 청중의 반응을 즐겼고, 자신의 창의적인 생각을 공유하기를 좋아했던 사람이다. 그는 많은 학회와 모임에 초대받았고,

명백히 인기 있는 강사였다. 그는 자신의 전문적 학회의 '과학적 모임'에서 거친 면이 있었다.

하지만 비록 그의 글이 명확하게 학구적 정밀조사를 받을 만 했고 설사 받았을지라도 그리고 그가 Darwin과 Freud의 전통에서 그 자신을 보고 싶었을지라도, 정확한 의미에서 그는 학구적 성향도 과학적 성향도 아니었다. 그의 용어들의 부정확함과 모순을 보는 것에 있어서의 실패(혹은 모순은 역설의 한 형태이고 역설의 사용이 충분한 설명이라는 그의 신념), 그리고 생각이 떠오를 때 생각과 노는 것, 이 모든 것은 정의하기 어려운 독특한 방식을 만들어 낸다. 일부는 시적이고, 일부는 창의적이며, 일부는 철학적인, 그리고 동시에 이런 유형의 논쟁 중 어떤 것도 그는 결코 의도하지 않았다.

Winnicott의 이름이 이렇게 자주 나타나는 것은, 때때로 (이 장에서 보여 주듯) 그의 연구에 대한 비판적 관심에서, 그리고(다음 장에서 보여 주듯) 매우 빈번하게 타인의 연구를 발전시키기 위한 영감으로서 Winnicott의 생각을 필수불가결하고 주의 깊게 검토할 수 있다는 것을 의미한다. 정량 가능한 연구를 실행할 수 있는 사람들은 그가 쓴 것 중 얼마큼 많은 것이 증명 가능한지를 보여 줄 입장에 처해 있다. 생각의 세계에 관심이 있는 사람들은 정신분석적 논의의 내적 논리를 추구할 수 있다. 그의 생각을 치료 실제에 적용하기를 원하는 사람들은 그것을 얼마나 자신의 상황에 전이시킬 수 있을지를 시험해 볼 수 있다. 이러한 모든 시도는 이론과 실제에서 Winnicott이 가진 촉매효과를 보여 준다. 비록 그가 그의 연구에 계속해서 주어졌고 또 계속 주어질 섬세한 주의를 잘 다룰 준비는 되어 있지 않을지라도, 그가 이 위치에 있는 것을 즐겼을 것이라는 것은 의심할 여지가 없다. 마지막 장에서 반영한 대로, 비난에도 불구하고 그의 생각, 시적 접촉, 철학적 숙고, 관습적이지 않은 치료적 태도는 다른 전문가뿐 아니라 많은 치료자와 상담가들에게도 상당한 매력을 뿜어낸다는 사실 역시 의심할 여지가 없다. .

5 D. W. Winnicott의 전반적 영향

Winnicott에 대한 글을 쓴 일부 작가들이 그를 Freud와 동급으로 그 시대의 선구자와 같은 위치로 끌어올리려는 유혹을 느꼈음에도, 이 마지막 장에는 주로 그에 대한 비판이 제기되었던 정신분석 논문들이 제시되어 있다는 사실만으로도 Winnicott의 영향력이 사실상 얼마나 훨씬 제한적이었는지를 보여 준다. 학문 밖의 영역에서는 Winnicott은 어떤 분야에서도 Freud 만큼의 흥미를 불러일으키지 못했다. 비판의 수준은, 그것이 얼마나 부정적이든 간에 특정 작가의 중요성에 대한 확실한 척도다. Freud의 개념들은 계속해서 논쟁을 유발시켰다. 그리고 그의 이론이 다양한 학문 영역에서 폭발적인 흥미를 불러일으켰다면, 그것은 그가 보편적인 관심 영역을 확장시켰기 때문이다.

마지막 장은 또한 정신분석학계가 Winnicott을 이상화하지는 않는다는 것을 보여 준다. 분석가들은 종종 다른 치료자들뿐만 아니라 자신들의 동료에 대해서도 비판거리를 찾아낸다. 그럼에도, 나는 이 책 서두에서 더 광범위하고 많은 상담과 심리치료 영역에서 Winnicott이 여전히 치료자를 위한 모델로서나 창의적인 관찰자와 사상가로서 가장 선호되고 있음을 관찰했다는 것을 언급했다. 그가 한 말들이 때로는 그의 사상을 맛보기만 보여 주는 것에 불과할지라도, 그런 말들이 인상적이라는 것은 특정 분야에서의 그의 영향력이 얼마만큼인지를 나타내 준다. 그는 아마도 제2세대, 제3세대 분석가들에 의해 가장 많이 인용되는 사람일 것이다.

물론 많이 인용된다는 것 자체가 지속적이고 더 깊은 영향력을 나타내 주는 것은 아니다. Winnicott의 애교 있는 표현들은 실질적인 알맹이가 없는 구호로 사용될 수 있다. 그가 맹목적으로 추종되어야 한다는 것은 그 자신의 소망과도 거리가 있어 보인다. 그리고 사실 나는 그가 '학파'의 기반을 형성하기에 충분히 포괄적이고 조직적인 이론을 정립하는 부류의 작가는 아니라는 점을 이미 분명히 했다. 어떤 출처들에 따르면 그가 부분적으로는 상대적으로 작은 집단의 '신봉자들'의 관심을 즐기고, 대중에 영합하는 사람이었을지도 모른다고 여겨지지만, 더 광범위한 대중들을 대상으로 한 강연이나 연설, 영국 정신분석학회의 세미나에 실린 그의 논문, 그리고 그의 비공식적 세미나들이 개념을 소개하고 논의할 수 있는 개념 형성의 기회였다는 것은 의심할 여지가 없다. 그러나 그것들은 영구적으로 기록되지는 않았다. Davis와 Wallbridge는 Winnicott에 대한 연구에 대해 다음과 같이 결론지었다.

우리가 전체적으로 사상가들에게 많은 부분 신세를 지고 있다는 것에는 의심할 나위가 없다. 그들은 통합된 인간과 고결한 인간에게서도 필연적인 자기 의심에도 불구하고, 덧붙이거나 장식하지 않고, 세상을 보는 전반적인 방식을 우리에게 설명할 때 나라는 존재에 끼칠 위험에도 스스로를 노출할 수 있는 용기를 가진 사람들이다. 이러한 업적에 Winnicott은 인간의 본성에 대해 글을 쓰는 작가에게서 항상 발견되지는 않는 영혼의 관대함을 가미했다. 그는 우리에게 '나는 당신에게 세상이 어떠하고, 당신이 내가 생각하는 바를 생각해야 한다고 말하고 있다.'고 얘기하는 것이 아니었다. 오히려 그는 '우리가 공유한 것에 근거해서, 그리고 우리가 얼마나 다른가에 근거해서, 나는 당신 자신이 만들어 낸 세상 안에서 유용할지도 모른다.'고 이야기했다(1981: 172). 그는 '발견되고, 사용되기 위해서' '창조되고' 싶어 했다. 그는 모방된다는 생각을 싫어했다(1981: 172).

Freud와 비교해서, 그리고 심지어는 Klein이나 Jung과 비교해서도, Winnicott의 영향력은 훨씬 더 제한되어 있고 심리치료, 심리학, 교육, 사회복지, 그리고 다른 치료 형태의 특정 영역으로 한정되어 있다(비록 그 목록이 충분히 길긴 하지만!). 이 장에서 볼 수 있듯이, Winnicott은 다른 선구자들에게, 특히 아동과 작업하는 이들에게 영감을 줌으로써 가장 많은 영향력을 행사하는 것 같다. 그의 삶에서의 에너지는 특정 치료 형태의 격려와 지지를 포함한 다른 전문적인 방향으로 향해졌다. 그가 죽은 이래로 이론과 실제에 대한 그의 개념들은 다양한 발달적인 문제들의 설명에 도움을 주었기 때문에, 다른 많은 치료 관련 직업에서뿐만 아니라 전 세계의 정신분석 관련 집단에서도 그가 살아 있었을 때보다 훨씬 더 많은 흥미를 불러일으켜 왔다. Winnicott의 개념을 따르는 이들 중에 'Winnicott 학파'라는 용어를 사용하는 것에 대해 강하게 반대하는 이들이 있는데, 그들의 주장에 따르면 그 같은 용어가 그의 정신에 위배되는 것이기 때문이다. 그럼에도 Winnicott의 업적이 얼마나 정신분석적 사상의 발달을 촉진시켰는지를 보여 주는 증거뿐만 아니라 일부 치료 관련 직업들의 사상에 지식을 제공하고 영향을 미치고 있음을 보여 주는 충분한 증거들이 있다.

Winnicott 연구회

이전 장들에서는 추측과 추론뿐 아니라 경험과 관찰에 근거한 개념들로 가득한 Winnicott의 글이 가진 매력을 보여 주었다. Winnicott은 분석가나 치료자들에 의해 쓰인 많은 글처럼 확실한 자료에 근거해서 글을 쓰는 일이 거의 없었고, 사례는 그가 이끌어 낸 추론의 실제 증거가 아니라 예로 사용되었다. 이론을 중시하는 심리학자가 Winnicott의 저서만으로 자신의 이론을 지지하는 자료를 찾기란 어렵다. 예를 들어, 우리가 현재 연구에 미치는 Winnicott의 영향력이나 개념적 틀에서 그의 중요성을 발견할 수 있을 것이라고 기대할 지도 모르는 *Journal of Child Psychology and Psychiatry*는 우리의 기대를 충족시켜 주는 증거를 거의 보여 주지 않는다. 이례적으로 33권에는 대상애착에 대한 논문 한 편과 유아발달(Murray, 1992: 543-561)과 출생 후 우울에 대한 Winnicott 연구회의 논문 한 편으로 총 두 편의 논문이 게재되어 있으나, 다른 권에서는 그렇지 않다. Winnicott은 학술지에 논문 두 편을 게재했는데, 「끈(String)」(Winnicott, 1965b: 153-157)에 대한 논문은 1권에 처음부터 게재되어 있었고, 다른 한 편은 아동 정신과의사 수련을 위한 논의에 대한 것으로 4권(1963: 85-91)에 실려 있다. 그러나 Clarke와 Clarke가

1986년에 쓴 지난 30여 년간의 아동 정신의학에 대한 '엄선된 개관'에는 그에 대한 어떤 언급도 없었다(1986: 719-759). 이것은 학문적인 학술지에서 그의 업적에 대한 언급이 없는 전형적인 예다. 왜 특히 학계에서 Winnicott에 대한 언급을 피하는 것인가에 대해서 John Davis 교수는 Freud가 성욕을 옹호한다고 잘못 간주된 것과 마찬가지로, Winnicott은 감상주의를 옹호한다고 간주되었을 것이라고 생각했다. Davis 교수의 지적에 의하면 사실 Winnicott은 감상주의적 태도를 취하지 않았으며, 오히려 감상주의가 가학성의 이면에 있다고 보았다. Davis 교수는 또한 Winnicott이 이론적인 측면을 중시하는 심리학자들에게서 인기가 없는 이유는 집단에 대한 통계적인 연구보다는 독특한 개인에 더 집중했기 때문이라고 주장했다(개인적인 대화에서).

별로 언급되지 않았다는 사실은 Winnicott의 개념이 심리학적 연구에 근거하고, 어떤 경우에는 경험적으로 검증될 수 있다는 사실과 모순된다. 학문적인 관점(통제된 표본을 대상으로, 정확한 관찰과 정밀한 분석, 통계적인 성실성을 가지고 구체화하고 검증할 수 있는)에서 Winnicott 연구의 전개에 대한 가장 중요한(유일한 것은 아니겠지만) 예는 아마도 케임브리지 대학교의 정신의학부에 있는 Winnicott 연구회에서 이루어진 프로젝트일 것이다. 사실 그가 중·고등학생으로서, 그리고 대학생으로서 다녔던 케임브리지와의 개인적인 관련성에서도 그곳은 Winncitott에 대한 연구에 특히 적절한 장소일 것이다.

　Clare Winnicott은 사후에 Winnicott 기금 설립을 위한 돈을 남겼는데, 이 기금은 그 초기 목적 중 하나인 케임브리지 대학교의 연구 장학금으로도 사용되었다. 기금의 목적은 Winnicott이 중요하게 여겼던 영역에 대한 경험적 연구를 장려하는 것이었고, 기금의 의장이었던 고(故) Martin James 박사는 대학 기반 부서로 인해 Lynne Murray 박사가 Winnicott을 본질적으로 파악할 수 있는 기술적인 연구를 더 과학적인 형태로 바꿔 놓는 데 대한 그녀의 관심을 추구할 수 있었을 것이라고 결론 내렸다. 매우 초기에 이루어진 어머니-유아의 의사소통에 대한 Murray의 박사학위 논문은 생애 초기 몇 달 간의 정서 발달에 대한 문헌들에서 '메울 수 없는 틈'을 발견했던 그녀 자신의 수련과 Winnicott의 사상에서 영향을 받았다. 오직 애착이론만이 그 주제를 다루었으며, 애착이론에서도 오직 생애 첫 일 년의 후반부만을 다루고 있었다. 그녀는 Klein의 일부 이론들이 특히 병리적 상황과 와해에 적절한 반면, Winnicott의 이론들이 얼마나 그 간격을, 특히 정상적인 발달 연구에서의 간격을 잘 메우는지를 인식했다.

　그녀의 주된 관심사는 '일차적 모성 몰두'에 대한 Winnicott의 설명과 그것이 유아 발달에 어떤 의미가 있을 것인가에 대한 것이었다. 만약 Winnicott이 옳다면, 생애 초기 몇 주 동안 아기들은 자신의 발달을 촉진하는 환경을 제공해 줄 수 있는 어머니의 독점적인 관심을 받을 필요가 있다. 예를 들어, 산후 우울증을 경험하는 어머니와 같이 정상적인 방식으로 일차적 모성 몰두가 일어나지 않는 환경은 연구함직하다. 관련된 관심사를 가지고 있는 케임브리지의 다른 연구자들과의 공동연구로 Murray 박사는 왕립대학의 산부인과 연구부서인 Birthright로부터 상을 받았다. 이 상으로 아동과 문제가 있는 우울한 어머니에 대한 심리치료적 개입이 이후 아기에게 발생할 수 있는 문제를 예방하는 데 효과적인지를 살펴보는 치료 연구의 연구 자금을 제공받을 수 있었다.

1990년 Tedworth 자선기금으로부터 기부를 받아서 연구회가 창설되었다. 이 연구회의 목적은 어떻게 환경적 영향과 개인 간의 관계가 유전적인 자질과의 상호작용을 통해 개인적 특성과 성격, 신체적 및 심리적 장애에 대한 취약성에 영향을 주는지를 결정하기 위해 아동과 유아의 발달을 연구하는 것이었다. 현재 연구팀이 수행하고 있는 특정 프로젝트를 위한 기금은 또한 의학연구위원회, 보건부, East Anglian 지역건강기관, 정신건강재단, 아동성장재단 및 Isaac Newton 재단에 의해서도 지원되고 있다.

저술 연구 프로젝트가 진행되던 당시에는 어머니의 우울

증과 유아 발달에 대한 연구(후에 더 자세하게 설명할 것이다), 산후 우울증의 예측과 치료, 어머니의 기분과 유아의 영향에 유아의 요인이 미치는 영향, 산후 우울증이 섭식과 유아의 성장에 미치는 영향, 어머니의 섭식장애가 아동 발달에 미치는 영향, 어머니의 상호작용 양식과 유아의 영향 간의 관계에 대한 연구가 포함되어 있었다. 다양한 연구들은 또한 어머니와 아기의 관계에 관한 다른 연구들에서 이미 주요 요소로 확인된 다른 요인들의 중요성을 평가하는 좋은 기회를 제공했다.

관찰자의 중심 과제는 환경에서 제공되는 것과 외적 세계에 대한 아기의 경험을 보고서 그것이 내적 경험에서 어떤 의미를 가지는지를 검토하는 것이다. Winnicott 연구회는 어머니와 아동이 있을 때, 아동들끼리 있을 때, 그리고 아동이 혼자 있을 때를 자세하게 관찰한다. Winnicott 기금은 18개월 동안 다양한 시점에서 유아와 어머니의 상호작용을 녹화한 비디오테이프를 분석하는 데 대한 자금을 제공한다. 비디오테이프는 세세한 것까지 분석되고, 이론적인 구조로 구성된다. 연구회의 가장 초기에 이루어진 연구는 우울한 어머니의 아기와 우울하지 않은 어머니의 아기에 관한 연구로, 그들은 1986년과 1987년 사이에 모집되어서 생후 18개월까지 연구되었다. 우울한 어머니 집단의 유아(original infants)는 학교, 집, 연구회의 놀이실에서 정서적 · 사회적·인지적 발달에 대한 평가와 함께 추적 조사되었다. 추적 연구에서 알아낸 한 가지 사실은, 어머니에게 산후 우울증이 있었던 아동은 학교에서 교사에게 긍정적인 접근을 할 가능성이 적다는 것이었다. 어머니가 산후 우울을 보였던 5명의 소년들은 학교에 적응하는 데 있어 유의하게 높은 비율의 행동 문제를 보였다. 다른 연구들은 초기 몇 주간의 유아의 반응성의 질이 어떻게 어머니의 기분에 영향을 미치는가를 보여 주었다. 이 연구와 관련된 한 예는, 어머니의 거울반응의 기능에 대한 Winnicott의 이론을 지지하는데, 서투른 유아의 운동 통제(느리고 축 늘어져 있거나, 잘 조절되지 않고 경련을 일으키는)는 시선 맞추기에 두드러진 영향을 주고, 그것이 부모로 하여금 자녀와 관계를 맺고 있다는 느낌을 갖기 어렵게 하며, '대인 간의 마주보기'의 양을 감소시켰다(Murray et al., 1994b).

Murray 박사는 자기와 타인의 인식(Winnicott의 용어로는 '나(me)와 나 아닌 것(not me)')을 평가하기 위한 검사를 개발하고 추론을 내리는 것이 가능하다고 믿었음에도, (많은 성인처럼 자신의 내적 경험을 설명할 수 없는) 유아의 내적 세계에 대한 연구는 매우 어려운 과제로 보인다. 어머니와 아기 간의 강한 관계는 측정될 수 있다. 예를 들어, 어머니가 자신보다 아이에게 더 몰두해 있을 때를 측정하는 지표가 있다. 모성 행동은 민감한-둔감한, 허용적인-요구적인의 차원으로 평정될 수 있다. 아니면 유아도 '주의 깊은-회피하는' '만족스러운-괴로워하는' 과 같은 차원으로 평정될 수 있다. 9개월과 18개월에서 자기와 타인을 구분하는 아동의 능력에 대한 예측이 이루어질 수 있다.

실제적인 적용

이러한 관찰들로 인해 현재 특히 어머니와 유아 치료를 전문으로 하는 임상 현장에 정보를 제공하는 역할을 하는 케임브리지 대학교에서 치료 실험이 이루어질 수 있었다. 산후 우울증으로 확인된 여성들은 자신의 집에서 간단한 과정의 치료를 받았다. 그들은 치료 전과 후, 그리고 치료가 완전히 종결된 후에도 규칙적으로 평가를 받았다. 그들은 거의 8주 동안 한 시간짜리 회기를 위해 방문을 받았다. 이를 위해 건강 방문자들은 수련을 받고, 단기간의 작업을 위한 슈퍼비전을 받았으며, 물론 아동과 어머니와의 상당한 사전 경험을 가지고 있었다. 어머니의 기분이 나아지는 것이 중요하긴 하지만, 이 연구의 중심 목표는 치료가 어머니-유아 관계를 향상시킬 수 있고, 그로 인해 유아의 발달적 결과를 도울 수 있는지를 확인하는 것이었다.

최초의 임상적 실험에서는 세 가지 다른 유형의 치료(비지시적인 인간중심적 상담, 인지-행동 치료, 단기 정신역동 치료)에 여성들을 무선 할당했으며, 단기 정신역동 치료의 경우 어머니 자신의 초기 과거력과 양육되었던 경험의 차원에서 자녀와의 관계와 자녀에 대한 표상을 이해하도록 촉진하는 것을 목표로 했다. 통제 집단 역시 연구에서 포함되었다. 그들은 일상적인 일차적 치료를 받지만 연구팀에서 그 이상으로 해 주는 것은 없었다. 치료의 대부분은 두 명의 건강 방문자들과 심리치료자들에 의해 수행되었으며, 이들 각자는 두 가지 다른 치료 형태를 수행했다. 이것은 치료자의 개인적인 효과를 통제하기 위함이었다. 그러나 일부 사례에서는 비지시적 상담자, 인지행동 치료자, 분석 치료자 등 전문가를 사용함으로써 심화된 통제 요소를 도입하였다.

사용된 세 가지 개입 간에는 거의 차이가 없긴 했지만, 이 실험은 단기 개입을 통해 산후 우울증으로부터의 회복을 촉진하는 것이 가능하다는 것을 보여 주었다. 치료를 받은 이들은 일반적인 어머니-유아 관계뿐 아니라 관심을 받고자 하는 유아의 요구를 다루거나, 아동과 떨어져 있거나, 아기와 놀아주기와 같은 영역에서 유의하게 좋은 평가를 받았다. 인지행동적 접근은 특히 그러한 면들에서 가장 좋은 치료효과를 보였다.

이 연구에 이어 연구회는 케임브리지 치료 연구(Seeley et al., 1995)라고 알려진 연구에 착수했다. 건강 방문자들은 우울증과 그것이 가족에게 미치는 효과에 관한 핵심 내용 및

Edinburgh 산후 우울증 척도의 사용, 인지행동 이론에서 도출한 선별된 기법들과 Egan의 능동적인 반영적 경청 모델을 사용한 기본적인 상담 기술에 관해 매주 6일간 반나절 동안 훈련을 받았다. 이 연구의 결과는 초기 치료 연구의 결과와 흡사하다. 유아의 행동뿐 아니라 어머니의 기분과 유아와의 관계에 대한 지각에서 유의한 향상이 보고되었다.

Murray와 Cooper(1993)는 아기와 친밀감을 느끼기 어려운 어머니와 어머니에게 회피-애착을 보이는 아기를 치료한 사례에 대해 자세히 설명했다. 물론 그들이 자신에 대한 전이보다는 어머니-아동 관계(아동은 방에 있었다)에 집중하긴 했지만, 그들은 성인 심리치료에 애착이론을 적용하기 위한 Bowlby의 다섯 가지 원칙(Bowlby, 1988)에 많은 부분 기반을 둔 절차를 사용했다. 어머니가 자신의 자녀에 대한 이야기를 할 수 있게 되고, 그에 대한 정서를 경험하게 됨으로써(그녀의 20개월 된 자녀 역시 목격했다) 어머니에게서 일어난 변화는 훨씬 더 안정된 자녀의 애착 행동에 반영되었다.

애착이론을 사용한 어머니-아동 관계에서의 그 같은 개입은 특이한 것은 아니며(Lieberman et al., 1991; Nezworski et al., 1988), 여기서 참조점은 Winnicott이라기보다는 Bowlby 임이 자명하다. Winnicott과 Bowlby는 애착에 대해 완전히 동의한 것은 아니었는데, Winnicott이 어머니와 유아의 이자 관계의 형성을 더 강조했다면 Bowlby는 파괴를 더 강조했다. 그리고 Winnicott 역시 동물행동학을 인간관계에 대한 연구에 도입한다는 것에 찬성하지 않았다. 그럼에도 이 연구와 임상 실험은 어머니와 아기 간의 이자 관계(Winnicott 의 용어로는 '양육 커플(the nursing couple)') 및 그들의 거의 공생이라고 할 수 있는 관계의 중요성에 대한 Winnicott의 인식에 기반을 두고 있다. Murray가 설명했듯이 '최근, 상호작용을 조절하는 데 있어서의 정서의 역할에 대한 강조와 상세한 기술적 연구로 인해 동물행동학의 영향은 [정신분석과 발달심리학 간의](Murray, 1989) 간격을 어느 정도 메워 왔기' 때문에 Bowlby의 이론은 특히 중요하다. *British Journal of Psychotherapy*에 실린 논문에서 Murray는 생후 첫 일년간의 발달을 설명하기 위해 한편으로는 발달심리학자들과, 그리고 다른 한편으로는 Winnicott과 Klein에 의해 사용된 용어들을 같이 사용했다. Daniel Stern과 관련해 4장에서 설명한 유아에 대한 상세한 관찰은 일차적 비통합에 대한 이론처럼 Winnicott의 개념 중 일부를 수정할 필요가 있다고 느끼게 했다. 그럼에도, 신생아의 행동에 대한 연구에서 도출된 다른 증거들은 미분화된 자기와 외적 세계, 그리고 전체로서의 어머니와 아기의 관계(즉, 그 모든 특징에 대해서이지, 단지 신체적 추동의 만족이라는 측면에서만은 아니다)에 있어서 대상관계이론의 강조 등에 관한 Winnicott의 개념을 일부 지지한다. 생후 첫 해의 어머니와 유아에 대한 관찰은

또한 일부 사례에서 일차적 모성 몰두, 반영해 주는 존재로
서의 어머니의 역할, 그리고 약 세 달째에 잠시 외부 세계를
경험하게 해 줌으로써 유아의 변화에 대한 욕구에 어머니가
적응하는 것에 관한 Winnicott의 생각들을 설득력 있게 지
지하고 있다.

  Winnicott 연구회의 연구는 과학 학술지에 정기적으로
게재되고 있지만, 앞서 언급했듯이 심리학 학술지에서는
Winnicott의 이름이 좀처럼 등장하지 않는다. 일생 동안의
임상적 경험에서 나온 Winnicott의 관찰은 Winnicott 연구
회의 면밀한 연구와 다른 대학들에서의 몇몇 연구에 의한 경
험적인 검증을 통해 객관적인 분석이 가능하고, 따라서 더
연구할 가치가 있는 것으로 여겨지는 것일지도 모른다.

소아과학

  영국에서 소아과학은 가난한 가정의 아동에게 무료 서비
스를 제공하는 오랜 전통을 가지고 있다. Winnicott 이전에
도 '만약 당신이 아동을 어머니로부터 떼어 놓는다면 이는
아동을 매우 슬프게 할 것' (개인적인 대화에서)이라는 인식은
있었다. Winnicott이 종사하고자 했던 학문이 바로 이것이
었으며, 그의 이론적인 입장을 지지하는 절대적인 양의 자
료뿐만 아니라 많은 증거들이 소아과 장면에서 나왔다. 물

론 그가 개발한 평가 기법인 혀누르개 놀이가 단지 심리 발달뿐만 아니라 신경 발달까지 보여 주긴 하지만, 소아과 장면에서 그는 내과 의사라기보다는 정신과 의사에 가까웠다. 한때 그의 소아과 동료였던 John Davis는 "혀누르개를 건네주는 걸로 당신은 30초 내에 아동에 대해 알고자 하는 모든 것을 알아낼 수 있다."(개인적인 대화에서)라고 말했다.

John Davis와 Peter Tizard 경이 Hammersmith 병원에서 그들과 함께 일하는 가장 똑똑하고 가장 흥미를 가진 젊은 소아과의사들을 Winnicott의 집에서 열리는 세미나에 참석하게 했음에도, Winnicott은 소아과학의 발전 방향에서 배제되어 갔다. 이들의 행동은 Clare Winnicott이 느끼기에 Winnicott이 내쳐졌다고 느끼지 않게 해 주었다. 물론 다음 부분에서 볼 수 있듯이, Clare Winnicott 자신은 Winnicott과 그의 연구를 그의 사상 중 일부가 실제로 받아들여진 사회복지에 포함시켰지만 말이다. 반면에 소아과학은 전혀 Winnicott의 방향으로 움직이지 않았고, 그가 제안했던 것들은 대부분 소아과 현장에서 이루어지고 있지 않다. 이전에 그의 동료였던 John Davis 교수는 이것이 바로 '비극'이며 '그는 시작부터 소아과의사들의 핵심부에 속해 있지 않았다.'고 보았다.

영국 심리학회 의학부분의 학회장이었던 그의 위치로 인해, Winnicott은 소아과학과 정신의학이라는 두 학제 간의 협력의 필요성을 보여 주려고 노력했다. '두 전문 분야에 종사하는 연구자들은 다른 분야의 연구자들을 만남으로써 많은 이득을 얻을 수 있다.' (1975: 158) 그러나 실제로 (신체적인 차원으로 보는 경향이 있는) 소아과의사들이 (정서 발달과 관계로 문제를 귀인하는) 아동 치료자들과 동등하게 협력하는 것은 어려운 일이다. 아동 정신의학자들과 소아과의사들 간의 구분은 전자가 소아과학을 통해서보다는 정신의학을 통해서 전문성을 얻는 경향이 있다는 것 때문에 더욱 심화되었다. *Journal of Child Psychology and Psychiatry*(1963: 85-91; Winnicott, 1965b: 193-202)의 아동 정신의학자의 수련 문제에 대한 논의에서 Winnicott은 일반적인 정신의학이 아동 심리학을 대표할 수 없다는 자신의 믿음을 보여 주었다. 그는 아동심리학을 독자적인 전문 분야로 보았으며, 소아과학에서 아동 정신의학으로 가는 길을 열어 주고자 했다. 1986년까지 30여 년간의 아동 정신의학 발달에 관해 개관한 Hersov는 '오늘날까지도 이 문제에 대한 혼란은 가라앉지 않았으며, 여전히 일반 정신의학에서 요구되는 수련이 훌륭한 아동 정신의학자가 될 수 있는 소아과학자를 놀라서 달아나게 만든다고 주장하는 사람들이 있다.' (1986: 790)고 언급했다.

(1986년에 출판된 아동 심리학에 대한 Clarke와 Clarke의 논문과 달리) Hersov의 논문은 Winnicott이 아동 정신의학에 영

향을 끼쳐 왔음을 보여 준다. 비록 '그의 스타일이 자주 모방되기는 하지만 그에 필적한 적은 없고, 그의 사상이 다른 집단보다는 사회사업가들에게 더 시도되는 것 같긴' 하지만 말이다(Hersov, 1986: 788). 분석지향적 아동 발달 연구자들 사이에서 어머니-아동 관계에 대한 그의 개념이 점점 많은 관심을 끌게 된 것은 미국에서였다. 예를 들어, Stern은 유아 발달에 관한 자신의 중요한 저서에서 발달심리학과 정신분석의 두 가지 시각을 취하는 사람으로 Winnicott을 여러 번 언급했다. 그는 '존재의 연속성(going on being)'에 대한 유아의 욕구, 중간 현상으로서의 초기 언어와 소리, 거짓 자기의 발달, '핵심적인 자기감의 잠정적이고 부분적인 붕괴가 발생할 때마다' 유아가 경험하는 근본적인 고통에 관한 Winnicott의 이론들에 특별한 가치를 부여했다. 참 자기와 거짓 자기 대신에, Stern은 사회적 자기, 사적 자기, 부인된 자기의 삼분된 용어를 사용할 것을 제안했다(1985: 229).

Winnicott이 공공 장면이나 사설 장면에서의 아동 심리치료에 대한 대단히 많은 경험을 가지고 있다는 점에서, 그가 아동 심리치료 수련에 영향을 미쳤을 것이라고 기대할 수 있다. 사실, (Hampstead 클리닉의) Freud 학파와 (Tavistock의) Klein 학파가 서로 우열을 다투는 런던에서 Winnicott은 거의 언급되지 않는다. 영국 심리치료자학회의 아동치료 과정에서는 그에 대한 최소한의 관심만을 보이고 있다. Farhi

는 (개인적인 대화에서) Winnicott은 Klein이 지배적이었다
는 역사적 맥락에서 다루어져야 하며, 그는 그러한 환경에서
의식적으로 언어와 이해에 대한 Klein 학파의 지배력을 과
소평가하려고 애썼다고 주장했다. 그것이 아마도 가장 전통
적인 장면에서 그의 연구가 다루어지는 방식에 여전히 영향
을 미치고 있는 것 같다. Lomas는 (개인적인 대화에서) '아마
도 Winnicott은—그가 그랬어야 했던 것처럼—더 강하게
Klein에게 저항하지 않았던 것에 대한 대가를 치르고 있는
것 같다. 나에게 있어 그는 매우 위대한 재능을 가지고 있고
근본적으로 다른 존재였다.' 라고 썼다. 그럼에도 런던 바깥,
예를 들어 Edinburgh에 있는 아동 심리치료 수련에 대한
스코틀랜드 인간관계 연구소나 로마에 있는 아동 및 청소년
정신분석 치료 대학과 같은 곳에서 그의 연구는 존경받고 학
습되고 있다.

미국에서의 Winnicott의 영향

Winnicott이 「대상의 사용(The Use of an Object)」이라
는 논문을 처음 제출했을 때(1장을 보시오) 뉴욕에서 많은 비
판을 받긴 했지만, 현재 그의 연구는 미국과 유럽, 그리고 세
계 다른 지역에서 상당한 관심을 받고 있다. Winnicott은
미국을 여러 번 방문했고, 여러 주에서 다양한 분석학회에

논문을 게재했다. Bion(Grotstein, 1981)과 Winnicott에 대한 책을 쓴 Grotstein(1994)과 Winnicott에 대한 초기 연구들 중 하나를 공동 편집했던 Grolnick(Grolnick, 1990; Grolnick et al., 1978)과 같은 사람들도 있지만, Winnicott의 편지들을 모은 책인 『자발적인 제스처(*The Spontaneous Gesture*)』(1987)의 편집자 Rodman이 Winnicott의 연구들에 대한 가장 손꼽히는 지지자 중 하나다. 정통 미국 정신분석가들은 항상 Klein보다는 Anna Freud의 사상과 자아심리학을 지지하는 경향이 있다. 그러나 Chodorow는, 『페미니즘과 정신분석 이론(*Femminism and Psychoanalytic Theory*)』의 서론에서, '미국 정신분석 역사상 아마도 처음으로, 종합적이고, 포괄적인 경향이 편협하고 배타적인 경향보다 더 우세해 보인다.' (1989: 222)고 하면서 그 예로 그녀는 '학술지에서, Winnicott이 거의 주류라고 할 수 있다.' 고 서술했다.

4장에서 인용된 정신분석 학술지에서 나온 많은 논문들은 Winnicott의 일부 사상, 특히 중간 현상과 대상 및 환상(illusion)이라는 개념(Eigen, 1981; Bronstein, 1992)에 부여한 긍정적인 의미 같은 것에 대단한 흥미를 드러내고 있다. 더 나아가 Winnicott과 Margaret Mahler(Mahler et al., 1975), René Spitz(1965), Daniel Stern(1985) 등의 학자들 간에는 대상관계이론과 아동 발달이라는 측면에서 공통점이 존재한다. Harold Searles는 자신의 논문인 「정신분열증의 심리치료에 있어서 경멸, 탈환상 및 동경(Scorn, Disillusionment and Adoration in the Psychotherapy of Schizophrenia)」(1965: 605-625)에서 환상(illusion)과 어머니-아동 관계에 대한 Winnicott의 이론이 매우 귀중하다는 것을 분명하게 인식했고, 어머니와 치료자에게서 나타나는 미움의 동일시에 대한 Winnicott의 견해를 호의적으로 언급했다. Greenberg와 Mitchell은 자기의 출현에 대한 Winnicott의 이론이 발달이론에 'Freud 학파 및 Klein 학파 이전의 학자들과는 근본적으로 다른' 토대를 제공했다고 말했다(1983: 188).

문학이나 역사 분야의 많은 미국 저술가들은 Winnicott이 정신분석적 사상의 발달에서 중요한 위치에 있다고 보고 있다. Hughes(1989)는 그를 '정신분석 영역의 새 국면을 개척한' 세 인물(다른 대상으로는 Fairbairn과 Klein이 있다) 중 한 명에 포함시켰다. Hughes는 셋 중에서도 Winnicott이 어머니의 개념과 분석적 환경을 대부분 설명했다고 보았다. Freud 이래 정신분석에서 중요한 인물들에 대한 Rudnytsky의 연구(1991)는 Rank와 Winnicott에 집중되어 있다. 한 장에서 그는 또한 Winnicott과 Lacan, Kohut을 비교했고 그 자신이 가지고 있는 편견에 대해 단언했다.

Freud를 알기 위한 시도는 인간으로서와 사상가로서의 그의 역량을 평가하는 것으로 이루어져야 한다. 같은 이유로, Freud 이후 정신분석이 어느 방향으로 나아가고 있는지에 대해 질문할 때 …… 나는 어떤 점에서는 Freud에 의해자극된 것만큼 격렬하고 만족스러운 전이를 느낄 수 있는 대상을 찾고 있다고 말하고 있는 것이다. 나는 그 대상을 Winnicott에게서 찾았다(1991: 71).

이들은 자신이 주관적인 판단을 내린다는 것을 인식하는학자들이지만, 그를 다른 중요한 인물들과 비교하고 대조하는 그와 같은 연구들은 미국 학문 생활의 일부 학문 분야들에서 Winnicott에 대한 관심이 증가하고 있음을 보여 주는것이다.

Winnicott과 Lacan 그리고 프랑스

프랑스에서 정신분석의 지적인 틀은 미국과는 근본적으로 다르지만, Winnicott은 어떤 면에서는 프랑스에도 분명히 영향을 미쳤다. Clancier와 Kalmanovitch는 자신들의저서인 『위니컷과 역설(Winnicott and Paradox)』에서 여러프랑스 정신분석 학자들과의 인터뷰를 통해 그렇게 결론 내렸다(1987: 105-150). Winnicott은 1949년 아동분석가들의초청으로 프랑스를 방문했고, 1954년에 「철수와 퇴행

(Withdrawal and Regression)」(1975: 255-261)에 대한 강연을 하기 위해서 파리의 Conférence des Psychoanalyses de Langues Romanes에 왔던 것을 포함하여 여러 번 프랑스를 방문했다. 1953년에 그는 (Lacan이 포함되어 있는) 프랑스 정신분석학회에서 분리되고자 하는 국제 정신분석학회의 회원 자격 문제를 조사하는 작은 위원회의 구성원이었다. 그는 또한 Pontalis가 번역한 『정신분석의 새로운 길(*Nouvelle Revue de Psychanalyse*)』에 실린 일부 논문들과 자신의 저서인 『놀이와 현실(*Playing and Reality*)』로도 유명했다. 『인간 본성(*Human Nature*)』과 Rodman이 수집한 Winnicott의 편지들로 이루어진 『자발적인 제스처(*The Spontaneous Gesture*)』 역시 프랑스어로 번역되었다.

　Lacan과 Winnicott의 관계는 흥미롭다. 이들 간의 관계는 몇 번의 서신왕래가 이루어졌고(Lacan이 방문할 시간이 없었음에도, Winnicott은 1960년 그를 런던으로 초청했다), 후에 Winnicott에게 문제를 가져왔다. Lacan처럼 Winnicott도 영국 심리학의 주류에서 벗어나지는 않았지만, 독립적인 정신은 잃지 않는 정신분석의 '중간 집단'의 구성원이며(Rycroft는 그를 비공식적 리더로 보았다), 창의적인 정신을 가진 비관습주의자였다. 그런 것들이 그들의 유사점이었다. 어떤 측면에서 그들은 매우 달랐는데, 글쓰는 스타일이나 특히 사상 면에서 그러했다. 그럼에도 그들은 서로의 사상에 흥미를 가졌다. 1960년대에, 영국 정신분석학회장이라는 Winnicott의 지위가 그가 Lacan 학파를 지지하는 것처럼 보이는 위험을 감수할 수 없도록 했으며 따라서 그는 방문해 달라는 초청을 거절했다. 대신 그는 1967년 파리에서 열린 아동 정신장애에 대한 세미나에서 읽힐 수 있는 논문을 기고했다. Winnicott이 Lacan에 의해 영감을 받아서, 그러나 사실 Lacan과는 본질적으로 다른 것으로 드러난 어머니의 거울 역할(1971a: 111-118)에 대한 논문을 쓴 것도 같은 해였다(2장을 보라.).

그 당시에 번역된 Winnicott의 저서는 세 프랑스 학회(the Association Psychanalytique de France, the École Freudienne de Paris, 그리고 더 정통파에 가까운 Société Psychanalytique de Paris)에 '상당한 영향'을 미쳤다(Roudinesco, 1990: 491). Roudinesco 또한 1970년대에 4세대 Lacan 학파 치료자들은 프랑스 정신분석계에 '다원주의에 대한 일반화된 개방이 팽배해 있을 당시에 독단적인 Lacan 학파를 견제하는 역할을 할 수 있는 임상 실제에 대한 감을 제공해 준 D. W. Winnicott의 연구'처럼 이전에는 간과해 왔던 사상의 존재를 인식하게 되었다고 비평했다(Roudinesco, 1990: 465). 프랑스의 분석가이자, 때로는 런던에서 Freud에 대해 강의하는 정신분석 교수인 André Green은 Lacan의 사후에 Lacan의 일부 제자들이 Winnicott의 문하로 들어갔다고 암시했다(Clancier & Kalmanovitch, 1987: 121). 그 자신도 Winnicott 사상을 많은 부분 계승했다.

Clancier와의 인터뷰에 동의한 프랑스 분석가 모두는 Winnicott의 사상과 저서가 잘 조직화되고, 잘 구조화된 프랑스 이론적 체계의 경향에 쉽게 부합한 것은 아니지만, 그의 업적에 대해 높게 평가했고, 그의 개념 중 일부에 높은 가치를 부여했다. "가장 인상적인 법칙이 반드시 가장 엄격한 인식론에 근거해야 하는 것은 아니다."라고 그들 중 한 명이 말했다(Clancier & Kalmanovitch, 1987: 118; 다음 네 페이지의 참고문헌은 다 이 책이다). J.-B. Pontalis는 'Freud의 사상을 규명할 수 있는 사람도 있고, Melanie Klein의 이론을 설명할 수 있는 사람도 있으며, Lacan의 이론을 더 잘 조직화할 수 있는 사람도 있다고 말하면서 자신과 다른 사람들의 반응을 요약하였다. 그는 '만약 당신이 Winnicott을 두고 같은 것을 시도한다면, 당신은 그의 이론에서 가장 좋은 점을 놓치게 된다.'고 요약했다(1987: 143). 다른 이는 프랑스에서 Winnicott은 '오히려 주지주의자의 형식주의'에 대한 해결 방법이라고 말했다(1987: 145).

비록 인터뷰했던 사람들 중 한 명이 '개방적인 학파란 도저히 있을 수 없다.'고 말하긴 했으나 가치 있는 것은 무엇보다도 그의 개방성과 창의성이었다. 이는 'Winnicott 학파'라는 용어를 사용하는 것을 어렵게 하는 다른 이유가 될 수 있다. 하지만 '다행히도, 오랫동안 Winnicott은 Winnicott 학파가 아니었다.' (1987: 118, 이는 이 말을 한 사람이 결국 그가 그렇게 되었다고 생각했다는 것을 의미하는 것일까?) Pontalis가 '누구든 개념은 만들어 낼 수 있다.' 고 지적했듯이, 그는 Winnicott의 개념을 '그 개념[중간 대상]에 기초가 되는 직관' 만큼 높게 평가하지는 않았다(1987: 139). 다른 분석가 역시 이와 유사하게 Winnicott의 이론은 '꽤 서투른 것' 이나 그런 점이 '모든 정신분석 이론과 같다.' 고 말했다(1987: 119). 그럼에도 참 자기와 거짓 자기, 환상(illusion), 중간 대상과 중간 공간에 대한 그의 글들은, 비록 그 자신과 일부 추종자들에 의해 다소 과장되긴 했지만, 프랑스 분석 사상 내에서 반향을 일으켰다. 실제로, André Green은 Freud 이후 두 작가인 Lacan과 Winnicott이 '두 개의 상당히 다른 관점에서 자신들의 연구와 논리를 발전시켰고 …… 어떤 한 부분에서 유사해졌다.' 라는 언급과 함께 정신분석사에서 중요한 위치를 Winnicott에게 부여했다(1987: 121).

이러한 선도적인 프랑스 분석가들이 특히 찬사를 보내는 것은 학회나 다른 회의에서 마음속에 있는 것을 철저하게 드러내고 매우 딱 들어맞는 설명을 하는 그의 능력이다. 그들 중 다수는 Winnicott이 선긋기 놀이와 놀이를 사용해서, 아동들과, 심지어는 자신이 알지 못하는 언어를 사용하는 아동들과 상담한 것을 관찰한 후 깊은 인상을 받았다. 그 자신을 도구로 사용하는 것, 성실성, 정신병이 있는 환자의 욕구에 대한 그의 직관적인 이해 역시 지지되었다. 그러나 현명하게도 한 분석가는 선긋기 놀이의 문제는 "당신에게는 선긋기 놀이를 효과가 있게 만드는 Winnicott의 천재성과 창의성이 필요하다는 것이다. 만약 누군가 그것을 모방하고자 한다면, 단지 전해진 마술이고 요술 속임수다." 라고 말했다 (1987: 131). 그가 정신분석의 기법과 실제에 대한 매우 심오한 지식을 갖고 있긴 하지만, 어떤 이들은 Winnicott의 업적을 일종의 자발성의 허가라고 판단할 위험성에 대해 언급했다(1987: 147).

다른 유럽의 정신분석가들도 정신분석에 대한 Winnicott의 기여에 대해 마찬가지로 긍정적으로 평가했다. 네덜란드의 Nikolaas Treurniet(1993)는 그런 저술가 중 한 명이며, 이미 4장에서 두 명의 이탈리아 분석가인 Usuelli(1992)와 Mancia(1993)에 대해서는 언급한 바 있다. Gaddini 등 (1970) 역시 언급할 만한데, 특히 다른 사회 집단에서 중간 대상이 만연하는 것에 대한 연구는 더욱 그러하다. Mancia 는 현대 분석가들이 '많은 빚을 진' 두 인물로 Winnicott과 Klein을 꼽았다(1993: 941). Winnicott의 전통은 Masud Khan과 Clare Winnicott, Marion Milner의 지지로, 1970년대 중반 이후 로마 대학교의 소아 신경정신병리학 수업에서 강의되었으며, 1990년대에는 밀라노까지 보급되었다. Winnicott의 연구 대부분은 Renata Gaddini에 의해 번역되어 이탈리아에서 출판되었으며, Squiggle 재단(아래를 보시오)과 관련이 있었다. Squiggle 재단 덕분에 프랑스, 이탈리아, 미국뿐 아니라 오스트레일리아, 뉴질랜드, 이스라엘, 스웨덴, 아일랜드, 남미에서까지 Winnicott에 대한 관심이 증가되었다. 이 나라 중 일부에서는 Winnicott의 연구에 대해 더 연구를 하기 위해 Squiggle 재단과 연계된 센터를 세우기도 했다.

영국에서의 Winnicott

영국의 정신분석 이론과 기법에 대한 많은 주요 저자들이 Winnicott에 의해 두드러지게 지식을 얻고, 영감을 받았다. 그에게 한 번 정신분석을 받았고, 그가 쓴 논문들의 가장 중요한 편집자였으며, 그 스스로도 흥미를 유발시키는 작가였던 Masud Khan은 Winnicott에 대해 지나칠 정도로 찬사를 퍼부었다. 그는 Winnicott의 업적에 대한 간단하면서도 뛰어난 요약으로 결론을 내리면서 Winnicott은 '내가 다시 만나지 못할 것 같은 그런 사람 중 하나였다.' 고 썼다 (Winnicott, 1975: xlviii). 『현실과 환상 사이(*Between Reality and Fantasy*)』(Grolnick et al., 1978: 257)에서 Khan이 쓴 장을 소개하는 글에서, 편집자 중 한 명은 Khan의 작업을

'버텨 주고, 촉진시키며, 양육시켜 주는 환경을 만드는 데 있어 강요하지 않는 어머니의 역할과 놀이에 대한 이해에서 도출된 치료적 자세'를 사용하여 작업하였다고 설명했다. Khan에 대한 Cooper의 연구는, 이 시리즈에 대한 편집자의 계획과 그 구성이 신기하게도 비슷했는데, Khan의 업적을 이해하는 더 유용한 방향을 제시하고, Winnicott과 Khan의 관련성을 더 잘 설명해 준다(Cooper, 1993).

Marion Milner는 자신이 얼마나 Winnicott의 버텨 주는 환경이라는 개념에서 영향을 받았는지에 대해 썼는데, 심지어 그녀는 자신의 책 제목인 『살아계신 신의 손 안에서(*In the Hand of the Living God*)』(1969; Milner, 1957)에서 그러한 생각을 드러내기도 했다. 그녀가 분석가로 수련받기로 결심한 것은 Winnicott의 강의를 들은 후였으며, 그녀는 정기적으로 그의 스터디 그룹에 참석하기도 했다. 그녀가 Squiggle 재단에서 열린 세미나에 매주 참석함으로써 Winnicott을 직접 아는 세대와 그의 저서를 통해서만 알고 있는 새로운 세대가 실제로 이어져 있다는 느낌을 갖게 해 주었다. Margaret Little은 Winnicott에게 정신분석을 받는 동안 자신이 정신병적 와해를 일으키는 내내 이를 버텨 주었던 그의 방식에 매우 감사했다. 그녀는 자신을 '그에게 많은 부분 동의하고, 찬성하지만 또한 심각한 차이를 갖고 있는' 사람 중 하나라고 설명했다.

아마도 이것의 가장 주된 결과는 '전체 영역'에 미치는 그의 영향력의 광범위성일 것이다. 전반적인 영역에서 그가 처음 제시한 개념이 그의 것으로 여겨지지 않은 채 사용되고, 받아들여지며, 종종 다른 사람이 제시한 것으로 여겨진다 (Little, 1990: 114-115).

다른 사람들처럼 그녀는 그가 비록 최고는 아닐지라도 천재였다고 말했다. 그녀가 Winnicott에 대해 가진 인상은 '오랜 시간 동안 유지되고 성장하는 이스트' 같은 존재라는 것이었다(1990: 119).

Frances Tustin은 Winnicott의 업적을 주로 쓴 작가이자, 자신의 흥미와 Squiggle 재단에 참여를 통해 그의 접근을 심화시켰던 다른 분석가다. 그녀의 자폐증과 아동 심리의 정신병적 상태에 대한 저서(1986, 1990, 1992)는 '정상적으로는 이해할 수 없는 어두운 부분에 밝은 빛' 을 비춰 준 것으로 묘사되어 왔다(Riley, 1993: 76). 그녀는 초기 발달에 대한 의견을 제시하기 전에 아동에 대해 상세하게 관찰하는 것이 결정적으로 중요하다는 것을 또다시 강조했다. 그녀는 Winnicott의 개념(외적 실재와 내적 실재의 관계, 놀이, 상징적 행동, 중간 행동, 창의성, 원초적 경험의 정신신체적 특성, 유아의 오랜 시간이 걸리는 의존)과 일맥상통하는 것으로 볼 수 있는 탐색 영역을 확장시켰다. Winnicott처럼 그녀는 '심리학적 용어에 의존하지 않았다. 그녀는 매우 분명하고도 감정을 불러일으키는 언어로 저술을 했고, 때로는 자신의 의미를 전달하기 위해 시와 그림을 사용하기도 했으며, 통제되고 정확한 방식으로 자신의 생각을 조직화하기도 했다.' Margaret Little과 Frances Tustin은 이 책이 쓰이는 동안 몇 주 차이로 사망했다. 그들은 Squiggle 재단에 많은 유산을 기부했다.

그에게 영향을 받은 '중간 집단'의 정신분석가들 중, Charles Rycroft는 Winnicott보다는 Fairbairn에게 더 영향을 받았다. 그는 자신이 'Winnicott과 매우 유사한 개념을 사용하고 있다.' 는 것에는 동의하나 '내가 그보다는 더 상징주의를 잘 이해하고 있고, 그처럼 질척질척하지는 않다고 생각하고 싶다.' 고 했다. 그럼에도, 이미 4장에서 '꿈의 사적인 세계와 공적이고 공유된 환경의 세계를 매개하는 중간 현실에 대한 Winnicott의 개념이 비록 완전히 독창적인 것은 아닐지라도 아마 지난 30여 년간의 정신분석 이론에 가장 중요한 기여를 했을 것'이라는 Rycroft의 평가를 인용한 바 있다. 그가 Winnicott과 Milner의 영향을 받았다는 것은 Rycroft의 저서인 『정신분석과 그것을 넘어서(*Psychoanalysis and Beyond*)』(1985: 24, 36)에 대한 Fuller의 소개문에 나타나 있으며, 그 스스로도 영국 정신분석학회에서 'Winnicott이 적절한 호응을 얻기 위해 했던 분투에 대해 두려움을 느꼈다.'

고 썼다(1985: 206).

한때 '중간 집단'의 구성원이었던 Peter Lomas는 Winnicott의 말을 자신의 책 제목 『참과 거짓 경험(*True and False Experience*)』(1973)으로 사용했으며, Winnicott이 치료 자체에서 '촉진적 환경'을 조성하고, '치료적 와해'를 이해하는 데 얼마나 '중대한' 기여를 했는지를 곳곳에서 인정했다. 4장에서 설명했듯이, Lomas는 치료에 대한 Winnicott의 생각에 비판적이며, 그의 사상 중 일부에서 모호함을 발견했으나, 또한 '자신을 포함해 얼마나 많은 치료자들이 그에게 은혜를 입었는지'에 대해서는 인정했고, 나중에는 '그의 상상력이 풍부한 글은 치료자들이 일반적으로 더 이완된 치료적 자세를 취하게 해 주는 역할을 한다.'고까지 말했다(1987a: 93).

정신분석적 사상을 상상적으로 해석하는 Winnicott의 방법을 따르는 다른 영국 저술가로 Christopher Bollas를 들 수 있다(1987, 1992, 1995). 그가 심리적 변화를 도와주는 대상이나 상징을 의미하는 '변형적 대상(transformational object)'이라는 개념을 '중간 대상'에 포함시킨 것은 그의 매우 독창적인 사고를 보여 주는 한 예다. 한 비평가는 Bollas의 연구를 '시적 표현과 …… 창의성 …… 상상력 …… 정신분석적 사고와 치료의 정교화'의 관점에서 묘사했다(Grostein, 1994: 56). Fontana Masters의 Winnicott에 대한 부분을 쓴

Adam Phillips도 연구를 전개하는 방식에서 Winnicott과 유사한 독창성을 보이는 작가이며, 장난꾸러기 같은 책 제목(예를 들어, 『입맞춤, 간지럼, 지루해짐에 대하여(*On Kissing, Tickling, and Being Bored*)』(1993), 『불장난 같은 연애에 대하여(*On Flirtation*)』(1994))은 부분적으로 Winnicott의 유쾌함을 떠올리게 한다. 물론 각각의 저술가들이 그 자신의 입장에 서 있겠지만, 마지막에 언급한 두 작가들이 Squiggle 재단의 학술지인 Winnicott 연구의 편집위원회의 일원이었다는 점 역시 적절하다.

사회복지

Oxfordshire에서 정부 피난 계획의 정신과 자문을 담당했던 Winnicott의 전시 경험은, 『박탈과 비행(*Deprivation and Delinquency*)』(Winnicott, 1984)의 편집자들에 따르면, '그의 발달 이론이 확장되고 만개하도록 물을 주는 셈' 이었다(1984: 9). 아동은 가족에게서 떨어져 피난을 감으로써 처음으로 안정적인 제공에 대한 기대가 깨졌다고 느끼고 '불안해했다.' Winnicott의 특별한 경험은 그들이 평범한 가정에 정착하지 못했기 때문에, 특별한 대책을 필요로 하는 비행을 저지르는 아동들과의 작업에서 얻은 것이다. (나중에 그의 두 번째 아내가 된) Clare Britton은 정신병리 사회복지사와 다섯 아이들이 묵고 있는 복지시설의 관리자로 그의 팀에 합류했다. Clare는 Winnicott의 생각과 치료가 전체적으로 새로운 주목을 받았다면, '그의 사상이 실제로 복지시설에서 일어나는 일과 개별 직원들에게 얼마나 영향을 미쳤는지'를 설명했다(Winnicott, 1984: 3).

이때부터 Winnicott은(이런 맥락하에서는 역시 Winnicott 부부가 그러했다고 말해야겠지만) 사회복지, 특히 아동복지에 영향을 미치기 시작했다. Pietroni와 Poupard는 'Clare Winnicott과 Donald Winnicott이 어떻게 동시대의 사회복지사와 사회복지를 가르치는 교사들에게 아동이 환상과 소망, 불안을 전달할 수 있게 하는 구조적인 놀이를 사용하도록 영향을 미쳤는지'에 대해 설명했다(1991: 78). 그들은 특히 Winnicott이 설명하고자 했던 아동과의 치료적 의사소통이 '힘든 과도기 때문에 고통받는 아동을 돕기 위해 현대적인 사회 서비스 장면에서 어떻게 사용될 수 있는지'를 보여 주는 Hendry의 논문(1987)에 주목했다.

만약 우리가 Winnicott의 업적에서 영향을 받은 정신분석 이외의 다른 영역을 찾고자 한다면, 아동복지 부분이 가장 두드러진 영역이라고 할 수 있겠다. 거주 시설에서의 아동 돌봄, 입양이나 수양가족, 아동 보호, 가족이나 비행 청소년과의 작업이든 그것에 대해 글을 쓸 때에, 영국 정신분석학자들은 여전히 그의 많은 핵심 개념들을 언급하고 있다. 이런 많은 사례 중 최근의 한 예가 Varma(1992)의 『취약한 아동의 비밀스러운 삶(*The Secret Life of Vulnerable Children*)』이다.

Clare Winnicott 역시 교사이자 저자(Winnicott만큼 다작은 아니었지만)였다는 것을 잊지 않는 것이 중요하다. 그녀는 자신이 '간접적인 접근' 혹은 '제3의 대상'이라고 불렀던, 아동과 의사소통하는 데 특히 유용한 도구를 제시했다. '그 방법은 우리와 아동 사이에 진행되고 있는 제3의 어떤 것이 일어나게 해 주는데, 그것은 어느 순간에 긴장을 이완할 수 있는 초점이 될 수 있다.' (1968: 70-71) 그것은 차를 타거나, 산책을 하거나, 그림을 그리거나, 놀이를 하거나, 심지어는 함께 TV를 보는 것일 수 있다. Clare Winnicott은 후에 런던 경제 대학에서 응용 사회 연구 과정에 대한 강의를 맡게 되었고, 1963년에는 가족아동부의 아동복지 연구 소장으로 임명되었는데, 그곳에서 그녀는 거주 직원과 아동복지 공무원의 훈련 과정을 감독하고 조직하는 책임을 맡았다. 그녀의 논문들은 『아동 돌봄과 사회복지(*Child Care and Social Work*)』(1964)라는 책으로 나와 있다.

제2차 세계대전이 일어나는 동안, 옥스포드셔 근교에 있었던 버크셔에서, Winnicott과는 독립적으로 Barbara Dockar-Drysdale은 놀이집단을 시작하였다. 이 놀이집단은 모임을 가졌던 집의 정원에 있는 나무의 이름을 따서 이 놀이집단을 '뽕나무 놀이(Mulberry Bush)' 라고 불렀다. 이 집단은 그녀 자신의 집에서 하는 보육원으로 발전했다. '그 당시 전시 상황으로 인해 어려움을 겪는 많은 어머니와 아동들이 있었고, 곧 우리는 우리 가족과 함께 살 여러 어머니와 자녀들을 모집했다.' 일련의 상황은 불안한 아동을 위한 기숙학교인 'Mulberry Bush 학교'의 설립을 이끌었다. 이 학교는 재정적으로는 교육부에서, 그리고 전문적으로는 다른 학문 영역의 많은 아동복지 전문가의 지원을 받았다. 동시에 Barbara Dockar-Drysdale은 심리치료자로서 수련을 받았다. 전쟁에서 그녀의 남편이 돌아왔다는 것은 그녀가 학교의 치료적 작업을 개발하는 동안 그녀의 남편이 학교 관리를 맡을 수 있다는 것을 의미했다. 나중에 그녀는 수많은 유사 프로젝트의 자문가가 되었다.

그녀는 영국 과학자 협회에서 '얼어 있는 아동' 이라고 부르는 아동들을 치료하는 것에 대해 강연을 한 후, Winnicott 부부를 만났으며, 1950년 이후에 그녀의 저술에는 그들의 (특히 Winnicott의) 영향이 반영되었다. 영국 과학자 협회의 수렴적인 행보는 또한 Winnicott에게도 알려졌다. 그는 더 임상적인 기술이라고 볼 수 있는 '감정 없는 아동' 보다는 '얼어 있는 아동' 이라는 용어를 더 선호했다. 얼어 있는 아동은 '여러 원인 중 하나 때문에 아동이 어머니로부터 분리된 혼란스러운 결합의 비극적인 결과다.' '얼어 있는' 아동이라는 용어는 '혹한에는 해빙이 뒤따를 수 있음'을 의미한다(Dockar-Drysdale, 1968: 17). 그녀는 의뢰받은 얼어 있는 아동이 다른 이유 없이 그 순간 음식을 원하기 때문에 음식을 훔칠 수도 있다는 것을 알게 되었다. 회복기에 접어든 동일한 아동은 이번에는 치료자가 없기 때문에 다시 음식을 훔칠 수도 있다. 이때의 훔치는 행위는 상징적인 것이 된다.

그녀는 또한 통합을 위한 첫 단계는 성취했으나 '대륙적인 자아, 말하자면 전인적인 사람으로 융합되어 본 적 없는 자아의 섬을 가진 것이라고 설명할 수 있는 섬이 많은 아동(archipelago children)'에도 주목했다(1968: 99-100). 그녀의 저서 서문에서 Winnicott이 '여섯 명이 아동을 만나면 여섯 명의 다른 아동을 만나게 되는 것 같다.'고 말했다고는 하지만, 이 아동들은 의사소통을 촉진하는 상징화 능력이 제한되어 있다. 불안한 아동을 위한 그녀의 세 번째 범주는 '거짓 자기'라는 Winnicott의 표현을 차용했다. 그의 영향력은 또한 그녀가 지은 책의 제목이 『초기 경험의 제공: Winnicott의 아동과 청소년과의 작업(*Provision of the Primary Experience: Winnicottian Work with Children and Adolescents*)』(1990)이라는 것과 첫 장의 제목이 'Winnicott에 대한 나의 빚'이고, 이 장의 내용이 17년간 그와 매달 만났던 것에 대해 설명하고 있다는 것에서도 나타난다.

Winnicott과 Dockar-Drysdale은 둘 다 Bristol의 여성

정신건강 프로젝트인 '여성'의 작업에 영향을 준 것으로 알려져 있다. Barbara Dockar-Drysdale은 그들의 방문 자문가였다. Ferguson 등과 그의 동료들의 책(1993)에서 Pamela Trevithick은 아동기에 학대를 당한 경험이 있는 두 여성과의 작업을 설명하고, 외상을 이해함에 있어 자신이 여성주의적 시각만을 적용한 것이 아니라, Winnicott에 근거하기도 했다고 말했다. 그녀는 '여성의 작업' 접근을 다음과 같이 설명했다.

> '여성의 작업' 접근이란 우리의 집단 작업과 개인 상담 회기에 Winnicott과 Dockar-Drysdale을 통합시키고 맞추기 위한 탐색적 방법이다……. 우리의 모든 작업을 관통하는 공통적인 특징은 자가-치료 및 회복을 위해 중간 대상과 경험을 포함한 중간 현상의 사용을 중요하게 여기는 것이다. 그것들이 함께 자가-치료가 일어날 수 있는 촉진적 환경을 조성하기 때문에 '신뢰와 일관성' 및 '욕구에의 순응'의 중요성을 강조한다(Ferguson et al., 1993: 123).

Squiggle 재단

1970년대 중반, 런던 캠든의 가족치료자인 Alexander Newman은 젊은 가족과 작업할 인력을 수련시키고, 도와

주고, 지도 감독해 줄 시설의 부족으로 곤경에 처해 있었다. 그는 가족치료자들을 위한 Winnicott 연구의 중요성을 빠르게 알아차리고, 이론적인 틀에서 그 치료자들을 배치하는 데 도움이 될 뿐 아니라 그 자체로도 촉진적이고 수용적인 구조를 제공해 줄 수 있는 일련의 모임을 시작했다. 나중에 Newman은 Jung 학파 분석가로 수련을 계속하긴 하지만, 그 당시 그는 어떤 정신분석적 수련도 받지 않은 상태였다. 그는 서신왕래가 계속되는 동안 Winnicott과 한 번도 만나지 않았음에도, Winnicott에 대한 그의 지식은 심오해졌다.

Newman이 시작한 교과과정은 몇 주 안에 많은 치료자들의 관심을 불러일으켰다. 비록 재단장이 말했듯이, 이들이 이미 상당한 교육을 받은 상태였지만 말이다. '이미 욕구를 충족한 사람과 '질이 낮은' 내재화된 욕구 모델을 가진 사람에게 반응하는 것 사이의 창조적인 긴장은 항상 존재해 왔다.' 초반에는 항상 교사들 사이에서 의사와 사회복지사를 데리고 오고자 하는 대단한 소망이 있었다. 그러한 모임들은 Newman이 노트를 바탕으로 Winnicott에 대한 중요한 주제를 강의하고(그는 매우 창의적이었다) 식사와 토론이 이어지는 형태를 취했다. 매년마다 다른 36회의 토요 세미나가 열렸으며, 재단장인 Nina Farhi 같은 다른 사람들은 특별한 세미나에 참석하도록 요청받았다. 또한 '위대한 저명인사'가 강의하는 6회의 대중 강연도 있었다. Masud Khan이나

Marion Milner, Frances Tustin, Kenneth Lambert, Hannah Segal 등 이 강연에 참석한 사람들의 목록은 Jung 학파와 Klein 학파를 포함해 여전히 재단의 영역 내에 있는 광범위한 이론적 접근의 스펙트럼을 나타낸다. 그 같은 강연을 한 다소 작은 규모의 이 집단은 대규모의 청중을 계속해서 끌어들이기 위한 격월의 대중 강연 계획을 통해 상당히 커졌다. 때로는 Winnicott을 출발점으로 삼기도 했지만, 주제가 Winnicott의 사상에 국한된 것은 아니었다. Alexander Newman과 John Fielding은 Squiggle 재단에서 발간하는 학술지인 『Winnicott 연구(*Winnicott Studies*)』의 첫 편집인들이었는데, 이 학술지는 처음에는 일부 세미나와 대중 연설을 거의 완전히 재현하는 역할을 했다. 이 학술지는 1995년에 형식을 바꾸기는 했지만, 나중에는 Karnac Books에서 출판하는 특정한 주제에 대한 책 한 권에 다른 논문과 비평을 집어넣게 되었다.

Nina Farhi는 1989년에 재단장이 되었으며, 그때 그녀는 제도, 회원자격(글을 쓸 당시에는 약 250명이었음), 재단의원과 봉급을 받는 파트타임의 사무국장을 포함해서 발전을 수용할 수 있는 더 공식적인 구조를 세우는 데 착수했다. 새로운 재단장은 가족치료자들과 더 한정된 의미의 심리치료 영역 밖에서 일하는 이들에게 교육과정을 제공한다는 원래의 목적으로 돌아가서 Squiggle 재단의 사업을 통합하고 안정화시켰다. 현재는 'Winnicott의 연구에서의 원 주제'라고 불리는, 보다 더 구조화된 강의 계획표가 존재한다. 첫 학기가 주로 건강에 대한 개념을 다루고 있다면, 두 번째 학기는 거짓 자기와 참 자기, 심리−신체와 같이 병리와 건강에 대한 문제를 살펴보고, 세 번째 학기는 창의성과 놀이와 관련된 주제를 다룬다. 이 세미나는 비디오테이프로 제작되었고, 이 비디오테이프들은 큰 테이프 가게에서 살 수 있다. 약 40명이 매년 이 세미나에 참석하고, 일부는 장학금의 도움을 받았다. 또한 강의를 들을 여유는 없지만 특히 뛰어난 학생들을 위해 매년 Madeleine Davis 장학금을 수여하였다. 재단의 소기의 목적에 충실하게, 토요 세미나 회원들에는 심리치료자와 정신분석가들뿐 아니라 젊은 가족치료자, 거주 사회복지사, 정신과 간호사, 산파, 심리학자, GP, 지역사회 사업가, 예술치료사, 심리극 치료사, 음악 치료사, 음악가, 시인, 작가까지 포함되어 있다. 이 세미나는 심리치료 수련 과정이 아니며, 아마도 그러한 점이 이 세미나가 (한 무더기의 평가도구가 제시되고 일부 경우에는 특정 이론적 입장을 취하고 있는) 다른 많은 수련들에 비해 더 즐겁고 창의적일 수 있게 했을 것이다.

덧붙여 Squiggle 재단은 더 심화된 연구를 위해 일련의 세미나를 운영하고 있다. 회원 수는 더 적고, 어떤 장면에서든 아동과 성인을 치료하는 모든 사람에게 열려 있다. 이

'심화 연구' 집단에서는 Winnicott의 교재를 더 상세히 검토하고, 임상작업과 관련지으며, 세 번째 학기에서 Winnicott에게 영향을 받은 사람들을 만나게 된다. '임상적 이슈' 집단은 8명으로 제한되어 있으며, 슈퍼비전을 바라는 많은 학생들의 요청으로 탄생되었다. 사실 그것은 슈퍼비전 집단이라기보다는 Winnicott의 저서나 그에게 영향을 받은 사람들에게서 정신분석의 이론적인 기반을 살펴보는 집단이라고 봐야 할 것이다. 임상 실제와 관련된 비판적인 관심이 쏟아진다. 또한 Winnicott의 연구에 대해 매우 잘 알고 있지만 그가 가진 사상의 가치에 대해 만나서 토론하고 비판적으로 검토하는 재원 집단도 있다. 이 집단은 6주마다 만나며, Squiggle 재단의 문화에 도움을 주고, 작업을 지지하며, 세미나에서 가르치는 것이 좋고 재미있는지를 피드백으로 제공한다. 재단장은 또한 특별한 워크숍을 진행하는데, 이 워크숍은 다른 전문화된 작업 집단 및 불안한 아동과 작업하는 거주 사회복지사를 대상으로 한 것이다.

이처럼 다른 수준의 활동에서 Winnicott의 교재가 신성한 것으로 대접받지는 않는다. Winnicott의 업적에 대해 Nina Farhi는 근본적으로 '이론이 조금이라도 어떤 가치나 의미, 타당성을 가지려면, 그 이론은 그에 정통한 사람에 의해 만들어진 것이어야 한다. 말하자면, 만약 표준적인 교재가 있다면 그 이론은 곧 의혹을 낳고 당연히 사멸될 것이다.' 라고 이해했다. 재단장으로서 그녀는, Winnicott처럼 교리를 싫어했다. 그녀는 Winnicott이 우상과 같은 식으로 얼마나 사람들을 매료시키는지를 알고 있었으므로 그에 대해 낭만적으로 다루어야 한다는 어떤 바람도 갖고 있지 않았다. 그녀는 대신 그의 연구를 통해 사람들을 당황하게 하고, 그들 자신만의 교재와 이론, 이해를 가지도록 돕고자 했다.

런던에서 이루어지고 있는 많은 심리치료 수련의 강의계획표에서 Winnicott 부분에 대한 강의는 Squiggle 강사에게 맡기고 있다. 심지어는 Winnicott이 그들의 강의계획서에 포함되어 있는 것이 런던 정신분석학계에서 재단의 명확한 입장이 그 매력이나 광범위한 효력 면에서 비할 데 없기 때문이라고 얘기할 수도 있다. Squiggle은 또한 주로 소규모 토론 집단과 함께, 창의성과 놀이, 정신병리의 발달, 건강에 대한 두세 개의 논문들로 이루어진 그 지역 내의 주간 워크숍을 통해 런던 외의 지역에서도 활동하고 있다. Squiggle의 강사들은 해외에서도 점점 많이 초청받고 있다.

결론

이 연구는 Winnicott 개인으로나, 또는 정신분석적 사상이나 치료에 대한 그 특유의 표현에서나 왜 그가 그토록 많은 상담가나 치료자들에게 그 같은 매력을 발휘하는지에 대한 의문에서 시작되었다. 이 장은 그가 생전에 많은 저명한 정신분석가들에게서 받았던 비판적인 평가에도 불구하고, 그가 어느 정도로, 그리고 얼마나 광범위하게 영향을 미쳤는지를 보여 줌으로써 그가 더 넓은 의미의 치료와 상담에 종사하는 많은 이들에게 사랑받았다는 처음의 관찰을 더 확장시켰다. 그에 대한 소기의 질문이 이제 이 장과 이 책을 마무리하면서 다루어져야 할 것이다.

Winnicott은 본질적으로 상상력이 풍부한 치료자이자 작가였다는 점에서 매력이 있다. 그는 (감정보다는 직관을 통해) 치료 경험에서 자신의 방식을 만들어 냈다. 그가 사례에 대해 쓰든 개념에 대해 쓰든 간에, 그는 그 상상을 통해 나온 주제를 함께 전달할 수 있도록 관찰, 표준적 용어, 역설적이고 시적인 표현 등을 뒤섞어서 사용했다. 따라서 그는 다른 증거들이 대안적인 설명을 지지할 때조차도, 독자에게 자신의 개념을 확신시킬 수 있었다. 사실, 비록 그가 때로는 틀린 것으로 보인다고 할지라도(예를 들어, 홀로 존재하는 아기란 존재할 수 없다) 그의 상상의 중요성은 여전하다. 그의 표현은 종종 은유적이지만, 그가 자신의 용어를 은유적인 것으로 보지 않았다는 점에서 은유 이상의 것일 수도 있다. 그의 효과적인 설득과 표현의 유쾌함은 지성인들까지도 그것이 그가 처음에 보이려고 한 것만큼 그렇게 단순하지 않을 것이라는 것을 알고 있을 때조차도 그가 쓴 것은 그래야 한다는 독자의 소망과 일치한다. 물론 같은 책이나 어디 다른 책에서라도, 더 심도 있는 독서를 통해서 복잡성이 나타나기 시작하며, 이번에는 모순의 약점과 역설의 강점 모두를 인식하는 다른 평가를 내릴 수 있게 된다. Winnicott이 두 용어에 긍정적 의미를 부여했다는 점을 염두에 두고, 우리는 그의 저서를 읽는 것을 그 자신의 용어로 환상과 탈환상이라고 부를 수 있다.

Winnicott의 상상적인 스타일은 확실히 다수의 훌륭한 독자들에게서 반향을 얻고 있으며, 아마도 그에게 정밀함이 결여되어 있기 때문에 서로 다른 개인들에게 다양한 방식으로 반향을 얻을 수 있는 것일지도 모른다. 이는 그의 장점이 될 수 있는데, 특히 만약 항상 도달하지 못했던 자신만의 견해를 찾는 데 있어 그에게서 영감을 얻은 경우라면 더욱 그러할 것이다. Winnicott을 종교의 지도자처럼 우상화하기보다는 이 편이 낫다. 때때로 다른 많은 분석가들처럼 그를 일반화하려는 유혹을 받을지라도, 우리는 또한 다른 사람들이 독특한 방식으로 그를 이해할 수 있다는 것에 그가 만족한다는 것을 알 수 있다. 결국 '어떤 두 명의 유아도 똑같지 않다.' 그는 개인적인 경험으로 공감을 일으켰으나, 그가 종종 언어화하기에는 너무 이르거나, 정보가 아닌 상상적인 소재의 경험을 묘사했다는 점에서 개인적인 상상과 공상으로 더 공감을 일으켰을지도 모른다. 만약 그가 쓴 것이 항상

과학적으로 입증 가능하지 않다 해도(혹은 심지어 때로는 과학적으로 명확하게 증명되지 않는다 해도) 적어도 독자가 그의 말 특유의 상태나 한계를 알고 있는 한은 문제가 되지 않는 경향이 있다. 그 같은 상상적인 표현은 그것이 직관적으로 옳든 그르든 간에, 때로는 타인의 경험뿐만 아니라 자신의 경험과 공감할 수 있거나(맞닿을 수 있거나), 그렇게 될 수 있다고 믿는 능력을 키울 수 있다.

따라서 Winnicott에 대한 건강한 반응은 우리에게 자신의 상상력을 키우게 하고, 우리의 직관에 더 가치를 부여할 수 있게 하며, 자발적으로 기회를 향유하게 하고, 갑자기 떠오른 생각을 가지고 놀 수 있게 하며, 아무리 그 이론과 기법이 모든 상황에서 항상 적용할 수 있는 것으로 엄격하고 강하게 제시되었다 하더라도 자신을 믿고 이론과 기법에 의존하지 않게 한다. 그것이 그의 연구가 매력적인 첫 번째 이유라면, 마지막 매력은 파괴적인 동시에 창의적일 수 있는 능력의 탁월함일 것이다.

왜 중간 대상에 대한 Winnicott의 생각에 그렇게 많은 관심이 모아졌는지에 대해 궁금해하면서, Flew는 한 가지 제안을 했다. 그는 "그 '영향력'은 단순하지 않고, 반대로 매우 복잡한 쌍방향의 관계다. 우리는 자신이 읽고 배운 모든 것에서 영향을 받는 것이 아니다. 어떤 의미에서는, 그리고 아마도 가장 두드러지게 우리가 받는 영향력을 결정하는 것은 우리 자신일 것이다. 지적인 측면에서 우리에게 영향을 주는 이들은 결코 우리에게 주어진 것이 아니라, 우리가 자유롭게 선택한 사람들이다."라는 사상에 대한 역사가의 말을 인용했다(Flew, 1978: 485-486). Winnicott이 자신의 사상을 논문에서 표현할 때 꼭 정확한 형식이 아니어도 우리의 '이전의 관심과 신념'에 대해 이야기했기 때문에 우리에게 감명을 주고 자극을 주었을지도 모른다. Winnicott 자신 또한 청년기에 영향을 준 두 인물로 Darwin과 Freud를 꼽았는데, 단지 그들의 지적인 주장만이 아니라 그들이 그의 이전의 무엇인가에 호소했기 때문이었다.

Flew의 제안은 유용했다. Winnicott은 특히 정서적으로나 과거력 측면에서 우리 모두를 환기시키는 일차적인 관계, 즉 어머니-아동 관계에 초점을 맞췄다. 그것은 단지 주제가 아니라 그가 주제를 다루는 방식이고, 그가 우리에게 주제에 대해 설명하고, 설득하며, 심지어는 우리의 더 좋은 판단에 대항하는 양식이다. 그는 대개는 비독단적이고, 설명하는 방식에 있어서는 관대하며, 신념에 있어서는 명확하고, 방식에 있어서는 친절하며, 우리 모두가 있었으면 하고 바라던 어머니와 같다. 물론 여기에는 위험한 점도 있다. 앞서 Winnicott이나 그에게 매력을 느끼는 사람들에 대한 비판으로서 우상화와 낭만화에 대해 언급한 바 있다. 인간으로서 Winnicott에 대한 그림은 아직 완벽히 충분하지는 않으나, 우리는 왜 그것이 흥미를 유발하는가에 대해서는 알 수 있다.

Flew 역시 그의 사상이 항상 완벽하게 완결되지 않았더라도, 매력 있는 인물의 성격이나 양식 안에는 무언가가 있을 수도 있다고 주장했다(1978: 486). 이 책을 읽는 사람들이나 저자를 포함해 현재 Winnicott에 대해 글을 쓰는 대부분의 사람들은 그를 절대 알지 못한다. 그와 같이 일을 한 사람들이나 그와 수련을 받은 사람들조차 그 수가 점점 그리고 불가피하게 줄어들고 있다. 그럼에도 저자는 이 책을 집필하면서 그의 어린 시절과 그리고 어느 정도는 성인기에 기인해서, Winnicott이 사랑받았고 사랑받을 필요가 있었던 사람이었다는 확신을 가질 수 있었다. 이것은 그가 자신의 이론을 내놓는 데 있어, 동료들의 총애를 잃어버리는 것에 대한 경계심(이것은 때로는 그가 현재 받아들여지고 있는 쪽으로 너무 깊게 동의하도록 만들었다)과 자신이 가족 내에서 그랬던 것처럼 두드러지고 탁월한 존재가 되고 싶은 소망을 동시에 가지게 했다. 이는 그가 자신의 입장을 철저히 주장하거나 문제 삼고자 하는 전통을 확실히 거부할 만큼 그 자신에 대해 확신을 가지고 있지 않다는, 같은 욕구에서 발생한 다소 유감스러운 이중의 문제를 초래했다.

그가 그 자신과 타인에 대해 생각하고 느끼는 방식에 대한 그러한 추측과 더 철저한 해석은 바라건대 결국 누군가가 착수하게 될 그의 더 완전한 전기가 나올 때를 기다려야만 한다. 사랑받았고 사랑받을 필요가 있었던 사람이라는 그에 대한 나 자신의 해석은 물론 특별한 것이 아니며, 많은 사람들에게 적용될 수 있는 것이다. 그러나 이 해석은 또한 정신분석적 개념에 대한 논쟁에서 중립을 지키는 많은 치료자들과 상담가들을 끌어들이는 그의 매력의 일부일 수도 있다. 더 독단적이고 지적으로 확신에 찬 동료들과 달리(특히 여기서 나는 몇 명의 분석가와 심리치료자들을 떠올렸다), 그들은 처음에 자신들을 형성했던 전통을 고수하는 것을 그 확실성에 대한 의구심과 결합시키려고 노력했다. 그들은 자신들의 전문적인 지위를 위해 소속될 필요가 있었지만 또한 여기에 의문을 제기하고, 심지어는 반발하고자 했다. Winnicott은 비관습적이면서 학계에 수용된 사람들을 대표한다. 그러나 물론 만약 불순응주의자들의 순응이 적절한 공통 용어라면, 그러한 이유로 그에게 매력을 느끼는 사람이 많을수록 심리치료와 상담에서의 위험은 더 커질 것이다.

즉, 여기에서 제안하고자 하는 것은 자신의 독창성과 독특함을 발견하는 수단으로 Winnicott을 이용하는 사람들에게는 해당하지 않는다. 이 장에서 열거한 여러 작가들과 치료자들과 마찬가지로 Squiggle 재단은 그것을 설명하는 좋은 예다. 그러나 이 책에서 제시하고 있는 해석은 그의 작업을 장난삼아 해 보고, 그의 구절을 차용하며, 심지어는

'Winnicott 학파'라고 부르는 더 광범위한 청중들을 대상으로 그의 매력을 설명할 수 있을 것이다.

이런 책이 이미 영국에서 가장 사랑받는 분석가에 대한 우상화를 부채질할 위험도 있다. 하지만 Winnicott은 매우 인용할 가치가 있다. 그의 사상은 매력적일 수 있다. 치료에서 그의 개입은 때로는 놀랍다. 따라서 마지막 두 장은 처음 세 장에서 전달된 잘못된 인상에 균형을 잡아 주기 위해 꼭 필요하다. 표면상으로 보면 그의 사상은 Winnicott 생전에 받았던 종류의 비판과 더 자세한 검토를 필요로 하나, 그의 사후 세대들은 이 점을 망각할 위험에 처해 있는 것으로 보인다. 고무적인 것은 그럼에도 심지어는 그보다 더 설득력 있게 Winnicott의 인습타파에 대한 장난기 어린 정신을 내세우고, 기꺼이 정신분석적 개념과 방법, 언어를 시도하는 것에 고취된 치료자, 교수, 저술가들이 있다는 것을 발견하는 것이다. 이것은 Klein이나 Bowlby와 같은 동시대 학자들이나 Darwin이나 Freud와 같은 선배들처럼 Winnicott이 어쩌면 창의적인 중간 공간이라고 주장해 왔던 자연, 인류, 치료적 과업에 대한 우리의 지식에 남아 있는 많은 부족한 부분을 상상적으로 탐색하고 비판적으로 확인할 수 있다는 희망을 제공해 주는 접근 방식일 것이다.

D. W. Winnicott의 주요한 연구업적 목록(연대순)

Winnicott에 대한 초기 연구는 그의 가장 유명한 저서이자, 많은 부분이 방송 강연에서 언급된 *The Child, the Family, and the Outside World*에서 출발해야 할 것이다. 이 책은 그의 저서 중 가장 많이 팔린 책이었으며, 정신분석적 배경을 갖고 있지 않은 청중이나 독자들을 대상으로 강연하는 데 있어 여전히 가장 이해하기 쉬운 책이기도 하다.

이 책은 이전에 1957년 Tavistock 출판사에서 두 권짜리로 출판된 *The Child and the Family: First Relationships*와 *The Child and the Outside World: Studies in Developing Relationships*에 실려 있던 장(章) 대부분을 포함하고 있다. 두 번째 권의 전시(戰時) 상황에 있는 아동들에 대한 두 번째 부분('Children Under Stress')은 *The Child, the Family and the Outside World*에서는 빠져 있으나, 이 부분은 그때 빠진 다른 두 장과 1964년판에서는 재판되지 않았던 'Aggression'에 대한 부분과 함께 *Deprivation and Delinquency*라는 책에 실려 있다. 두 장은 *Deprivation and Delinquency*에 나란히 실려 있으며, 'Aggression'은 1964년판에서 'Root of Aggression'이라는 제목의 장으로 바뀌었다. *The Child and the Outside World*에서 빠진 그 외의 다른 두 장은 *Society and the Growing Child*에 실려 있다. 1957년의 초판에 실려 있던 'Two Adopted Children'과 'The Impulse to Steal'은 현재 다른 어느 책에도 실려 있지 않다.

다음은 Winnicott의 생전에 출판되었거나 출판을 준비했던 저서들이다.

Winnicott, D. W. (1931). *Clinical Notes on Disorders of Childhood*. London: Heinemann.

Winnicott, D. W. (1958; second edn 1975). *Collected Papers: Through Paediatrics to Psycho-Analysis*. London: Hogarth Press.

Winnicott, D. W. (1965a). *The Family and Individual Development*. London: Tavistock Publications.

Winnicott, D. W. (1965b). *The Maturational Process and the Facilitating Environment: Studies in the Theory of Emotional Development*. London: Hogarth Press.

Winnicott, D. W. (1971a). *Playing and Reality.* London: Routledge.
Winnicott, D. W. (1971b). *Therapeutic Consultations in Child Psychiatry.* New York: Basic Books.

물론, *Playing and Reality*가 일반 독자들과 가장 직접적으로 관련이 있고, 가장 합리적인 가격대의 책일 것이다. 이 책에는 '중간 대상(transitional object)'이나 '청소년' 관련 논문이 실려 있으며, 이런 점이 이 책을 더 유용하게 해 준다. 유감스럽게도 *Therapeutic Consultation*의 경우, 대부분 선긋기 놀이(squiggle game)의 사용이 포함된 많은 매력적인 사례들이 실려 있기 때문에 현재 하드커버만 나와 있다. 이 책은 Winnicott의 다른 연령대의 아동과의 작업에 대한 뛰어난 통찰을 제시하고 있다. *Playing and Reality*와 *The Family and Individual Development*처럼 보급판으로 출판된 *Through Paediatrics to Psycho-Analysis*와 *The Maturational Processes and the Facilitating Environment*는 다른 시기에 읽혀지고 출판된 논문들로 구성되어 있으며, 이들 중 다수가 내 책에서 인용되었다. *Clinical Notes on Disorders of Childhood*는 주로 소아과학에 대한 책이다. 이 책과 가장 관련 있는 논문 중 두 가지가 *Through Paediatrics to Psycho-Analysis*에 나와 있다.

Winnicott의 이름으로 출판된 다른 책들은 그의 논문에서 뽑아 낸 것이나, Clare Winnicott와 Madeleine Davis, Ray Shepherd, Christopher Bollas, Ishak Ramzy, Masud Khan에 의해 여러모로 편집된 것이다.

Winnicott, D. W. (1980). *The Piggle: an Account of the Psychoanalytic Treatment of a little Girl.* London: Penguin Books.
Winnicott, D. W. (1984). *Deprivation and Delinquency.* London: Tavistock/Routledge.
Winnicott, D. W. (1986). *Homes is Where We Start From: Essays by a Psychoanalyst.* London: Penguin Books.
Winnicott, D. W. (1988a). *Babies and Their Mothers.* London: Free Association Books.
Winnicott, D. W. (1988b). *Humans Nature.* London: Free Association Books.

Winnicott, D. W. (1989a). *Holding and Interpretation: Fragment of an Analysis* London: Karnac Books.

Winnicott, D. W. (1989b). *Psycho-Analytic Exploration*. London: Karnac Books.

내 개인적인 평가로는 이 나중의 책들보다는 앞에 열거된 Winnicott의 생전에 출간된 책들이 더 좋다. *The Piggle*은 *Therapeutic Consultations*보다 현학적이지 않게 Winnicott의 아동과의 작업을 보여 준다. *Human nature*는, 약간 산만하긴 하지만, 다수의 Winnicott의 중심 개념들을 유용하게 요약하고 있다고 얘기할 수 있다. *Home is Where We Start From*과 *Babies and their Mothers*는 다양한 논문들을 모아 놓은 가장 중요한 전집은 아니지만 가격대가 적당하다. *Holding and Interpretation*은 성인과의 작업에 대한 Winnicott 자신의 기록이 길게 예시되어 있을 뿐이지만 양이 많아 다소 읽기 힘든 교재다. 뒤에 제시된 이런 책들은 물론 Winnicott에 대해 공부하고자 하는 진지한 학생들에게도 흥미를 불러일으키겠지만, 그가 자신의 정신분석적 개념들을 특정 치료 장면과 다양한 전문 집단에 적용하고자 했던 것을 추종하는 이들과 전문가들에게 좀 더 알맞다. Winnicott이 일반적으로 논문을 좀처럼 출간하지 않은 것은 아니었지만, 우리는 그의 사후에 편집된 책들은 그가 우선적으로 출판을 고려하지 않았던 논문들로 주로 구성되어 있다는 것을 기억해야만 한다(이전에 출판된 책들에서 발견된 논문을 재판한 것이 한두 가지 있긴 하다.). 내가 1장에서 언급했듯이, 나는 '출판되지 않은 논문과 학회지와 명문집에 실린 논문들을 합친 것'을 출판하려고 했던 Winnicott의 계획에 대한 Madeleine Davis의 말에 동의한다. 그러나 이 논문들을 당분간 출판하지 않고자 했던 그의 판단은 정확한 것이었을지도 모른다. 왜냐하면 이 나중의 연구들은 Winnicott의 핵심적인 업적은 아니었기 때문이다.

| 참고문헌 |

Anzieu, D. (Ed.) (1990). *Psychic Envelopes*. London: Karnac.

Bick, E. (1968). The Experience of Skin in Early Object Relations. *International Journal of Psycho-Analysis, 49,* 484.

Bion, W. R. (1977). *The Seven Servants*. New York: Jason Aronson.

Bollas, C. (1987). *Shadow of the Object: Psychoanalysis of the Unthought Known*. London: Free Association Books.

Bollas, C. (1992). *Being a Character: Psychoanalysis and Self Experience*. London: Routledge.

Bollas, C. (1995). *Cracking Up: Unconscious Work in Self Experience*. London: Routledge.

Bowlby, J. (1988). *A Secure Base: Clinical Applications of Attachment Theory*. London: Routledge.

Brody, S. (1980). Transitional Objects: Idealization of a Phenomenon. *Psychoanalytic Quarterly, 49,* 561-605.

Bronstein, A. A. (1992). The Fetish, Transitional Objects, and Illusion. *Psychoanalytic Review, 79,* 2, 239-260.

Chodorow, N. (1978). *The Reproduction of Mothering and the Sociology of Gender*. Berkeley, CA: University of California Press.

Chodorow, N. (1989). *Feminism and Psychoanalytic Theory*. New Haven and London: Yale University Press.

Clancier, A., & Kalmanovitch, J. (1987). *Winnicott and Paradox: from Birth to Creation*. London: Tavistock Publications.

Clarke, A. M., & Clarke, A. D. B. (1986). Thirty Years of Child Psychology: a Selective Review. *Journal of Child Psychology and Psychiatry, 27,* 6, 719-759.

Cooper, J. (1993). *Speak of Me as I Am: the Life and Work of Masud Khan.* London: Karnac Books.

Davis, J. (1993). Winnicott as Physician. *Winnicott Studies: The Journal of the Squiggle Foundation. 7,* 95-97.

Davis, M. (1993). Winnicott and the Spatula Game. *Winnicott Studies: The Journal of the Squiggle Foundation, 7,* 57-67.

Davis, M., & Wallbridge, D. (1981). *Boundary and Space: an Introduction to the Work of D. W. Winnicott.* London: Karnac Books.

Dinnerstein, D. (1987). *The Rocking of the Cradle and the Ruling of the World.* London: The Women's Press.

Dockar-Drysdale, B. (1968). *Therapy in Child Care.* London: Longmans.

Dockar-Drysdale, B. (1990). *Provision of the Primary Experience: Winnicottian Work with Children and Adolescents.* London: Free Association Books.

Eigen, M. (1981). The Area of Faith in Winnicott, Lacan and Bion. *International Journal of Psycho-Analysis, 62,* 413-433.

Erickson, E. (1958). *Young Man Luther.* London: Faber.

Erickson, E. (1965). *Childhood and Society.* London: Penguin Books.

Farhi, N. (1992). D. W. Winnicott and a Personal Tradition. In L. Spurling (Ed.), *From the Words of My Mouth: Tradition in Psychotherapy* (pp. 78-105). London: Routledge.

Ferguson, H., Gilligan R., & Torode, R. (Eds.) (1993). *Surviving Childhood Adversity-Issues for Policy and Practice.* Trinity College, Dublin: Social Studies Press.

Ferguson, S. (1973). *A Guard Within.* London: Penguin books.

Flarsheim, A. (1978). Discussion of Antony Flew. In S.

Grolnick, L. Barkin, & W. Muensterberger (Eds.), *Between Reality and Fantasy: Transitional Objects and Phenomena* (pp. 505-510). London and New York: Jason Aronson.

Flew, A. (1978). Transitional Objects and Transitional Phenomena: Comments and Interpretations. In S. Grolnick, L. Barkin, & W. Muensterberger (Eds.), *Between Reality and Fantasy: Transitional Objects and Phenomena* (pp. 483-501). London and New York: Jason Aronson.

Freud, S. (1914). *Remembering, Repeating and Working Through (Further Recommendations on the Technique of Psycho-Analysis II)* (Standard edition, volume 12, pp. 147-156). London: Hogarth Press.

Freud, S. (1927). *The Future of an Illusion.* (Penguin Freud Library: Volume 12, pp. 183-241). London: Penguin Books.

Freud, S. (1933). *New Introductory Lectures on Psychoanalysis.* (Penguin Freud Library: Volume 2.) London: Penguin Books.

Freud, S., & Breuer, J. (1895). *Studies on Hysteria.* (Penguin Freud Library: Volume 3.) London: Penguin Books.

Fuller, P. (1988). *Art and Psychoanalysis.* London: Hogarth Press.

Gaddini, R., & Gaddini, E. (1970). Transitional Objects and the Process of Individuation: a Study in Three Different Social Groups. *Journal of the American Academy of Child Psychiatry, 9,* 347-365.

Greenberg, J. R., & Mitchell, S. A. (1983). *Object Relations in Psychoanalytic Theory.* London: Harvard University Press.

Grolnick, S. (1990). *The Work and Play of Winnicott.* New York. Jason Aronson.

Grolnick, S., Barkin, L., & Muensterberger, W. (Eds.) (1978). *Between Reality and Fantasy: Transitional Objects and Phenomena.* London and New York: Jason Aronson.

Grotstein, J. S. (Ed.) (1981). *Do I Dare Disturb the Universe? A Memorial to Wilfred R. Bion.* Beverly Hills: Caesura Press.

Grotstein, J. S. (1994). The Poetics of Intimacy. *Winnicott Studies: the Journal of the Squiggle Foundation, 9,* 48-57.

Guntrip, H. (1975). My Experience of Analysis with Fairbairn and Winnicott. *International Review of Psycho-Analysis, 2,* 145-156.

Hendry, E. (1987). A Case Study of Play-based Work With Very Young Children. *Journal of Social Work Practice, 3,* 2, 1-8.

Hersov, L. (1986). Child Psychiatry in Britain–the Last 30 Years. *Journal of Child Psychology and Psychiatry, 27,* 6, 781-801.

Hobson, R. F. (1985). *Forms of Feeling: the Heart of Psychotherapy.* London: Tavistock.

Hopkins, J. (1990). The Observed Infant of Attachment Theory. *British Journal of Psychotherapy, 6,* 4.

Hughes, J. M. (1989). *Reshaping the Psychoanalytic Domain: the Work of Melanie Klein, W. R. D. Fairbairn and D. W. Winnicott.* Los Angeles: University of California Press.

Issroff, J. (1993). Kitchen Therapy. *Winnicott Studies: The Journal of the Squiggle Foundation, 7,* 42-51.

Khan, M. (1974). *The Privacy of the Self: Papers on Psychoanalytic Theory and Technique.* London.: Hogarth Press.

Khan, M. (1983). *Hidden Selves: Between Theory and Practice in Psychoanalysis.* London: Hogarth Press.

King, L. (1994). There is No Such Thing as a Mother. *Winnicott Studies: the Journal of the Squiggle Foundation, 9,* 18-23.

King, P., & Steiner, R. (Eds.) (1991). *The Freud-Klein Controversies 1941-45.* London: Routledge.

Klein, M. (1975). *Envy and Gratitude and Other Works: 1946-63.* London: Hogarth Press.

Lacan, J. (1949). Le Stade du Miroir comme formateur de la fonction du je, telle qu'elle nous est révélée dans l'expérience psychanalytique. In *Écrits* (1966). Paris: Éditions du Seuil.

Lieberman, A. F., Weston, D. R., & Pawl, J. R. (1991). Preventive Intervention and Outcome with Anxiously Attached Dyads. *Child Development, 62,* 199-209.

Little, M. I. (1981). *Transference Neurosis and Transference Psychosis.* New York: Jason Aronson.

Little, M. I. (1985). Winnicott Working in Areas Where Psychotic Anxieties Predominate: a Personal Record. *Free Associations, 3,* 9-42.

Little, M. I. (1990). *Psychotic Anxieties and Containment: a Personal Record of an Analysis with Winnicott.* New York: Jason Aronson.

Lomas, P. (1973). *True and False Experience.* London: Allen Lane.

Lomas, P. (1987a). *The Limits of Interpretation.* London: Penguin Books.

Lomas, P. (1987b). Arrogant Insights—a Review of The Spontaneous Gesture. *Times Literary Supplement,* 24 July, 798.

Mahler, M. S., Pine, F., & Bergman, A. (1975). *The Psychological Birth of the Human Infant.* New York: Basic Books.

Mancia, M. (1993). The Absent Farther: His Role in Sexual Deviations and in Transference. *International Journal of Psycho-Analysis, 74,* 941-950.

Meisel, P., & Kendrick, W. (1985) *Bloomsbury/Freud: the Letters of James and Alix Strachey, 1924-1925.* New York: Basic Books.

Milner, M. (1957). *On Not Being Able to Paint* (2nd edition). London: Heinemann.

Milner, M. (1969). *In the Hands of the Living God: an Account of a Psycho-Analytic Treatment.* London: Hogarth Press.

Murray, L. (1989). Winnicott and the Developmental Psychology of Infancy. *British Journal of Psychotherapy, 5,* 3, 333-348.

Murray, L. (1992). The Impact of Postnatal Depression on Infant Development. *Journal of Child Psychology and Psychiatry, 33,* 3, 543-561.

Murray, L., & Cooper, P. (1993). Clinical Applications of Attachment Theory and Research: Change in Infant Attachment with Brief Psychotherapy. In J. Richter (Ed.), *The Clinical Application of Ethology and Attachment Theory.* Occasional Papers No. 9. London: Association for Child Psychology and Psychiatry, 15-24.

Murray, L., Fiori-Cowley, A., Hooper, R., & Cooper, P. J. (1994a). The Impact of Postnatal Depression and Associated Adversity on Early Mother–Infant Interactions and Later Infant Outcome (submitted for publication).

Murray, L., Stanley, C., Hooper, R., King, F., & Fiori-Cowley, A. (1994b). The Role of Infant Factors in Postnatal Depression and Mother-Infant Interactions (submitted for publication).

Nezworski, T., Tolan, W. J., & Belsky, J. (1988). Intervention in Insecure Attachment. In J. Belsky & T. Nezworski (Eds.), *Clinical Implications of Attachment.* Hillside, NJ: Lawrence Erlbaum.

Parker, R. (1994). Maternal Ambivalence. *Winnicott Studies: the Journal of the Squiggle Foundation, 9,* 3-17.

Paskauskas, R. A. (Ed.) (1993). *The Complete Correspondence of Sigmund Freud and Ernest Jones 1908-1939.* Cambridge, MA.: Belknap Press.

Phillips, A. (1988). *Winnicott.* London: Fontana.

Phillips, A. (1993). *On Kissing, Tickling and Being Bored.* London: Faber.

Phillips, A. (1994). *On Flirtation.* London: Faber.

Pietrony, M., & Poupard, S. (1991). Direct work with Children, Their Families and Other Caretakers-the Primary Focus. In M. Pietroni (Ed.), *Right or Privilege: Post Qualifying*

Training with Special Reference to Child Care (pp. 71-84). London: CCETSW.

Rayner, E. (1990). *The Independent Mind in British Psychoanalysis.* London: Free Association Books.

Riley, C. (1993). Review of Frances Tustin's Autistic States in Children. *Winnicott Studies: the Journal of the Squiggle Foundation, 8,* 76-83.

Rodman, F. R. (1987). *The Spontaneous Gesture: Selected Letters of D. W. Winnicott.* London: Harvard University Press.

Roudinesco, E. (1990). *Jacques Lacan and Co.: a History of Psychoanalysis in France, 1925-1985.* London: Free Association Books.

Rudnytsky, P. L. (1989). Winnicott and Freud. *Psychoanalytic Study of the Child, 44,* 331-350.

Rudnytsky, P. L. (1991). *The Psychoanalytic Vocation: Rank, Winnicott and the Legacy of Freud.* London: Yale University Press.

Rycroft, C. (1968). *Imagination and Reality: Psycho-Analytical Essays 1951-61.* London: Hogarth Press.

Rycroft, C. (1985). *Psychoanalysis and Beyond.* London: Chatto and Windus.

Samuels, A. (1993). *The Political Psyche.* London: Routledge.

Searles, H. (1960). *The Nonhuman Environment.* New York: International University Press.

Searles, H. (1965). *Collected Papers on Schizophrenia and Related Subjects.* London: Hogarth Press.

Seeley, S., Cooper, P. J., & Murray, L. (1995). Health Visitor Intervention in Postnatal Depression, an Evaluation of the Outcome for Mothers and Babies. *Health Visitors Association* (in Press).

Segal, J. (1992). *Key Figures in Counselling and Psychotherapy: Melanie Klein.* London: Sage Publications.

Spensley, S. (1994). *Frances Tustin*. London: Routledge.

Spitz, R. S. (1965). *The First Year of Life*. New York: International Universities Press.

Stern, D. N. (1985). *The Interpersonal World of the Infant: a View from Psychoanalysis and Developmental Psychology*. New York: Basic Books.

Tizard, J. P. M. (1971). Obituary: Donald Winnicott. *International Journal of Psycho-Analysis, 52*, 3.

Treurniet, N. (1993). What is Psychoanalysis now? *International Journal of Psycho-Analysis, 74*, 873-891.

Tustin, F. (1986). *Autistic Barriers in Neurotic Patients*. London: Karnac Books.

Tustin, F. (1990). *The Protective Shell in Children and Adults*. London: Karnac Books.

Tustin, F. (1992). *Autistic States in Children* (revised edition). London: Routledge.

Usuelli, A. K. (1992). The Significance of Illusion in the Work of Freud and Winnicott: a Controversial Issue. *International Review of Psycho-Analysis, 19*, 179-187.

Varma, V. P. (1992). *The Secret Life of Vulnerable Children*. London: Routledge.

Winnicott, C. (1964). *Child Care and Social Work*. Welwyn, Herts: Codicote Press.

Winnicott, C. (1968). Communicating with Children. In R. J. N. Tod (Ed.), *Disturbed Children* (pp. 65-80). London: Longmans.

Winnicott, D. W. (1931). *Clinical Notes on Disorders of Childhood*. London: Heinemann.

Winnicott, D. W. (1957). *The Child and the Outside World: Studies in Developing Relationships*. London: Tavistock Publications.

Winnicott, D. W. (1960). String. *Journal of Child Psychology and Psychiatry, 1*, 49-52.

Winnicott, D. W. (1963). Training for Child Psychiatry. *Journal of Child Psychology and Psychiatry, 4,* 85-91.

Winnicott, D. W. (1964). *The Child, The Family and the Outside World.* London: Penguin Books.

Winnicott, D. W. (1965a). *The Family and Individual Development.* London: Tavistock Publications.

Winnicott, D. W. (1965b). *The Maturational Processes and the Facilitating Environment: Studies in the Theory of Emotional Development.* London: Hogarth Press.

Winnicott, D. W. (1969). James Strachey: Obituary. *International Journal of Psycho-Analysis, 50,* 129-131.

Winnicott, D. W. (1971a). *Playing and Reality.* London: Routledge.

Winnicott, D. W. (1971b). *Therapeutic Consultations in Child Psychiatry.* New York: Basic Books.

Winnicott, D. W. (1975). *Collected Papers: Through Paediatrics to Psycho-Analysis* (2nd edn). London: Tavistock Publications. First published 1958.

Winnicott, D. W. (1980). *The Piggle: an Account of Psychoanalytic Treatment of a Little Girl.* London: Penguin Books.

Winnicott, D. W. (1984). *Deprivation and Delinquency.* London: Tavistock/Routledge.

Winnicott, D. W. (1986). *Home is Where We Start From: Essays by a Psychoanalyst.* London: Penguin Books.

Winnicott, D. W. (1988a). *Babies and Their Mothers.* London: Free Association Books.

Winnicott, D. W. (1988b). *Human Nature.* London: Free Association Books.

Winnicott, D. W. (1989a). *Holding and Interpretation: Fragment of an Analysis.* London: Karnac Books.

Winnicott, D. W. (1989b). *Psycho-Analytic Explorations.* London: Karnac Books.

| 찾아보기 |

Ockham, W.   265

Parker, R.   244, 247
Paskauskas, R. A.   47
Pfister, O.   39
Phillips, A.   23, 24, 43, 80, 81, 83,
    86, 87, 117, 305
Pontalis, J. B.   298

Rank, O.   293
Rapaport, D.   76
Riley, C.   302
Riviere, J.   48, 55
Rodman, R.   21, 22, 35, 46, 50, 54,
    56, 58, 60, 62, 76, 78, 85, 87
Rogers, C.   21, 122
Roudinesco, E.   296
Rudnytsky, P. L.   22, 24, 25, 27, 32,
    33, 37, 38, 39, 58, 65, 67, 68,
    71, 126, 230, 293
Rycroft, C.   53, 85, 225, 234, 252,
    257, 303

Samuels, A.   252, 254, 255, 258
Searles, H.   234, 293
Segal, H.   57, 212, 231, 245, 251,
    312
Shape, D. F.   34

Spence, J.   58
Spitz, R.   292
Steiner, R.   51
Stern, D.   241, 242, 243, 286, 290,
    292
Strachey, A.   46
Strachey, J.   43, 45, 46, 51

Taylor, A.   43
Tizard, P.   72, 156, 288
Treurniet, N.   299
Trevithick, P.   310
Tustin, F.   302, 303, 312

Usuelli, A. K.   237, 299

van Beethoven, L.   65

Wallbridge, D.   62, 72, 87, 115,
    122, 275
Winnicott, C.   22, 24, 26, 27, 28,
    29, 30, 34, 36, 37, 38, 41, 43,
    64, 65, 66, 67, 71, 72, 279, 288,
    307
Winnicott, D. W.   21, 24, 25, 26,
    27, 44, 65, 80, 193
Woolf, V.   65

내 용

지은이 소개

Michael Jacobs

현재 영국의 Bournemouth 대학 Institute of Health and Community Studies의 객원 교수로, Dorset에서 심리치료자로 개업 활동을 하고 있다. 이전에는 Leicester 대학 Counselling and Psychotherapy Programme의 디렉터로 있었다. 저서로는 이 책과 같은 시리즈의 *Sigmund Freud*(1992)와 *Psychodynamic Counselling in Action*(1999) 등이 있다.

옮긴이 소개

김은정

서울대학교 영어영문학과를 졸업하고 서울대학교 심리학과에서 임상심리학을 전공하여 박사학위를 받았다. 서울대병원에서 임상심리 레지던트 과정을 수료하였으며, 임상심리전문가 및 정신보건임상심리사(1급) 자격을 취득하였다. 삼성공익재단 사회정신건강연구소 선임연구원과 아주심리상담센터장을 역임하였고, 현재는 아주대학교 심리학과 교수로 재직하고 있으면서 대학생 학생상담센터장을 겸직하고 있다. 저서로는 「사회공포증」, 「특정공포증」(공저), 「심리장애의 인지행동적 접근」(공저) 등이 있고, 역서로는 「놀이치료의 기초」, 「놀이치료 사례집」(공역), 「인지행동치료 핸드북」(공역), 「우울증의 인지치료」(공역) 등이 있다.

상담과 심리치료 주요인물 시리즈 3

도널드 위니컷 D. W. WINNICOTT

2014년 12월 30일 1판 1쇄 발행
2022년 9월 20일 1판 3쇄 발행

지은이 • Michael Jacobs
옮긴이 • 김 은 정
펴낸이 • 김 진 환
펴낸곳 • (주)**학지사**

　　　　04031 서울특별시 마포구 양화로 15길 20 마인드월드빌딩 5층
대표전화 • 02) 330-5114　　팩스 • 02) 324-2345
등록번호 • 제313-2006-000265호
홈페이지 • http://www.hakjisa.co.kr
페이스북 • https://www.facebook.com/hakjisabook

ISBN 978-89-997-0533-5 93180

정가 15,000원

이 도서의 국립중앙도서관 출판시도서목록(CIP)은 서지정보유통지원시스템
홈페이지(http://seoji.nl.go.kr)와 국가자료공동목록시스템(http://www.nl.go.kr/kolisnet)
에서 이용하실 수 있습니다.
(CIP제어번호: CIP2014036066)

출판미디어기업 **학지사**

간호보건의학출판 **학지사메디컬** www.hakjisamd.co.kr
심리검사연구소 **인싸이트** www.inpsyt.co.kr
학술논문서비스 **뉴논문** www.newnonmun.com
원격교육연수원 **카운피아** www.counpia.com